逻辑学原理

王 红　赵绍成　刘 佳　编著

西南交通大学出版社

·成 都·

图书在版编目（ＣＩＰ）数据

逻辑学原理/ 王红，赵绍成，刘佳编著. —成都：
西南交通大学出版社，2012.8（2017.1 重印）
21 世纪全国高等院校艺术设计专业规划教材
ISBN 978-7-5643-1917-5

Ⅰ.①逻… Ⅱ.①王… ②赵… ③刘… Ⅲ.①逻辑学
－高等学校－教材 Ⅳ.①B81

中国版本图书馆 CIP 数据核字（2012）第 194500 号

逻辑学原理

王 红　赵绍成　刘 佳　编著

责 任 编 辑	路远声
封 面 设 计	墨创文化
	西南交通大学出版社
出 版 发 行	（四川省成都市二环路北一段 111 号
	西南交通大学创新大厦 21 楼）
发行部电话	028-87600564　028-87600533
邮 政 编 码	610031
网　　　址	http://www.xnjdcbs.com
印　　　刷	成都蓉军广告印务有限责任公司
成 品 尺 寸	148 mm×210 mm
印　　　张	8.812 5
字　　　数	244 千字
版　　　次	2012 年 8 月第 1 版
印　　　次	2017 年 1 月第 3 次
书　　　号	ISBN 978-7-5643-1917-5
定　　　价	22.50 元

前　言

大学生学习逻辑学是非常必要的。

大学生和中学生的一个重要区别，就是思维方式的不同。

逻辑学是一门关于思维的科学，是关于如何保证思维的正确性的学科。恩格斯深刻指出："一个民族想要站在科学的最高峰，就一刻也不能没有理论思维。"理论思维主要是指逻辑思维，是借助概念、判断、推理等思维形式来反映事物本质的思维。今天的大学生应是具有深厚专业知识和创新能力的新型人才，但无论是专业知识的获得还是创新素质的培养，都是以逻辑思维为基础的，都离不开逻辑科学的教育。可以说，思维，伴随着大学的学习生活以及将来的工作岁月，伴随着个人的一生。因此，逻辑学是一门重要的基础性学科，也是一门重要的应用性学科。

本书既吸取了同行的一些观点，又对逻辑学教材的体系结构做了适当调整。每章附"思考与练习"，便于学习理解。本书由四川理工学院王红老师、赵绍成老师、刘佳老师集体编著。同时，对于西南交通大学出版社给予的巨大帮助和支持，在此表示诚挚的感谢。

由于作者水平有限，本书的体系内容难免存在缺点和不足，恳请同行和读者批评指正。

编　者

2012 年 7 月

目　　录

第一章 逻辑学概论

　　逻辑学是研究思维的逻辑形式及其基本规律和简单的逻辑方法的科学。思维的逻辑形式，是指思维内容各部分之间的联系方式，它由逻辑常项和变项构成；思维的基本规律，是人们在运用概念进行判断和推理时必须遵守的最基本的逻辑规律；简单的逻辑方法，是人们在普通思维中经常运用的一些逻辑方法。逻辑学是一门工具性学科，是人们进行思维活动、思想交流、表达和论证时的不可缺少的重要工具。

第一节 逻辑学的研究对象

　　"逻辑"一词是从英文的 Logic 音译而来的。在现代汉语中，"逻辑"一词在不同的语境下具有不同的含义，它是个多义词。
　　例如：
　　［1］中国革命的胜利是合乎历史发展的逻辑的。
　　［2］帝国主义的理论简直就是强盗逻辑。
　　［3］推理只有形式合乎逻辑，其结论才是正确的。
　　［4］青年人学习一些逻辑知识是十分必要的。
　　在这四句话中，例［1］中的"逻辑"是指客观事物发展的规律，例［2］中的"逻辑"是指某种理论、观点和研究问题的方法，例［3］中的"逻辑"是指思维的规律、规则，例［4］中的"逻辑"是指作为一门科学的逻辑学。那么，作为一门科学的逻辑学，其研究对象是什么呢？概括地说，逻辑学是关于人的思维及其规律的科学。

一、认识与思维

认识是在实践的基础上主体对客体的能动反映。认识包括感性认识和理性认识。感性认识和理性认识既是认识的两种形式，也是由实践到认识的辩证运动过程中的两个不同阶段。感性认识是认识的初级形式和初级阶段，是人在实践的基础上，由人的感觉器官直接感知到的关于事物的现象、外部联系和各个片面的认识。其特点是直接的生动形象，所反映的是事物的现象。理性认识是认识的高级形式和高级阶段，是人在对感性材料进行抽象和概括而形成的关于事物的本质、全体和内部联系的认识。其特点是间接的抽象概括性，所反映的是事物的本质。感性认识与理性认识的关系是辩证的。

认识是无限发展的辩证过程，是在实践的基础上由感性认识能动地发展到理性认识，又由理性认识能动地指导实践，实践、认识、再实践、再认识，循环往复以至无穷的辩证运动过程。

感性认识到理性认识是认识辩证过程中的第一次飞跃。要实现这一飞跃，又依赖于一定的条件和方法。首先，要勇于实践，深入调查，获取丰富的和真实的感性材料，这是实现这一飞跃的基础和前提；其次，运用理论思维消化、加工感性材料，形成概念、判断和推理，是实现这一飞跃的正确途径；第三，需要掌握一定的科学思维方法，如比较和分类、归纳和演绎、分析和综合、具体和抽象等。

认识是主观与客观的对立统一，主观与客观的矛盾是认识的基本矛盾。在认识过程中，认识的主体与客体都是运动、变化和发展的，所以，人的认识是一个无限的发展过程。

认识的目的是探索、发现真理，揭露、消除谬误。真理是人对客观事物及其规律的正确反映，谬误是同客观事物及其规律相违背的认识。真理是标志主观与客观相符合的哲学范畴，是人对客观事物及其规律的正确反映。检验认识是否具有真理性的标准只能是实践，这是由真理的本性和实践的特点所决定的。真理是人对客观事物及其规律的正确反映，只有实践能够对其检验。因为只有实践才兼具主观性和客观性，又兼具普遍性和现实性。当然，真理的实践检验和逻辑证明，也是相辅相成的。

认识过程中的理性认识阶段也就是思维的阶段。思维在反映客观世界时具有两个基本特征：抽象概括性和间接性。思维能够从许多个别事物各种各样的属性中，舍弃表面的、非本质的属性，认识一类事物内在的、本质的属性，能够根据已知的知识推出新的知识。简言之，思维就是人脑对于客观世界的间接的、概括的反映。

将思维当做自己研究对象的学科除了逻辑学之外，还有哲学的认识论、心理学、神经生理学、语言学、计算机理论和信息论等等，它们是从不同的方面和角度来研究思维的。逻辑学在研究思维时，主要研究抽象思维的逻辑形式、逻辑规律和逻辑方法。

二、逻辑形式、逻辑规律和逻辑方法

人们在认识中，尤其是在抽象思维的理性认识中，借助概念、判断和推理等思维形式，按照其具有的逻辑形式，遵守其规则、规律进行能动地反映思维对象的思维方式，就是逻辑思维方式。

客观事物是相互联系又相互转化的，任何事物都在运动、变化、发展。但是，客观事物又不是变化无常、不可捉摸的，任何事物在其发展的一定阶段上都具有相对的稳定性，或者叫做质的规定性。任何事物都是绝对运动和相对静止的辩证统一体。正是事物的这种质的规定性、相对稳定性，构成和决定了某物之所以为某物而区别于他物的本质规定性。它为人类认识事物及其属性提供了客观依据，反映在人类认识中，就表现为思维的确定性。人们在认识客观世界的过程中，为了认识事物的本质属性，就必须适应事物变化、发展过程中的相对稳定性、静止性，由此便产生了形式逻辑思维方式。

世界上任何事物都有其内容和形式两个方面，抽象思维也是如此。抽象思维的内容是指思维所反映的特定对象；抽象思维的形式是指思维内容的反映方式，通常即概念、判断和推理等。由概念所构成的具有不同内容的判断所具有的共同结构，以及由判断所构成的具有不同内容的推理所具有的共同结构，就是抽象思维的逻辑形式。逻辑形式是逻辑学研究的主要内容。

抽象思维的逻辑形式就是具有不同内容的思维形式所具有的共同结构。

例如：

［1］所有的物体都是有重量的。

［2］所有的科学知识都是对客观事物及其规律的正确反映。

［3］所有的商品都是有使用价值的。

这三个命题所反映的思维内容不同，但是，它们的逻辑形式却是相同的，即："所有的 S 都是 P"。

再如：

［1］所有的共产党员都是应该为人民服务的，

　　　我们是共产党员，

　　　所以，我们都是应该为人民服务的。

［2］所有的商品都是有价值的，

　　　书店里的图书是商品，

　　　所以，书店里的图书都是有价值的。

这两个推理的内容是不同的，但是，它们的逻辑形式却是相同的，即：

　　　　　所有的 M 都是 P，

　　　　　所有的 S 都是 M，

　　　　　所以，所有的 S 都是 P。

由此可见，任何一种逻辑形式都由两个组成部分，即逻辑常项和逻辑变项。逻辑常项是指逻辑形式中不变的部分，即在同一种逻辑形式中都存在的部分，它是区分不同种类的逻辑形式的根据；逻辑变项是指逻辑形式中可变的部分，即在逻辑形式中可以表示任意具体内容的部分，不管赋予逻辑变项何种内容，都不能改变其逻辑形式。

不同的事物有不同的规律，逻辑思维方式也是这样。不同的逻辑思维方式也有各自的逻辑规则，明确概念、构成判断、做出判断、进行推理，都要遵守其相应的逻辑规则。逻辑规则纷繁复杂，但是人们进行形式逻辑思维时所必须遵守的共同的、总的逻辑规则并不多，这就是我们通常所说的同一律、矛盾律和排中律。逻辑规律也是逻辑学研究的内容之一。

同一律、矛盾律和排中律之所以被称为逻辑规律，而且是形式逻辑思维方式的基本规律，是因为它们基本上概括了形式逻辑思维方式的基本特征。形式逻辑思维的基本特征是思维的确定性，它具体体现为思维的同一性、无矛盾性、明确性。形式逻辑思维必须具有这些基本特征，思维活动才能有条不紊地进行；否则，思维就会出现游移不定、自相矛盾、含糊不清。由于这几条规律概括了形式逻辑思维的基本特征，在各类逻辑形式中普遍起作用，成为人们运用概念、判断进行推理和论证时所必须遵守的基本准则，成为正确思维的必要前提。

同一律的基本内容是：在同一思维过程中，每一思想的自身都具有同一性。据此，同一律要求人们在同一思维过程中，概念必须保持同一，不能任意变换其内涵和外延；判断必须保持同一，不能随便转移其含义。违反同一律的要求，就会犯"偷换概念"、"混淆概念"、"偷换论题"、"转移论点"的错误。

矛盾律的基本内容是：在同一思维过程中，互相否定的思想不能同时为真。据此，矛盾律要求人们在同一思维过程中，对于具有矛盾关系的两个概念或判断，不能承认都是真的。违反矛盾律的要求，就会犯"自相矛盾"的错误。

排中律的基本内容是：在同一思维过程中，互相否定的思维不能同时为假。据此，排中律要人们在同一思维过程中，对于具有矛盾关系的两个概念或判断，不能认定它们都是假的。违反排中律的要求，就会犯"模棱两可"的错误。

同一律、矛盾律和排中律这三条形式逻辑的基本规律，虽然在内容、要求等问题上各有不同，各有侧重，但它们都是保证思维确定性的规律，它们是从不同角度来表述思维确定性的。思维的确定性，表现在思想的自身同一，每一思想在同一思维过程中都始终是真的，就体现为同一律的内容；表现在思想的前后一贯，不自相矛盾，就成为矛盾律的内容；表现在排除两个相互否定的思想有中间可能性，就构成排中律的内容。可见，这三条规律在保证思维的确定性方面是一致的。

此外，逻辑学还要研究人们在思维和认识中经常应用的一些逻辑方法，例如定义、划分、反证法和探求因果联系的方法等。

综上所述，我们所要研究的逻辑学就是关于抽象思维的逻辑形式、逻辑规律和简单的逻辑方法的科学。

第二节 逻辑学的性质和作用

一、逻辑学的工具性、无阶级性和初等性

逻辑学以抽象思维的逻辑形式、逻辑规律和逻辑方法作为自己独特的研究对象，这就决定了它是一门工具性的科学，它为人们提供认识事物、表述论证思想时经常运用的逻辑规则和逻辑规律，以达到正确认识和严密论证的目的。因此，逻辑学既是认识的工具，又是论证的工具。作为一门工具性的科学，逻辑学是没有阶级性的，它对任何阶级都是一视同仁的，任何阶级都可以学习它、使用它。

逻辑学也要使用一些符号来构成逻辑形式，但是，这并非是逻辑形式主要的决定成分。逻辑学主要是使用日常语言（亦称自然语言）来表示和描述逻辑形式及其规则和规律的，而自然语言常有歧义，以此来表示和分析逻辑形式往往不够严谨和精确，也不能反映思维的灵活性，因此，就难以处理较为复杂的逻辑形式。这就极大地影响了逻辑学的发展。数理逻辑运用科学、严密、精确的形式化的方法对上述方法加以总结、发展，其成果就是命题演算和谓词演算两个基本演算。无论是命题演算还是谓词演算，它们一般都有重言式的公理系统方法和自然演绎系统方法。前者是从一些作为初始命题的重言式出发，应用明确规定的推演规则，推出一系列定理的

演绎体系的方法；后者的出发点只是一些变形规则，无需公理就可推出一系列定理形成的演绎体系的方法。数理逻辑是普通逻辑的发展，是高等的逻辑。

逻辑学只是注意思维对象之间最普遍、最简单的关系，把运动、变化、发展过程中联系在一起的各个环节，看成是完全确定的、界限分明的。经过比较、分析、概括和抽象等步骤，达到对事物的本质属性的把握。因此，普通逻辑反映的思维对象具有相对稳定性以及质的规定性，将逻辑形式看成是既成的、确定的，是具有确定性和抽象性的。人们在认识客观世界过程中，运用具体概念对客观事物的辩证发展过程进行反映的思维方式，就是辩证逻辑思维方式。其特点是从思维对象的内在矛盾的运动、变化和发展中，从其中各个方面的相互联系中加以考察，以便从整体上和本质上完整地认识对象。辩证逻辑要求运用逻辑范畴及其体系来把握具体真理，它着眼于客观事物的相对静止性基础之上的绝对运动性，其逻辑形式具有灵活性、具体性，是反映思维对象灵活性、具体性的，因此，辩证逻辑也就是关于流动运动范畴的逻辑。辩证逻辑是对普通逻辑的一种扬弃，是高等的逻辑。

二、逻辑学的作用

学习逻辑学的根本意义在于，通过学习普通逻辑的基本知识和基本方法，可以锻炼和提高人们的理论思维能力，开发人的潜在的智能。具体地说，可以从这样几个方面来理解：首先，逻辑学的基本知识是人们准确地、严密地表达和论证思想；其次，学习逻辑学的基本知识，可以提高人们揭露诡辩证、反驳谬误和明辨是非的能力；再次，学习逻辑学的基本知识，可以提高人们的预见能力；最后，学习逻辑学的基本知识，还有利于学习、理解和掌握其他科学知识。

第二章　概　念

概念在逻辑学中占有重要的地位。概念是思维的基本形式，是组成判断、推理和其他思维形式的基本要素，即概念构成判断，判断构成推理，推理构成论证。因此，准确地理解和掌握有关概念的逻辑知识，是正确地把握和运用判断、推理、论证等思维形式的必要条件。

第一节　概念的概述

一、概念的含义

概念是反映对象本质属性的思维形式。

概念反映的对象也就是人们所要认识的一切事物。包括自然现象（如天体、河流、风雨、雷电、花草、树木）和社会现象（商品、阶级、国家、社会制度、法律规范），以及人们自身的感觉表象、思想意识、情感意志等精神现象。逻辑学把这一切被人们加以认识的事物都称为思维对象。可以说，大千世界的万事万物都可以成为人们的认识对象。

所谓对象的属性，是指对象具有的各种性质和关系。对象的性质就是对象所具有的那些相互区别、相互类似的特征，即对象的质、量、色、味、时、空、态势、性能和功用等。对象除了自身的性质以外，还有和其他对象间的相互关系，如时间、空间、数量等。对象属性的异同是人们认识对象的依据。例如："人"都有五官、四肢，有男女之别，有老幼之分，高矮不同；人与人之间有夫妻、父子、同学、朋友、控告、伤害、合同等关系。所有这些自身的性质和相互的关系都是人的属性。

对象的属性有本质属性和非本质属性之分。所谓本质属性，就是决定某一事物之所以成为某一事物的那些属性；所谓非本质属性，就是对某一事物之所以成为该类事物不具有决定性作用的那些属性。例如，"法律"之所以成为法律，就是由下列这些本质属性决定的：统治阶级意志的表现，统治阶级的意志上升为国家意志，社会规范，规定人们的权利和义务，由国家制定和认可，由国家强制力保证其实施。至于法律的具体内容、条款多少、制定时间、适用范围等属性，不是法律独有的，对法律之所以成为法律不起决定性作用，因此，这些是法律的非本质属性。

二、概念的特征

（一）概念是主观的

概念是对象的本质属性在人们大脑中反映的产物，属于意识的范畴。概念并非对象本身，但概念反映客观对象的本质属性的内容又是客观存在的，独立于人们意识之外，且不以人的意识为转移。从这一角度来看，概念是客观的。因此，概念是主观形式和客观内容的统一。

（二）概念是发展变化的

外界的客观对象在不断发展变化，人们对客观对象的认识也在不断的发展变化。因此，反映客观对象本质属性的概念也是发展变化的。例如"人民"这个概念，在我国不同的历史时期，就有过不同的含义。对此，毛泽东在《关于正确处理人民内部矛盾》中曾做过经典的论述。在抗日战争时期，一切抗日的阶级、阶层和社会集团都属于人民的范围，日本帝国主义、汉奸、亲日派都是人民的敌人。在解放战争时期，美帝国主义和它的走狗即官僚资产阶级、地主阶级以及代表这些阶级的国民党反动派，都是人民的敌人；一切反对这些敌人的阶级、阶层和社会集团，都属于人民的范围。在现阶段，在社会主义建设时期，一切赞成、拥护和参加社会主义建设事业的阶级、阶层和社会集团，都属于人民的范围；一切反对社会主义革命和敌视、破坏社会主义建设的社会势力和社会集团，都是人民的敌人。

三、概念同语词的关系

概念同语词有着密切的联系。语词是概念的语言表现形式，概念是语词的具体思想内容。概念的产生和存在都离不开语词，不依赖于语词的赤裸裸的概念是不存在的。但是，概念同语词又是有区别的。

（一）概念与语词各属于不同学科研究的对象

概念是一种思维形式，是人们认识客观事物的结果，是思维领域的现象，属于逻辑学研究的对象；而语词则是一种语言形式，是民族习惯的产物，是语言领域的现象，属于语言学研究的对象。

（二）概念和语词并不是一一对应的

任何概念都必须借助于语词来表达，但并不是所有的语词都能表达概念。一般说来，实词能表达概念，虚词中除少数连词如"或者"、"如果……那么……"、"不仅……而且……"等分别表达了选择关系、条件关系、并存关系，在逻辑上有其特殊的意义，一般不能表达概念。

（三）同一个概念可以用不同的语词来表达

语法中的同义词，就是用不同的语词来表达同一个概念。例如"死刑"、"极刑"、"最高刑"，"宪法"、"母法"、"根本法"，"诉讼"、"打官司"、"对簿公堂"这三组语词，每一组中的语词虽然不同，但表达的却是同一个概念。

（四）同一个语词在不同的语境中可以表达不同的概念

语法中的一词多义就是这样。例如"地下"这个语词，可以表达"地面下"这个概念，也可以表达"不合法"这个概念，还可以表达"不公开"、"隐藏"这样的概念。

四、概念的内涵和外延

概念的内涵和外延是概念的两个重要逻辑特征。概念在反映对象本质属性的同时，也反映了具有这种本质属性的对象的范围。因此，一个概念，具有含义与指称两个方面，这两个方面分别构成了概念的内涵与外延。

（一）概念的内涵

概念的内涵，是指概念所反映的那类对象的本质属性，即概念的含义。例如："法院"这个概念的内涵是"行使审判权力的国家机关"；"国歌"这个概念的内涵是"由国家正式规定的代表本国的歌曲"；"艺术"这个概念的内涵是"通过塑造形象，具体地反映社会生活，表现作者一定思想感情的一种社会意识形态"。概念的内涵说明概念反映的是什么性质的对象的问题，因此，它是概念的质的方面。

（二）概念的外延

概念的外延，是指具有概念反映的本质属性的对象范围，即概念的指称（概念的适用范围）。例如："人"这个概念的外延就是古今中外所有的人；"国家"这一概念的外延就是世界上的一切国家。概念的外延说明概念反映的是哪些对象的问题，因此，它是概念的量的方面。

（三）概念内涵、外延的确定性和灵活性

概念内涵、外延的确定性，是指在一定条件下，一个概念既有确定的内涵，又有确定的外延，不得随意改变和混淆。例如，国家的法律、法规在一定时期内要保持相对稳定，其中每个概念的内涵和外延要保持其确定，便于理解和执行。概念内涵、外延的灵活性，是指在不同的条件下，随着客观事物的不断发展和人们认识的不断

深化，为了适应新情况、新问题，概念的内涵和外延也要发生相应的变动，不能固定不变。

（四）概念内涵和外延间的反变关系

概念的内涵有多少之分，概念的外延有大小之别。

具有从属关系（属种关系和种属关系）的概念，其内涵与外延之间存在着一种反变关系，即内涵多少与外延大小的相互联系又相互制约的变化关系。概念的内涵越多，外延就越小；概念的内涵越少，其外延就越大。例如，"白马"是种概念，"马"是属概念，"白马"比"马"的内涵多（不仅具有"马"的共性，还具有"白马"的特性），外延小；反过来，"马"比"白马"的内涵少，外延大。这种具有从属关系的概念内涵和外延的反变关系也可以表述为：将一个概念的内涵增多，则它的外延要相应地缩小；将一个概念的内涵减少，则它的外延要相应地扩大。

概念的内涵与外延之间这种反变关系只适用于具有从属关系的两个概念，不适用于其他关系的概念。从属关系的内涵与外延的反变关系是概念逻辑知识的基础，是对概念进行概括、限制和划分的依据，也是明确概念、正确使用概念的前提。

第二节　概念的分类

根据概念内涵和外延方面的某些共同特征，可以按照不同的标准把概念划分为若干不同的种类。理解概念的分类，有助于了解各种概念的特征，从而正确的使用概念。

一、单独概念、普遍概念和空概念

根据概念外延所反映的对象数量的不同，可以把概念分为单独概念、普遍概念和空概念。

（一）单独概念

单独概念是反映某一特定思维对象的概念。这种概念所反映的是由一个分子所组成的类。例如："中国"、"太平洋"、"四川"等，反映的是某一个地方；"1949 年 10 月 1 日"、"1997 年 7 月 1 日"等，反映的是某一个时间；"老子"、"鲁迅"、"黑格尔"等，反映的是某一个人；"广州起义"、"中华人民共和国成立"等，反映的是某一个事件。这些概念的外延都是由一个单独的对象构成，或者说这些概念的外延中的分子只有一个，因而都是单独概念。

（二）普遍概念

普遍概念是反映某一类对象的概念。这种概念的外延所反映的是由两个或两个以上分子组成的类。例如："法律"这个概念的外延包括了古今中外的一切法律，"国家"这个概念的外延包括了中国、美国、日本、埃及等世界上的一切国家。这些概念的外延都是包括了两个或两个以上的思维对象，都是普遍概念。

（三）空概念

空概念是指外延为空类的概念，即反映数量为零的思维对象的概念。换言之，这种概念所反映的"类"在现实中不存在任何具体的思维对象。例如：数学中的"点"、"线"、"面"；物理学中的"真空"、"刚体"、"质点"；化学中的"纯金"、"纯银"等。这些概念或是人们对思维对象沿着某一方向的抽象、概括的极端状态的反映，或是思维对象本身沿着某一方向运动变化的极端状态的反映。它们反映的思维对象在客观世界中并不存在，即所反映的思维对象为零。又如："永动机"、"燃素"，反映了人们在科学探索过程中出现的矛盾的思想；"上帝"、"鬼"、"神"，反映了人们由于种种条件的限制而产生的错觉和幻想。这些概念反映的思维对象也都是零，因此，反映这些对象的概念都是空概念。

二、集合概念和非集合概念

根据概念是否为集合体，可以把概念分为集合概念和非集合概念。

（一）集合概念

集合概念是反映集合体的概念。所谓集合体，是由许多同类的个体组成的统一整体，其特点是个体与集合体不是从属关系。集合体的属性个体不具有，个体的属性集合体也不具有，二者是部分与整体的关系，而不是个别与一般的关系。如，"工人阶级"是由一个个工人所组成的集合体，具有大公无私、革命性、组织纪律性、团结性等特点，但是某个工人不具有上述特点。所以，集合概念反映集合体的本质属性，不反映个体的本质属性；反过来，反映个体的概念只反映个体的本质属性，不反映集合体的本质属性。

（二）非集合概念

非集合概念是反映非集合体的概念。所谓非集合体是指同类对象的个体。如，"树木"、"学校"、"书"，这些概念反映的对象就不是集合体，因此它们是非集合概念。非集合概念的本质属性既适用于它所反映的事物类，也适用于该类的具体分子。

（三）集合体和类的区别

第一，集合体是由同类的个体组成的统一整体。集合体所具有的属性，该类集合体的个体不具有，集合体和个体的关系 ——整体具有的属性部分不具有。类是由若干同类的分子组成的一个类别，类具有的属性，该类中的各个分子也都具有。

第二，分清语境。即是语词所处的不同语言环境。同一语词处在不同的语境中，既可以用来表达集合的概念，也可以用来表达非集合的概念。因此，一个语词究竟是表达集合概念或是非集合概念，要根据它所处的语言环境而定。如"群众"这一概念，在"群众是真正的英雄"这一判断中，反映的对象是作为一个集合体的群众，表达集合概念；而在"干部要关心每一位群众"中，反映的对象则是作为个体的群众，表达非集合概念。

三、肯定概念（正概念）和否定概念（负概念）

根据概念反映的对象是否具有某种属性，可以把概念分为肯定概念和否定概念。

（一）肯定概念

肯定概念是反映对象具有某种属性的概念。如，"人"、"正义战争"、"合法"、"有礼貌"等。

（二）否定概念

否定概念是反映对象不具有某种属性的概念。如，"非人"、"不成文法"、"非正义战争"、"无礼貌"等。

表达否定概念的语词一般带有"非"、"无"、"不"等否定词，但带有这类字样的，并非都是否定概念。如"非洲"、"不丹"是单纯词，不表达否定概念，其中的"非"、"不"不是否定词素。关键要看"非"、"无"、"不"等语词有没有被当作了否定词来使用。

四、实体概念（具体概念）和属性概念（抽象概念）

根据概念反映的对象是客观存在的实体事物，还是依附于实体事物的某种属性，可以把概念分为实体概念和属性概念。

（一）实体概念

实体概念反映的对象为独立存在的实体事物的概念。如，"作家"、"学生"、"农民"等分别反映的是具体事物的类，因此它们是实体概念。

（二）属性概念

属性概念反映的对象为依附于实体事物而存在的某种属性的概念，即反映对象并非实体事物本身。属性包括事物的性质和事物之间的关系，所以属性概念进一步可分为性质概念和关系概念。性质概念是反映事物性质的概念，如"伟大"、"正义"、"耐久"等；关系概念是反映事物之间关系的概念，如"等于"、"在左"、"压迫"等。

（三）实体概念和属性概念的区别

实体概念一般用语言中的具体名词来表达，属性概念一般用语言中的抽象名词、形容词来表达。在实际思维中，如果混淆实体概念和属性概念，就会因误用概念而导致语句不通，违背事理，出现逻辑错误。如"营养品"是实体概念，"营养"是属性概念。某人身体虚弱，我们可对他说"你应多吃营养品"，但不能说"你应多吃营养"，否则就达不到交流思想的目的。

第三节　概念间的关系

客观事物之间存在着各种各样的关系，反映到思维中的概念间也存在着多种复杂关系。具体概念之间的内容关系是各门具体科学的研究任务，不属于逻辑学研究的范围。逻辑学讲的概念间的关系，是指两个或两个以上不同概念外延方面的逻辑联系。为了形象直观地表明这种关系，借用圆圈图形来表示一个概念的全部外延。这种图解法，是 18 世纪瑞士数学家欧拉设立的，所以称欧拉图。

概念外延间的关系，包括相容关系和不相容关系。

一、相容关系

概念间的相容关系，就是 A、B 两个概念的外延全部或部分重合的关系。具有相容关系的概念是相容概念。根据概念外延间相容关系的不同情况、不同程度，可分为下面四种：

（一）全同关系（同一关系）

全同关系就是概念间的外延完全相同的关系。概念 A、B 的全同关系可定义为凡 A 是 B，并且凡 B 是 A。具有全同关系的概念叫全同概念。

用圆表示概念的外延，概念 A、B 间的全同关系可用图 2.1 表示。

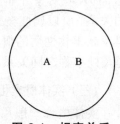

图 2.1　相容关系

例如：

　　[1] A：规定国家根本制度的法律

　　　　B：具有最高法律效力的法律

　　[2] A：北京

　　　　B：中华人民共和国首都

具有全同关系的两个概念，两者只是外延全部相同，但内涵是不一样的。如"等边三角形"和"等角三角形"是全同关系概念，但前者的内涵主要是从边的方面反映对象的，而后者主要是从角的方面来反映内涵的。如果两个概念外延相同，内涵也相同，那就不是全同关系的概念，而是不同语词表达的同一个概念。如"土豆"和"马铃薯"、"医生"和"大夫"等，它们之间就不是全同关系，而是表达同一概念的不同语词。

（二）真包含于关系（种属关系）

　　真包含于关系，是指一个概念的全部外延与另一个概念的部分外延相同的关系。A概念的外延全部包含在B概念的外延之中，并且仅仅是 B 概念外延的一部分，那么 A 概念与B概念间的关系就是真包含于关系。其中，外延小的 A 概念叫种概念，外延大的B概念叫属概念，因此，真包含于关系又叫种属关系。真包含于关系可定义为凡A是B，并且有 B 不是 A。

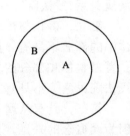

图 2.2　真包含于关系

　　概念 A、B 外延间的真包含于关系可用图 2.2 表示。

例如：

　　[1] A：高等院校　　　B：学校

　　[2] A：思维规律　　　B：规律

（三）真包含关系（属种关系）

　　真包含关系，是指一个概念的部分外延与另一个概念的全部外延相同的关系。A概念的外延包含了B概念的全部外延，并且B概念的外延仅仅是 A 概念的一部分，那么 A 概念与 B 概念间的关系就是真包含关系。真包含关系又叫属种关系。真包含关系可定义为有 A 不是 B，但凡 B 都是 A。

概念 A、B 外延间的真包含关系可用图 2.3 表示。

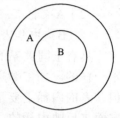

例如：

〔1〕A：学生　　　B：大学生

〔2〕A：矛盾　　　B：社会矛盾

值得注意的是，应该把从属概念（属种关系和种属关系）与事物整体和部分的关系严格区别开来，二者不得混淆。可以从以下三方面去区别：

图 2.3　真包含关系

第一，从属关系是事物大类与小类之间的关系，其特点是大类具有的属性小类必然具有。如"法院"与"中级人民法院"，二者是从属关系，"法院"具有的属性，"中级人民法院"一定具有。

第二，事物整体和部分的关系，其特点是整体具有的属性，整体中的部分不具有。如"中级人民法院"和"中级人民法院民庭"，二者是整体和部分的关系，"中级人民法院"具有的属性，"中级人民法院民庭"不具有。

第三，具有从属关系的两个或两个以上的概念不得并列使用。因为属概念的外延，真包含种概念的外延，并列起来使用就会误解为全异关系，从而出现逻辑错误。

（四）交叉关系（部分重合关系）

交叉关系是指两个不同概念的外延有部分相同，并且有部分不同的关系。交叉关系可定义为：有的 A 是 B，有的 A 不是 B；有的 B 是 A，有的 B 不是 A。

概念 A、B 间的交叉关系可用图 2.4 表示。

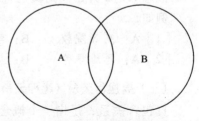

例如：

〔1〕A：教师　　　B：科学家

图 2.4　交叉关系

〔2〕A：妇女　　　B：劳动模范

二、不相容关系（全异关系）

不相容关系是指两个不同概念的外延完全不同的关系。不相容关系可定义为：凡 A 不是 B，并且凡 B 不是 A。具有不相容关系的概念是不相容概念。

概念 A、B 间不相容关系可用图 2.5 表示。

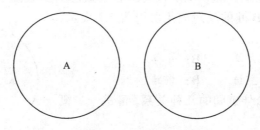

图 2.5　不相容关系

例如：

〔1〕A：封建社会　　　B：资本主义社会

〔2〕A：有理数　　　B：无理数

如果两个具有全异关系的概念 A 和 B，同时真包含于同一个属概念 C 中，那么 A 和 B 之间的全异关系又有两种情况，即概念间的矛盾关系和反对关系。

（一）矛盾关系

如果两个具有全异关系的种概念 A 和 B 都同时真包含于同一个属概念 C，而且 A 和 B 的外延之和等于属概念 C 的外延，那么，概念 A 和 B 之间为矛盾关系。具有矛盾关系的概念叫矛盾概念。

概念 A、B 间的矛盾关系可用图 2.6 表示。

例如：

〔1〕A：合法

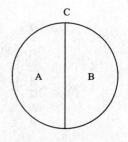

图 2.6　矛盾关系

　　B：非法

［2］A：社会主义社会

　　B：非社会主义社会

(二) 反对关系

如果两个具有全异关系的概念 A 和 B，都同时真包含于同一个属概念 C，而且 A 和 B 的外延之和小于属概念 C 的外延，那么，A 和 B 之间为反对关系。具有反对关系的概念叫反对概念。

概念 A、B 间的反对关系可用图 2.7 表示。

例如：

［1］A：大学　　B：小学

［2］A：主语　　B：谓语

图 2.7　反对关系

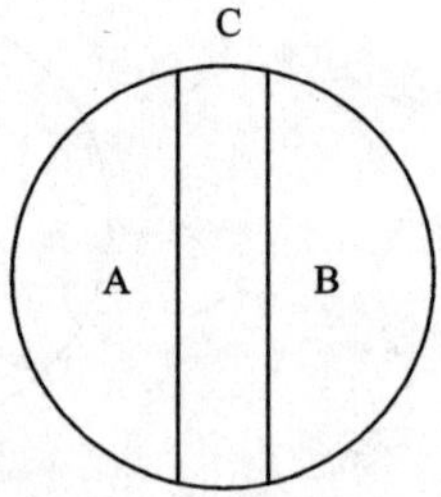

上述概念外延间的几种关系，可进一步概括为：

第一，包含于关系。如果 A 概念的全部外延都是 B 概念的外延，那么，A、B 概念间的外延关系就是包含于关系。前述全同关系和真包含于关系可以概括为包含于关系。

第二，非包含于关系。如果 A 概念的外延至少有一部分不是 B 概念的外延，那么，A、B 概念间的外延关系就是非包含于关系。前述真包含关系、交叉关系、不相容关系（矛盾关系和反对关系）可以概括为非包含于关系。

概念间的外延关系可用图 2.8 表示如下：

- 概念间的外延关系
  - 相容关系
    - 全同关系（包含于关系）
    - 真包含于关系（包含于关系）
    - 真包含关系（非包含于关系）
    - 交叉关系（非包含于关系）
  - 不相容关系
    - 矛盾关系（非包含于关系）
    - 反对关系（非包含于关系）

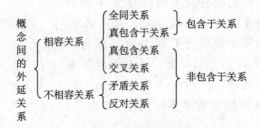

图 2.8　概念间的外延关系

明确概念间的外延关系，有助于我们准确地运用概念，恰当地作出判断，正确地进行推理。

第四节 概念的限制和概括

概念的限制和概括，是在具有从属关系的概念之间进行的推演。从属关系的概念间的内涵和外延之间的反变关系，是对概念进行限制和概括的逻辑基础。

一、概念的限制

概念的限制是通过增加概念的内涵，减小概念的外延，由属概念过渡到种概念的逻辑方法。根据概念内涵与外延的反变规律，一个概念的内涵愈多，外延愈小。因此，在实际思维中，要限定或缩小一个概念的使用范围，可以通过增加该概念的内涵来实现。

例如：

法治→社会主义法治

伤害罪→故意伤害罪

概念限制的公式为：

被限制概念（属概念）＋某种内涵＝限制概念（种概念）

概念限制的基本特征是缩小一个概念的外延。它表现为在具有真包含关系的属、种概念之间，由属概念到种概念的推演。如，由"学生"限制为"中学生"。"学生"与"中学生"之间就具有真包含关系，前者为属概念，后者为种概念。

概念的限制可以是一次限制，也可以是连续的限制。一次限制就是对概念只增加一次内涵，从而缩小一次外延。如，从"战争"到"正义战争"，从"劳动"到"脑力劳动"，分别都是一次限制。连续限制就是对概念相继增加多次内涵，从而多次缩小其外延。如，从"桥"到"拱桥",再到"石拱桥";从"规律"到"经济规律",再到"社会主义经济规律"。这些分别都是连续限制。

二、概念的概括

概念的概括是通过减少概念的内涵以扩大概念的外延,由种概念推广到属概念的逻辑方法。根据概念的内涵与外延的反变规律,一个概念的内涵愈少,其外延愈大。因此,在实际思维中,要扩大一个概念的外延或使用范围,可以通过减少其内涵来实现。

例如:

逻辑学→社会科学

故意杀人罪→杀人罪

概念概括的公式为:

被概括概念(种概念)—某种内涵=概括概念(属概念)

概念的概括的基本特征是扩大一个概念的外延。它表现为在具有真包含于关系的种、属观念之间,由种概念到属概念的推演。如,从"故意犯罪"的内涵中减少"故意"这一属性,就可以扩大为"犯罪",这样就由种概念"故意犯罪"推演到属概念"犯罪"了。

上述几例的推演过程,说明了概括的实质。概括概念是由一个外延较小的概念向另一个外延较大的概念过渡,即由种概念过渡到它的属概念。其思维过程就是确定一个概念的属概念的过程。虽然概括常常表现为从原来的语词中减去一个限制词,但对概念的概括并非完全如此。如,对"审判员"这个概念,就只能概括为"司法人员"这样的概念。

三、概括和限制的规则

(一)概括和限制都只能在具有从属关系的概念之间进行

概念的内涵和外延之间的反变关系原理,是对概念进行概括和限制的理论根据。概括也就是把种概念的外延扩大为它的属概念,限制也就是把属概念的外延缩小为它的某一个种概念。因此，概括和限制都不能脱离概念间的从属关系。

违反这一条规则，在不具有从属关系的概念之间进行概括和限制，就会犯逻辑错误。这主要有以下三种情况：

（1）在全同关系、交叉关系或全异关系的概念之间错误地进行概括和限制。

（2）把一个集合概念概括、限制为非集合概念，或者把一个非集合概念概括、限制为集合概念。

集合概念反映的对象是集合体，非集合概念反映的对象是个体事物。因此，反映集合体的概念与反映个体的概念在外延上不构成从属关系。在集合概念与非集合概念之间不能进行概括和限制，否则，会导致逻辑错误。

（3）把一个实体概念概括、限制为属性概念，或者把一个属性概念概括、限制为实体概念。

实体概念与属性概念在外延上并非从属关系，因此，不能在实体概念和属性概念之间进行概括或限制。如把"石头"概括为"硬"，把"热"限制为"太阳"，等等，都是错误的。

（二）对概念进行概括和限制的程度要适度 ——符合语境要求

1. 概括和限制都有其极限

概括的极限是哲学范畴，因为哲学范畴是外延最大的概念，对它无法再进行概括；限制的极限是单独概念，因为单独概念是外延最小的概念，再无法缩小其外延，对它无法再进行限制。

2. 符合语境要求

在自然语言中，对概念进行概括和限制，必须根据语境的需要，正确确定概括和限制的程度。既不能概括过度，造成概念外延过宽，笼统空泛；又不能限制过度，造成概念外延过于狭窄。在人们的思维实践中，经常因概括或限制不当，造成外延过宽或外延过窄的逻辑错误。

第五节 定 义

一、什么是定义

所谓定义，就是揭示概念内涵的逻辑方法。揭示概念的内涵，就是要揭示概念所反映的对象的本质属性，从而明确概念的内涵。

例如：

[1] 正方形就是四条边相等、四个角均为直角的四边形。

[2] 共同犯罪是指两人以上共同故意犯罪。

[3] 单务合同就是当事人一方只享受权利不尽义务，而另一方只尽义务不享受权利的合同。

上述三例分别指出了"正方形"、"共同犯罪"、"单务合同"这三个概念所反映的对象具有的本质属性，也正确地揭示了这三个概念的内涵，符合定义的要求，因此，都属于定义。

从上述例子我们可以看出，一个完整的定义是由被定义项、定义项和定义联项三部分组成的。被定义项就是通过定义揭示其内涵的概念。上例中的"正方形"、"单务合同"等都是被定义项。定义项就是用来揭示被定义项内涵的概念，例 [2] 中"两人以上共同故意犯罪"是定义项。定义联项就是用来联结被定义项与定义项的概念，上述例子中的"就是"、"是指"等即为定义联项。

在现代汉语中，定义的表达形式多种多样。如果用 D_S 表示被定义项，用 D_P 表示定义项，用"就是"表示定义联项，那么定义的表达形式可以用公式表示为：

$$D_S \text{ 就是 } D_P$$

二、定义的方法

常用的定义方法有两类，即实质定义法和语词定义法。

（一）实质定义法

做出实质定义最常用的方法就是"属加种差"的定义方法。这种方法可以用公式表示为：

被定义项＝种差＋（邻近的）属概念

做出实质定义的目的在于揭示概念所反映对象的本质属性。这种对象的本质属性，反映在实质定义公式中就是"种差"。所谓"种差"，就是指被定义项所反映的这种对象同该属概念中其他对象之间的本质差别。找出"种差"，实际上就是找出被定义项所指对象的本质属性。

由于事物的属性有许多方面，因而定义的种差也是多种多样的。根据种差的不同情况，又可以把实质定义分为性质定义、发生定义、关系定义和功用定义等。

1. 性质定义

实质定义是以对象本身的本质属性作为种差的定义方法。

例如：

人是制造和使用生产工具进行劳动的动物。

这是一个性质定义。虽然"人"的本质属性有多个，但起决定作用的是"制造和使用生产工具进行劳动"，这样，就可以给"人"下一个简化定义。

2. 发生定义

发生定义是以对象产生或形成情况作为种差的定义方法。

例如：

月食是太阳、地球、月亮三者处在一条直线上时，月亮被地球所遮而产生的部分或全部失光的天文现象。

这是"月食"的发生定义，它的种差是月食发生的原因。发生定义在自然科学领域应用较广。

3. 关系定义

关系定义是以对象之间的某种关系作为种差的定义方法。

例如：

偶数是自然数中能被 2 整除的数。

这是一个关系定义，其种差"自然数中能被 2 整除的"是数与数之间的关系。关系定义在数学中应用较多。

4. 功用定义

功用定义是以对象的功能作用作为种差的定义方法。

例如：

> 温度计就是用来测量气温的物理仪器。

这是一个功用定义，其种差揭示了温度计的作用。这种定义在日常生活和自然科学中用得较多。

属加种差定义也有局限性。哲学上的范畴，如物质、意识、内容、形式、原因、结果等，都是外延最广的普遍概念，它们没有属概念，不可能用属加种差的方法下定义；同时，对单独概念也难于用属加种差的方法下定义，因为单独概念反映的是单个对象，而单个对象与其他对象区别的属性很多，难于概括出它的种差

（二）语词定义法

语词定义法就是说明或规定语词意义的定义方法。这种方法不同于实质定义，它只是对语词意义给以解释，并不揭示概念的内涵。语词定义又可以分为说明性语词定义和规定性语词定义两种。

1. 说明性语词定义

说明性语词定义就是对于某个语词既定意义的说明。

例如：

[1]"单方"也称"丹方"，是指民间流传的药方。

[2]"太一"，中国哲学术语。"太"是至高至极，"一"是绝对唯一的意思。"太一"是老子"道"的别名。

[3]"乌托邦"原为希腊语。"乌"是没有，"托邦"是地方，"乌托邦"就是指没有的地方，也就是一种空想、虚构。

2. 规定语词意义的定义

规定语词意义的定义就是对于某个语词或符号规定一个新的意义。这种定义方法在政策和法律用语中使用较多。

例如：

"五讲四美"是指"讲道德、讲文明、讲礼貌、讲秩序、讲卫生"和"心灵美、语言美、行为美、环境美"。

这是对"五讲四美"做出的规定性解释。其中，被定义项是一个经过压缩的语词，定义项指出这个语词被规定的涵义。使用这种简化了的语词，可使语言表达节省时间，提高思维效率。

又如：

爱因斯坦提出"$E=mc^2$"。

对公式符号的意义规定："E"表示能量，"m"表示质量，"c"表示光速。这些都是规定的语词定义。

三、定义的规则

要做出一个正确的定义，不仅要具备相关的专业知识，而且还必须掌握下定义的逻辑方法，遵守有关的逻辑规则。

（一）定义必须相应对称 ——定义项的外延与被定义项的外延相等

这条规则要求：定义项与被定义项这两个概念必须是对称相等的同一类对象，两者在外延上必须构成全同关系。否则，定义项就不能准确揭示被定义项的内涵，就要犯"定义过宽"或"定义过窄"的逻辑错误。

比如说，"人是能制造和使用生产工具的动物"，这个定义的定义项和被定义项在外延上相等，合乎这条规则的要求。如果说"人是哺乳动物"，作为定义就不能了。因为定义项"哺乳动物"和被定义项"人"，两者在外延上不相等，"哺乳动物"的外延比"人"的外延大得多，这就犯了"定义过宽"的错误。如果说"人是能辩证思维的动物"，定义项"能辩证思维的动物"和被定义项"人"，两者在外延上也不相等。定义项的外延小于被定义项的外延，"能辩证思维"只是一部分人的属性，不是所有人的本质属性，以"能辩证思维的动物"来定义"人"，就犯了"定义过窄"的错误。

（二）定义项中不能直接或间接地包括被定义项

我们给概念下定义，就是用定义项去说明被定义项的内涵，达到明确概念的目的。如果定义项中包含了被定义项，就是以不明确部分去定义不明确部分，最终还是不明确。这样就达不到明确被定义项内涵的目的。

违反这条规则，就会犯"同语反复"或"循环定义"的逻辑错误。"同语反复"，就是在定义项中，直接包含了被定义项。

例如：

［1］科学家就是被人称为科学家的人。

［2］形式主义者就是形式主义地观察和处理问题的人。

例［1］中，定义项"被人称为科学家的人"直接包含了被定义项"科学家"；例［2］中，定义项"形式主义地观察和处理问题的人"也直接包含了被定义项"形式主义"，它们的定义项都不过是重复被定义项而已，丝毫没有增加新的内容，因而都犯了"同语反复"的逻辑错误。

"循环定义"，就是在定义项中间接地包含了被定义项。

例如：

［1］原因就是引起结果的事件。

［2］偶数就是奇数加一。

这两个例子中的定义项（"引起结果的事件"和"奇数加一"），虽然没有直接包含被定义项（"原因"和"偶数"），但是却间接地包含了被定义项。因为要问什么是结果？什么是奇数？如果说"结果是原因引起的事件"、"奇数是偶数加一"，那么，用乙来说明甲，又用甲来说明乙，转了一圈又回到原地，白白地兜了个圈子，谁都没有被说明。作为定义，这是不允许的。这样做，就是犯了"循环定义"的错误。

（三）定义项中不得包括含混的概念或语词，不得用比喻

定义要揭示被定义项的内涵，要求表述定义项的语词清楚确切。如果定义项所使用的语言晦涩含混，就达不到明确概念内涵的目的。

例如，托洛茨基故意把"列宁主义"的定义说得含混其词："作为革命行为体系的列宁主义，就是由思维和经验养成的嗅觉，这种社会领域里的嗅觉，如同体力劳动中肌肉的感觉一样。"在这里，什么叫"由思维和经验养成的嗅觉"？什么叫"社会领域里的嗅觉"？"体力劳动中肌肉的感觉"又是什么东西？他并没有讲清楚。从逻辑上说，托洛茨基故意违反定义的规则，犯了"定义含混"的错误。

"比喻"作为一种修辞方法，可以形象地描述出事物的特征，但不能当做定义来使用。

例如：

[1]革命是历史的火车头。

[2]数学是科学的皇后。

这两个例子都是很好的比喻，人们常说这样的话，但是作为定义则不允许。因为它们都没有用科学术语直接指明被定义项（"革命"和"数学"）的真正内涵是什么。如果将其作为定义，则犯了"以比喻代定义"的错误。

（四）定义一般不能用否定形式和负概念

给概念下定义，目的在于揭示概念的内涵，说明反映的思维对象具有的特有属性或本质属性。用否定形式给概念下定义，只说明概念不是什么、不具有什么属性，而不说明概念是什么、具有什么属性。例如，"文学不是历史"、"民法不是诉讼法"，人们见了这样的定义，仍然不明白"文学"和"民法"究竟是什么。

负概念是表示思维对象不具有某种属性。知道了不具有某种属性，并不能使我们知道思维对象具有某种属性。因此，如果定义项中包含了负概念，它就不能起到揭示概念内涵的作用。例如，"直线不是曲的线"，"商品就是不供生产者本人消费的劳动产品"，这两个定义都包含了负概念，因而都没有正面揭示"直线"和"商品"具有哪些特有属性或本质属性。

这条规则一般是对正概念而言的。当被定义项本身就是一个负概念时，给它下定义则往往是使用否定形式和负概念。例如，"无机物是不含碳的化合物","不正确的思想就是没有如实反映客观的思维",它们都是正确的定义。因为对于这些思维对象来说,缺乏某种属性本来就是特有属性或本质属性。

上述定义的规则对正确下定义很有必要,违反其中任何一条都不能做出正确的定义。但是,只掌握这四条规则还是不够的,仅仅遵守这些规则还不一定能揭示对象的本质属性。因此,要想用一个定义来揭示对象的本质,就必须对事物作具体研究,注意掌握有关科学的具体知识。

五、定义的作用

在思维过程中,定义起着重要作用:

第一,通过定义,能够把人们对事物的认识总结并巩固下来。人们对事物及其属性有了具体认识之后,就可以采用定义的形式总结和概括其对这一类事物的认识。例如,列宁考察了帝国主义发生和发展的具体过程,给"帝国主义"下了科学的定义,揭露了帝国主义的本质,把他对这个问题的认识成果总结并巩固了下来。

第二,通过定义,可以明确概念;同时,要检查所使用的概念是否明确,也要通过定义。学习科学知识,就要明确这门科学中的基本概念,就要了解基本概念的定义。如学习政治经济学,通过定义可以明确生产力、生产关系、商品、价值规律等概念的内涵。检查所使用的概念是否明确,也可以通过下定义的方法来加以检验。如果能回答出概念的定义,就说明对该概念是明确的;否则,就不能说对这个概念已经明确。

第三,要把一个概念传达给原来不了解这个概念的人,也需要应用定义。如有人不了解什么是"中国新民主主义革命",那就可以给"中国新民主主义革命"下个定义,指出它"是无产阶级领导的,人民大众的,反对帝国主义、反对封建主义和反对官僚资本主义的革命"。使他掌握这个概念,以便顺利地交流思想。

但是,定义只能揭示事物的某些方面的规定性,不能全面揭示事物的联系。事物总是相互联系、变化发展的,定义只是用概括的形式揭示概念的内涵，不可能揭示事物全部的、丰富的内容，因而定义总是不完全的。正如列宁说过的，"所有的定义都只有有条件的、相对的意义，永远也不能包括充分发展的现象的各方面联系"，因此，一方面要看到科学定义的重要作用，另一方面要注意定义的局限性，任何定义都不能代替对事物的具体分析。

第六节　划　分

一、什么是划分

划分是明确概念外延的逻辑方法。

划分就是按照一定标准，把一个属概念分为若干个种概念，以揭示其外延的逻辑方法。

例如：

[1] 社会可分为原始社会、奴隶社会、封建社会、资本主义社会、社会主义和共产主义社会。

[2] 哲学理论有唯物主义和唯心主义两种。

例 [1] 把"社会"这个概念，根据生产方式的不同，分为五个小类，用来明确它的外延。例 [2] 则对"哲学理论"这个概念，根据是否承认"物质第一性，意识第二性"，分为两个小类，以明确它的外延。

明确概念的外延，就是要说明它反映的是些什么对象，包含了那些子类或分子，适用多大的范围。单独概念的外延只包含一个对象，可以用指出这个对象的方法来明确它的外延，而无须划分。普遍概念的外延，如果它的分子是有限的、可以计量的，也可用列举对象的方法来明确它的外延。例如，在明确"太阳系的行星"这个概念的外延时，就可以把九大行星一一列举出来。但是，如果普遍概念的外延是无限的，或者是难于计量的，那么就不能采用上述两种方法，而要用划分的方法来明确它的外延了。"社会"和"哲学理论"其具体形态是很多的，难于——列举，因而要用划分的方法来明确它的外延。其他类似情况很多，如"数"是无限的、不可数的，要把每一个数都列举出来是根本不可能的，但可以把数划分为实数、虚数两大类。这样，就能够把无限量的类划分出一个分类体系，然后分门别类研究其性质，总结其规律。

划分是由两部分组成的：一部分是划分的母项，另一部分是划分的子项。母项即被划分的概念，如前面例子中的"社会"、"哲学理论"、"数"等。子项即从母项中划分出来的概念，如前例中的"原始社会、奴隶社会、封建社会、资本主义社会、社会主义和共产主义社会"、"唯物主义和唯心主义"，"实数、虚数"等。

把母项分为若干子项的根据，叫做划分标准。如把"哲学理论"分为"唯物主义"和"唯心主义"的划分标准，是"对物质和意识何者为第一性的不同回答"。

划分与分解不同。分解是把一个具体事物分成若干部分，如把一棵松树分解为树根、树干、树枝、树叶等。划分不是分解事物，而是根据某一标准把属概念（母项）分为苦干个种概念（子项），划分后的子项仍具有母项的属性。如由"人"划分出的子项"中国人"和"外国人"仍然具有"人"的属性，它们都是"人"。

二、划分的方法

常用的划分方法有两种：一次划分和连续划分。此外，还有一种特殊的划分方法叫二分法。

1. 一次划分

一次划分就是根据划分标准对母项一次划分完毕。这种划分只有母项和子项两层。如前例中把"社会"划分为五种，把"哲学理论"划分为两种，都属于一次划分。

2. 连续划分

连续划分就是把母项划分为若干子项之后，再将子项作为母项继续进行划分，这样连续划分下去，直到满足需要为止。例如，讲哲学时，先根据对物质和意识的关系问题的不同回答，把哲学分为唯物主义和唯心主义两大派别。然后在讲唯物主义时，根据唯物主义发展的三个阶段，又把唯物主义分为朴素唯物主义、机械唯物主义、辩证唯物主义。在讲唯心义主义时，根据其不同特点，又分为客观唯心主义和主观唯心主义。

3．二分法

二分法是以对象有无某种属性作为划分标准，将一个属概念划分为一个正概念和一个负概念。

例如：

［1］考试成绩分为及格和不及格。

［2］建筑物有生产性建筑物和非生产性建筑物。

这两个例子是对母项（"考试成绩"、"建筑物"）分别运用二分法作出的划分。由于二分法的子项是一个正概念和一个负概念，便于人们把注意力集中到应当注意的那一部分上，而且它总是合乎划分规则的，简便易行，不易发生错误，这是二分法的优点。但它的子项中有一个负概念，只反映对象不具有某种属性，并未正面说出它具有什么属性，它的内涵和外延都比较模糊，这又是二分法的缺点。

二分法也可以有一次划分和连续划分。

三、划分的规则

（一）划分后的各子项外延之和必须与母项的外延相等

违反这条规则，就会犯"划分不全"或"多出子项"的逻辑错误。

如上面举过的例子，对"社会"划分后，五个子项外延之和与母项的外延相等，对"哲学"划分后，两个子项外延之和也与母项外延相等，其余，"人"、"数"、"考试成绩"、"建筑物"等划分后的各个子项外延之和也都与母项外延相等，可见，凡属正确的划分都是符合这条规则的。

与此相反，如果子项外延之和小于母项外延，就会犯"划分不全"的错误；如果子项外延之和大于母项外延，就会犯"多出子项"的错误。

例如：

[1]重工业有冶金工业、机器制造工业、造纸工业、采掘工业。

[2]颜色分为红色、黄色、蓝色、白色、黑色。

[3]文学作品包括小说、诗歌、戏剧、音乐、舞蹈、绘画、雕塑。

例[1]中，把不属于重工业的造纸工业归入"重工业"范围，子项外延之和大于母项外延，犯了"多出子项"的错误。例[2]中，对颜色的划分，遗漏了橙色、绿色、青色、紫色，子项外延之和小于母项外延，犯了"划分不全"的错误。例[3]中，对"文学作品"的划分，一方面，把不属于文学作品的音乐、舞蹈、绘画、雕塑归入"文学作品"的范围，子项外延超出了母项外延的范围，犯了"多出子项"的错误；另一方面，又把属于文学作品中的散文遗漏掉了，因而子项外延之和小于母项外延，犯了"划分不全"的错误。

（二）每次划分必须按照同一标准进行

违反这条规则，就会犯"划分标准不同一"的逻辑错误。

例如：

[1]人分为工人、农民、青年、妇女。

[2]高等学校有全日制高等院校、业余高等院校、理科、工科、农科、医科和文科高等院校。

例[1]中，对"人"的划分没有按照同一标准进行。工人、农民是按职业为标准所作的划分，青年是按年龄为标准所作的划分，妇女则是按性别为标准所作的划分。在一次划分当中，有三个标准，犯了"划分标准不同一"的错误。例[2]中，对"高等学校"的划分，同时以两个标准作根据。一是根据学习时间不同分为全日制和业余两种，二是根据专业不同分为理、工、农、医、文等五科，因此，也犯了"划分标准不同一"的错误。

每一次划分虽然标准必须同一，但并不要求在连续划分中始终用同一标准。如将"人"划分为工人、农民、知识分子以后，对其子项"工人"又可按年龄划分为青年工人、中年工人、老年工人。在这里，第一次划分是以职业为标准，第二次划分则是以年龄为标准。

(三) 划分的各子项应当互不相容

违反这条规则，就会犯"子项相容"的逻辑错误。

这条规则要求划分出的子项外延之间必须互相排斥。

例如：

［1］文件有内部文件、绝密文件、军事文件。

［2］大学生分为爱好体育活动的、爱好文艺活动的、不爱好文体活动的。

例［1］中的子项之间并不互相排斥，"内部文件"中有"绝密文件"，也有"军事文件"，"绝密文件"中有"军事文件"和"内部文件"，因而犯了"子项相容"的错误。如果按照例［2］的划分，分组召开座谈会，那么，既爱好体育活动又爱好文艺活动的学生，要参加哪个座谈会呢？因为这样的学生既属于"爱好体育活动的"，又属于"爱好文艺活动的"，这两个子项是相容的。这样的划分必然引起混乱。

上述三条规则是相互联系的。遵守这些规则，就能把属于母项的任何一个对象各划到一个子项中去，而且也只能划到一个子项中去。

四、划分的主要作用

第一，通过划分，可以扩展、加深对事物的认识。例如，商店售货时，要以商品进行划分；体育竞赛时，要对比赛项目进行划分；档案管理工作也要对文件进行划分等。通过这些划分都可以扩展人们对事物的认识。不仅在日常生活中，而且在科学研究中，都要运用划分的方法。

第二，通过划分，可以明确概念的外延，使人们了解一个概念能够适用于哪些对象。例如，"工业产品"这个概念适用于哪些对象？通过对它的划分即可明确其外延。首先，把工业产品划分为重工业产品和轻工业产品两大类。然后，把重工业产品又分为冶金工业产品、机器制造业产品、煤炭工业产品、石油工业产品等，把轻工业产品分为纺织工业产品、造纸工业产品、陶瓷工业产品、儿童玩具工业产品等。如果需要的话，还可以继续进行划分，如将冶金工业产品分为钢铁工业产品和有色金属工业产品等，这样，使人对"工业产品"的认识越来越具体，达到概念明确的目的。

五、分类与列举

（一）分　类

分类是划分的特殊形式。它是根据对象的本质属性或特征进行的划分，具有较大的稳定性。

分类的基础是划分，任何分类都是划分，但不是所有的划分都是分类。两者之间的区别，首先是根据不同。分类的标准要比划分的标准有更高要求，凡能区别对象的一般属性或显著特征可作为分类的根据。其次是作用不同。划分是由日常实践的需要决定的，当某一实践过程结束，这种划分随之失去意义；分类则是关于某类对象的知识的系统化，它被固定在每门科学中，并在科学发展中长期起作用，具有较大的稳定性。例如，门捷列夫关于化学元素的分类，就是在科学史上有重大价值的分类。

分类可分为自然分类和辅助分类。自然分类，是根据对象的本质属性把对象排列成各个类。例如，把"动物"分为"脊椎动物"和"无脊椎动物"就是自然分类。辅助分类是根据对象的某种显著特征把对象排列为各个类，目的是为了从被分类的其他对象中易于找出某个对象。例如，汉语词典，或者根据字的部首来编排，或者根据第一个字的汉语拼音顺序来编排，目的是为了从整部词典中易于查到某个词。这就是辅助分类。

（二）列 举

列举也是划分的一种特殊形式。它与划分的区别是：在一般情况下，列举不要求揭示概念的全部外延。

列举是揭示概念一部分外延的逻辑方法。

例如：

［1］恒星有太阳、牛郎星、织女星、天狼星等。

［2］自然科学包括数学、物理学、化学、生物学等。

例［1］中，"恒星"的数量无限大，根本不可能把子项列举完全，所以在举出人们熟悉的四个子项后加个"等"字，表示还有许多子项，不再一一列举出来，举出一部分子项后也加上个"等"字。

列举虽不要求揭示概念的全部外延，但它也要遵守两个规则：即每一次列举必须按照同一标准进行，列举的各子项应当互不相容。

思考与练习

一、问答题。

1. 什么是概念的内涵和外延？

2. 如何区分集合概念和非集合概念？

3. 概念之间的外延关系有哪些？矛盾关系和反对关系有何区别？

4. 如何理解限制与概括的逻辑方法？

5. 什么是定义？有哪几条规则？

6. 什么是划分？有哪几条规则？

二、指出下列画线的部分是在集合意义下使用，还是在非集合意义下使用。

1. 青年是祖国建设的新一代，青年都应该努力学习。

2. 张三是四川理工学院毕业的学生，四川理工学院毕业的学生分布在全国各地。

3. 华罗庚是知识分子，知识分子在现代化建设中发挥着重要作用。

三、指出下列各题中几个概念之间的关系，并用欧拉图表示出来。

1.（A）教师　（B）律师　（C）中年人。

2.（A）党员　（B）干部　（C）党的高级干部。

3.（A）普遍概念　（B）正概念　（C）概念。

4.（A）《红楼梦》　（B）中国小说　（C）古代小说　（D）军事小说。

5.（A）曹操（B）军事家（C）诗人（D）政治家。

四、对下列概念各作一次概括与限制。

1. 资本主义国家。

2. 化工产品。

3. 脑力劳动者。

4. 历史科学。

五、假设下列句子是在下定义，请指出其是否正确，并说明理由。

1. 正方形就是四角相等的四边形。

2. 天文学就是研究地球所在的太阳系的科学。

3. 宪法是国家的法律。

4. 建筑是凝固的音乐。

5. 占有土地，自己不劳动；或只有附带劳动，而靠剥削农民为生的，叫做地主。

六、下列句子是否表示划分，并说明理由。

1. 地球分为南半球和北半球。

2. 树分为树根、树枝、树叶、树干。

3. 句子分为主语和谓语。

4. 法律分为成文法、不成文法、实体法和程序法。

5. 小说分为侦探小说、爱情小说、古典小说、外国小说和短篇小说。

6. 工厂分为大型工厂、中型工厂和小型工厂。

第三章　简单判断及推理

判断和推理是人类思维的重要形式。在逻辑上，判断是推理的基础，推理则是判断的连接和运用。人类思维主要是形成判断，进行推理，获取新知的过程。本章就判断和推理的一般知识以及简单判断和推理的性质、特征、种类展开论述，以便能正确地理解和灵活地应用简单判断及推理。

第一节　判断的概述

一、判断的含义

（一）判断的定义

判断是对事物情况有所断定的思维形式。

客观事物的情况多种多样，纷繁复杂。有的有形，有的无形；有的是物质，有的是精神；有的存在，有的不存在（如仙女、上帝等）。客观事物是否具有某种属性，一事物与他事物之间是否具有某种关系，都称为事物的情况。所谓断定，就是指对事物情况的肯定或否定，表现了人们对客观事物情况的认识。判断就是人们对客观事物情况认识的一种反映。

例如：

［1］文学是社会生活的反映。

［2］形而上学不是科学的世界观。

［3］华山比泰山险峻。

［4］马列主义理论不是教条，而是行动的指南。

［5］如果你去北京，那么我就去上海。

这些都是判断。每一判断至少由两个概念组成，都是反映了事物的某种情况。例［1］断定了"文学"具有"社会生活的反映"这种性质；例［2］断定了"形而上学"不具有"科学的世界观"这种属性；例［3］断定了"华山"与"泰山"之间有"比……险峻"的关系；例［4］、例［5］则分别断定了事物情况之间的共存或条件关系等。

（二）判断的特征

第一，判断都有所肯定或否定。

判断断定事物具有某种情况，就是对事物有所肯定；断定事物不具有某种情况，就是对事物有所否定。如果对事物情况既无所肯定，又无所否定，那就是对事物无所断定，因而就不是判断。例如，"他是罪犯"，这是对事物有所肯定；"他不是罪犯"，这是对事物有所否定。这两个都是判断。"难道他是罪犯吗？"，既无肯定，又无否定，就不是判断。

第二，判断具有真假值。

判断的真假值简称真值。由于判断是对事物情况的断定，表现了人们对事物情况的认识。而断定的事物情况，并不等于客观事物本身，二者是反映与被反映的关系。因此，判断也就必然存在着是否与客观事物情况相符合的问题，即判断的真假问题。对任何一个判断而言，如果断定的事物情况符合客观事物，那就是真判断；如果断定的事物情况不符合客观事物，那就是假判断。因此，只要是判断就具有真假值，无所谓真假就不成其为判断。

二、判断和语句

判断和语句有密切联系。具体地说，判断是语句的思想内容，语句是判断的语言形式。判断只有通过语句才能表达，二者相互依赖，不可分离。

判断和语句的区别表现在：

第一，判断和语句属于不同学科的研究对象。判断是思维的基本单位，属于逻辑学的范畴；语句是语言的基本单位，属于语言学的范畴。同时，判断作为思维形式，是精神形态的东西；语句作为语言形式，是物质形态的东西。

第二，任何判断都要用语句表达，但并非任何语句都表达判断。一般地讲，陈述句表达判断，疑问句、命令句、感叹句不表达判断。判定一个语句是否表达判断，标准有两条：一是看它是不是有所肯定或否定，二是看它是不是有真假。有肯定或否定、有真假的语句才表达判断，否则不表达判断。

第三，同一判断可以用不同语句表达。例如，"所有的结果都是有原因的"，"没有无因之果"，"难道会有找不到原因的结果"，这几个不同的语句表达的是同一判断。

第四，同一语句可以表达不同的判断。语句分为两种：一种是无歧义句，另一种是歧义句。一个无歧义句只表达唯一确定的某个判断，而歧义句在不同的语境中可以表达不同的判断。例如，"我准备活动活动"，这句话可以表达"我准备参加体育活动"，也可以表达"我准备调动工作，挪挪地方"，还可以表达"我准备托托人情，找找关系"。这是由于句子中包含多义词"活动"造成的。

三、判断的分类

按照不同的根据可以对判断作不同的分类。

（1）根据判断中是否包含有模态词，将判断总的分为模态判断和非模态判断两类。

（2）对于非模态判断，按照判断中是否包含有其他判断成分，将其分为简单判断和复合判断。对于简单判断，按照判断断定的是事物的性质还是事物之间的关系，将其分为性质判断和关系判断；对于复合判断，按照判断逻辑联结词的不同，将其分为联言判断、选言判断、假言判断和负判断。

（3）对于模态判断，按照判断中包含的是真值模态词（"必然"、"可能"）还是规范模态词（"必须"、"允许"），将其分为真值模态判断和规范模态判断。

上述关于判断的分类，可用图 3.1 作如下表示：

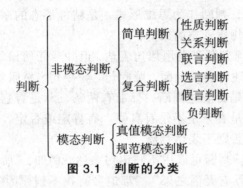

图 3.1　判断的分类

第二节　推理的概述

一、推理的含义

推理是由一个或几个已知的判断推导出另一新判断的思维形式。

在实际思维中，人们谈话或写文章都包含了一系列判断，用以表达思维内容和结果。这些判断并非简单的堆砌罗列，而是揭示了客观事物具有的各种内在联系。根据判断间的联系，由已知的判断推导出另一个判断，这种具有推导关系的判断间的联系方式，逻辑上就叫做推理。

例如：

[1] *所有商品都是劳动产品，*

所以，有些劳动产品是商品。

这是一个推理。它包含两个判断，前一个是已知的判断，后一个是根据前一个判断推出的新判断。

[2]绿色植物都是含有叶绿素的，

菠菜是绿色植物，

所以，菠菜是含有叶绿素的。

这也是一个推理。这个推理包括三个判断，前两个是已知的判断，第三个是根据前两个已知的判断推出的新判断。

由已知的判断推出未知的新判断，是推理的主要特征。

一个完整的推理，包含前提、结论和推导关系三个部分。推理所依据的已知判断称为前提，由前提推导出的新判断称为结论。如例[1]中的"所有商品都是劳动产品"，是该推理的前提；例[2]中的"凡绿色植物都是含有叶绿素的"及"菠菜是绿色植物"，是第二个推理的前提。例[1]中的"有些劳动产品是商品"，是该推理的结论；例[2]中的"菠菜是含有叶绿素的"，是第二个推理的结论。所谓推导关系，是指前提和结论的逻辑联系。这种关系在推理中，通常用"所以"一词来表示。在"所以"一词前面的判断，是作为推理所依据的前提判断；在"所以"一词后面的判断，是由前提推导出来的结论判断。

推理有内容和形式两个方面。推理的内容可以不同，但它们却有着共同的形式。如果用不同的符号表示前提判断和结论判断，用"所以"表示前提和结论间的推导关系，用这些符号组成的公式，就表现为推理的形式结构。

例如：

[1]人民法院都是审判机关，

所以，人民法院不是非审判机关。

这个推理的结构形式是：

所有 S 是 P

所以，所有 S 不是非 P

[2]中国公民都要遵守中国法律，

我们是中国公民，

所以，我们要遵守中国法律。

这个推理的结构形式是：

　　　　所有 M 是 P

　　　　所有 S 是 M

　　　　所以，所有 S 是 P

[3] 金导电，

　　　银导电，

　　　铜导电，

　　　……

　　　金、银、铜……都是金属，

　　　所以，凡金属都导电。

这个推理的结构形式是：

$S_1 \text{—} p$

$S_2 \text{—} p$

$S_3 \text{—} p$

……

$S_n \text{—} p$

（ $S_1 \text{—} S_n$ 是 S 类的部分或全部分子 ）

　　　　所以，凡 S 是(或不是)P

　　由此可见，逻辑学不研究各个推理的具体内容，因为推理的内容涉及各个领域，属于各有关学科研究的对象。但不同内容的推理又要采取一定的推理形式，而推理形式却可以是共同的。因此，逻辑学主要研究推理的形式结构，着重研究哪些形式结构是正确的，哪些形式结构是错误的，避免实际思维中的错误，保证推理的正确性。所以，掌握推理形式结构方面的知识，是进行正确思维的必要条件。

二、推理形式的正确性与推理结论的真实性

　　在实际思维中，要想通过推理获得正确认识，使论证具有说服力，只有推理的形式正确，符合推理规则的要求，才能达到预期的目的。

　　所谓推理形式的正确，是指推理的前提与结论间的联系具有必

然性，即结论的真实性能由它的前提的真实性给以证明。这要求我们在进行推理时，注意以下三点：

（1）推理形式的正确性，并不等于推理结论的真实性。

一个具体的推理，无论它的前提真或假，它的结论可以是真的；同样，无论它的形式是否正确，结论也都可以是真的。因此，不能简单地以推理结论的真假作为判定推理是否合乎逻辑的标准。即使一个推理的前提假，结论也假，只要该结论是由它的前提中必然推出的，这个推理仍然是合乎逻辑的。正因如此，所以我们可以由虚假的前提推出虚假的结论，从而由否定结论进而否定它的前提。

（2）只有当推理的前提真实、形式正确，结论才必然真实。

一个推理，只有当它的前提真实，且推理的形式正确，它的结论才必然真实。因为，推理的结论是以前提为依据推导出来的。如果前提不真实，就不能保证结论的必然真实。推理形式正确，是指前提和结论间的联结方式必须正确，即符合推理规则的要求。所以，当我们要通过推理来获得对于客观事物的正确认识时，既要注意前提的真实性，又要注意推理形式的正确性。

（3）推理的前提与结论间联系的性质不同，推理形式正确性的要求和推理结论的性质也不同。

推理的逻辑性是指前提与结论间联系的必然性。不同类型的推理，前提与结论的联结方式是不同的，推理逻辑性的要求也就不同。如果前提与结论间的联系方式具有必然性，推出必然性的结论是合乎逻辑的；如果前提与结论间的联系方式不具有必然性，推出的结论只能是偶然的。

三、推理的分类

推理按不同的根据可以有不同的分类。

（1）根据前提与结论的不同性质，可分为必然性推理与或然性推理。

必然性推理是前提与结论间的联结方式具有必然性的推理。这种推理的特点是：只要前提真，它的结论就必然真，前提蕴涵结论。

或然性推理是前提与结论间的联结方式不具有必然性的推理。这种推理的特点是：前提真，不能保证结论必然真。

（2）根据前提的数量不同，可分为直接推理与间接推理。

前提中只有一个判断的推理是直接推理；反之，有两个以上判断作前提的推理是间接推理。

（3）根据前提到结论的思维进程方向的不同，可分为演绎推理、归纳推理与类比推理。

演绎推理是由已知的、一般性的前提出发，推导出一个特殊性结论的推理。这种推理的前提与结论间的联系具有蕴涵关系，所以，它又属必然性推理。归纳推理是根据一类事物包含的许多对象的情况，推出关于该类事物的整体性结论的推理。这种推理是由一系列个别性的知识为前提，推出一个一般性知识的结论。思维进程的方向是由个别导向一般。归纳推理（除完全归纳推理外），它的前提与结论间的联系不具有蕴涵关系，即使前提真，推出的结论也不一定真。所以，这种推理属或然性推理。类比推理是根据两个或两类事物某些属性相同或相似，进而推论另一属性也相同或相似，或者根据某类事物的许多对象都具有某种属性，推论该类事物的另一对象也有这种属性的推理。类比推理的前提与结论间不具有蕴涵关系，所以，它也是一种或然性推理。

以上关于推理的分类，为便于理解和分别，可用图 3.2 作如下表示：

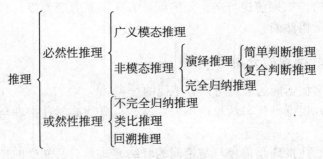

图 3.2　推理的分类

第三节　性质判断

一、性质判断

性质判断又称为直言判断，是简单判断的一种。所谓简单判断，是指不包含其他判断成分的判断。

性质判断就是断定对象具有或不具有某种性质的判断。

例如：

［1］中国是世界上人口最多的国家。

［2］有的犯罪不是故意犯罪。

［3］所有的认识都是来自实践的。

这些都是性质判断。例［1］断定了"中国"具有"人口最多的国家"的性质，例［2］断定了"犯罪"中至少有一种不具有"故意犯罪"的性质，例［3］断定了"认识"具有"来自实践的"性质。

从判断的结构形式上看，性质判断实际上是对两个概念之间外延关系的断定。如上面例［1］就断定了"中国"这个概念的外延，包含在"人口最多的国家"这个概念的外延中；例［2］断定了"犯罪"这个概念的外延中，至少有一个与"故意犯罪"的外延相排斥。正因为性质判断是对两个概念外延关系的断定，所以，它的真或假，就取决于它断定的两个概念外延之间的关系，是否同这两个概念所反映的事物之间的关系相一致。若一致，便真，否则便假。

性质判断由主项、谓项、联项和量项四部分构成。

组成性质判断的概念成分，叫词项。主项，表示被断定对象的词项。如例［1］的"中国"、例［2］的"犯罪"。谓项，用来陈述被断定对象具有或不具有某种性质的词项。如例［1］的"世界上人口最多的国家"、例［2］的"故意犯罪"。联项，表示对象与性质之间相联系的概念，分为肯定联项和否定联项。例［1］、例［3］是肯定联项，例［2］是否定联项。量项，表示所断定的对象（主项）数量范围的概念。如例［2］"有的"、例［3］"所有"。

二、性质判断的种类

性质判断有质和量两个方面。所谓质，是指性质判断所断定的性质是肯定的还是否定的，有肯定性质和否定性质之分；所谓量，是指主项所断定的对象的外延是全部的、部分的，还是单一的，具体有全称量、特称量和单称量之分。性质判断的种类及其逻辑形式，就是按照它的质和量来划分的。

性质判断可以先按量划分为全称判断、特称判断和单称判断三类，然后按性质判断的质把它分为肯定判断和否定判断两类。最后，把这两种分法结合起来，将性质判断分为六种。

（一）全称肯定判断，"所有 S 是 P"

全称肯定判断是断定某类事物的全部对象都具有某种性质的判断。主项是普遍概念，量项常用"所有"、"一切"、"任何"、"每一个"、"凡"等表示。全称量项在表达时可以省略。

例如：

［1］一切事物皆是发展变化的。

［2］所有公民都要遵纪守法。

（二）全称否定判断，"所有 S 不是 P"

全称否定判断是断定某类事物的全部对象都不具有某种性质的判断。主项是普遍概念，量项常用"所有"、"一切"、"任何"、"每一个"、"凡"等表示。全称量项在表达时可以省略。

例如：

［1］所有自然科学都不是上层建筑。

［2］人民团体不是审判机关。

（三）特称肯定判断，"有的 S 是 P"

特称肯定判断是断定某类事物中的部分对象（至少有一个）具有某种性质的判断。主项是普遍概念，量项常用"有的"、"有些"、"有"等表示。特称量项在表达时不能省略。

例如：

［1］有的花是不结果的。

［2］有些学生是用功的。

（四）特称否定判断，"有的 S 不是 P"

特称否定判断是断定某类事物中的部分对象（至少有一个）不具有某种性质的判断。其主项是普遍概念，量项常用"有的"、"有些"、"有"等表示。特称量项在表达时不能省略。

例如：

［1］有的被告不是罪犯。

［2］有些矛盾不是对抗性的。

（五）单称肯定判断，"(某个特定的) S 是 P"

单称肯定判断是断定某个特定对象具有某种性质的判断。主项是单独概念。

例如：

［1］亚里士多德是传统逻辑的创始人。

［2］北京是中华人民共和国首都。

（六）单称否定判断，"(某个特定的) S 不是 P"

单称否定判断是断定某个特定对象不具有某种性质的判断。主项是单独概念。

例如：

［1］多瑙河不是欧洲最长的河流。

［2］这个被告不是精神病患者。

在逻辑学中，性质判断的逻辑形式可以用符号公式表示。全称肯定判断，"所有 S 是 P"，表示为"SAP"或 A；全称否定判断，"所有 S 不是 P"，表示"SEP"或 E；特称肯定判断，"有的 S 是 P"，表示为"SIP"或 I；特称否定判断，"有的 S 不是 P"，表示为"SOP"或 O。单称判断，由于是对某一个别对象的断定，实际上也就断定了主项的全体具有或不具有某种性质。因此，除非特别说明，一般来说，单称判断都作全称判断处理。这样，上述六种性质判断就可归结为如下四种基本类型（见表 3.1）：

表 3.1　判断的四种基本类型

判断名称	逻辑形式	公式符号	简写符号
全称肯定判断	所有 S 是 P	SAP	A
全称否定判断	所有 S 不是 P	SEP	E
特称肯定判断	有的 S 是 P	SIP	I
特称否定判断	有的 S 不是 P	SOP	O

三、性质判断词项的周延性

性质判断的主项和谓项皆是由概念充当的，客观上讲，它们各自都有自身的外延。事实上，它们之间的外延关系也是确定的；同时，由于性质判断是对主项和谓项外延关系的断定，这表明，它总是对其主项和谓项在量的方面是有所断定的。既然如此，性质判断就必然要涉及是否断定了主项和谓项的全部外延的问题。这就是性质判断的周延性问题。

所谓性质判断词项的周延性，是指在一个性质判断中是否断定了某个词项（主项和谓项）的全部外延。如果断定了词项的全部外延，则该词项就周延；反之，如果没有断定词项的全部外延，则该词项就不周延。

周延性问题是在一个判断中对主项和谓项外延的情况断定而言，它属主观认识。因此，确定一个性质判断的主项或谓项是否周延，不能离开判断本身。必须以判断本身对其主项或谓项外延的情况断定为准，而不能以主项和谓项所反映的对象在事实上存在的关系为据。例如，尽管事实上"所有等边三角形是等角三角形"，但在"有的等边三角形是等角三角形"这一判断中，由于受特称量项"有的"限制，表明这个判断并没有断定其主项"等边三角形"的全部外延，因此，这里也就只能将其主项"等边三角形"看做是不周延的。

（一）全称肯定判断词项的周延情况

全称肯定判断："所有 S 是 P"，断定 S 类中全部对象都是 P 类的对象。主项 S 是周延的，但"所有 S 是 P"，并没有断定 P 类的全部外延就是 S 类的全部对象，即没有断定 P 类全部外延就是 S 类的全部外延。所以，在"所有 S 是 P"中，谓项 P 是不周延的。

例如：

所有正当防卫都是合法的。

在这一判断中，主项"正当防卫"是周延的，谓项"合法的"是不周延的。

（二）全称否定判断词项的周延情况

全称否定判断："所有 S 不是 P"，断定 S 类中全部对象都不是 P 类的对象，即 S 类的全部外延都被排斥在 P 类的全部外延之外。因此，在"所有 S 不是 P"中，主项 S 和谓项 P 都是周延的。

例如：

马克思主义者不是有神论者。

在这一判断中，主项"马克思主义者"和谓项"有神论者"都是周延的。

（三）特称肯定判断词项的周延情况

特称肯定判断："有的 S 是 P"，断定 S 类中的部分对象（至少有一个）是 P 类的对象。至于 S 类中究竟有多少个对象是属于 P 类的对象，它并没明确断定，当然也没有断定 S 类的全部对象都是 P 类的对象，因此，主项 S 是不周延的。同样，也没有断定 P 类的全部对象是 S 类的全部对象，因此，谓项 P 也是不周延的。

例如：

有的国家是发展中国家。

在这个判断中，主项"国家"和谓项"发展中国家"都是不周延的。

（四）特称否定判断词项的周延情况

特定否定判断："有的 S 不是 P"，断定 S 类中的部分对象（至少有一个）不是 P 类的任何对象，即 S 类中至少有一个对象是被排斥在 P 类的全部外延之外。因此，在"有的 S 不是 P"中，主项 S 是不周延的，谓项 P 却周延。

例如：

有的天鹅不是白色的。

在这个判断中，主项"天鹅"是不周延的，谓项"白色的"却是周延的。

综上所述，性质判断 A、E、I、O 的主项 S 和谓项 P 的周延情况可列表如下（见表 3.2）：

表 3.2　性质判断 A、E、I、O 的主项 S 和谓项 P 的周延情况

判断形式	主项（S）	谓项（P）
所有 S 是 P	周延	不周延
所有 S 不是 P	周延	周延
有的 S 是 P	不周延	不周延
有的 S 不是 P	不周延	周延

由表 3.2 总结为：

（1）全称判断的主项周延，而特称判断的主项不周延。

（2）肯定判断的谓项不周延，而否定判断的谓项都是周延的。

此外，由于单称判断也断定了主项的全部外延（其外延只有一个），所以，单称肯定判断和单称否定判断，与全称肯定判断和全称否定判断的周延情况分别相同。

四、性质判断间的对当关系

如果两个性质判断的主、谓项均相同，则称这两个判断是同一素材的判断。

例如：

［1］所有的困难都是可以克服的。

〔2〕所有的困难都不是可以克服的。

〔3〕有些困难是可以克服的。

〔4〕有些困难不是可以克服的。

这四个判断是同一素材的判断。它们的主、谓项均相同。

再如：

〔1〕有的学生是共青团员。

〔2〕有的学生是大学生。

同理：

〔1〕有的教师是共产党员。

〔2〕有的律师是共产党员。

这两对判断不是同一素材的判断。它们的主、谓项不尽相同。

不同素材的判断之间一般地说没有直接的真假关系。例如，已知"所有的肝炎都是传染的"真，不能推知"有些癌症不是传染的"的真假，因为这两个判断素材不同。但是，同一素材的判断之间就存在着直接的真假关系。例如，如果"所有的癌症都不是传染的"真，那么，"有些癌症是传染的"就一定假。

同一素材的性质判断之间的真假关系，称为对当关系。

因此，所谓性质判断间的对当关系，是指素材（主项、谓项）相同的 A、E、I、O 四种性质判断间的真假制约关系。

性质判断间的对当关系可用下面的逻辑方阵表示（见图3.3）：

图 3.3　对当关系逻辑方阵

从上面的逻辑方阵可以看出，性质判断 A、E、I、O 之间的对当关系包括：

（1）反对关系，A 与 E 之间的关系，不能同真，可以同假。

（2）下反对关系，I 与 O 之间的关系，不能同假，可以同真。

（3）矛盾关系，A 与 O、E 与 I 之间的关系，不能同真，不能同假。

（4）差等关系，A 与 I、E 与 O 之间的关系，可以同真，可以同假。

我们知道，性质判断实际上是对主项"S"和谓项"P"之间的外延关系的断定。所以，一个性质判断的真或假，完全取决于它所断定的主项"S"和谓项"P"之间的外延关系，是否与它们在客观上的外延关系一致。若一致，就真；否则，便假。

客观上，主项"S"和谓项"P"之间的外延关系，不外乎有如下五种情形（见表 3.3）：

表 3.3 主项 S 和谓项 P 之间的外延关系

判断类型 \ S与P的关系 真假情况	(S·P) 图①	(SP) 图②	(PS) 图③	(S P) 图④	(S)(P) 图⑤
SAP	+	+	−	−	−
SEP	−	−	−	−	+
SIP	+	+	+	+	−
SOP	−	−	+	+	+

由此，根据 A、E、I、O 各自对其主项"S"和谓项"P"之间的外

延关系的断定情况，就可确定它们本身的真假情况。

SAP 断定的是 S 的全部外延都包括在 P 的外延之中。因此，当事实上 S 与 P 处于图①和图②时，SAP 为真；但当 S 与 P 处于图③、图④和图⑤时，SAP 便假。

SEP 断定的是 S 的全部外延都排斥在 P 的全部外延之外。因此，只有当事实上 S 与 P 处于图⑤的关系时，SEP 才为真的；当 S 与 P

处于图①、图②、图③和图④的关系时，SEP 都是假的。

SIP 断定的是 S 类中至少有一个分子包含在 P 的外延之中。因此，事实上，当 S 与 P 处于图①、图②、图③和图④的关系时，SIP 都是为真的；反过来，当 S 与 P 处于图⑤的关系时，SIP 才是假的。

SOP 断定的是 S 类中至少有一个分子被排斥在 P 的全部外延之外。因此，当 S 与 P 处于图③、图④和图⑤的关系时，SOP 都是真的；反之，当 S 与 P 处于图①和图②的关系时，SOP 便是假的。

综上所述，A、E、I、O 四种性质判断本身的真假情况如下：

由上表可以清楚地看到相同素材的 A、E、I、O 四种判断之间的真假关系。例如，若 A 型判断为真时，则 S 与 P 就只能处于图①、②的关系；而在这两种关系下，E 都是假的。可见，若 A 真时，E 必假。再如，若 A 型判断为假时，则 S 与 P 就处于图③、④和⑤的关系；而在这三种情况下，E 有时为真（在图⑤的关系下为真），有时又为假（在图③和④的关系下为假）。因此，若 A 为假时，E 真假不定。

现在，对照上表，我们再来分别说明性质判断 A、E、I、O 之间的真假制约关系，即对当关系。

（一）反对关系（A 与 E）

A 与 E 的关系是：若其中一个判断为真，则另一判断必假；若其中一个判断为假，则另一判断真假不定。这种不能同真，但可同假的关系，逻辑上叫做反对关系。如下两个判断就具有反对关系：

某学习小组所有成员都是党员。　　　　　　　　（A）

某学习小组所有成员都不是党员。　　　　　　　（E）

根据反对关系的性质，任何具有反对关系的两个判断之间，都可以由其中一个判断真，去推知另一判断假，即可以由真推假；但却不能由其中一个判断假，去推知另一判断真，即不能由假推真。

（二）矛盾关系（A 与 O、E 与 I）

A 与 O、E 与 I 的关系都是：若其中一个判断真，则另一判断必假；若其中一个判断假，则另一判断必真。这种既不能同真，又不能同假的关系，叫矛盾关系。

如下两个判断之间就具有矛盾关系：

某学习小组所有成员都是党员。   （A）

某学习小组有的成员不是党员。   （O）

如下两个判断之间也具有矛盾关系：

某学习小组所有成员都不是党员。   （E）

某学习小组有的成员是党员。   （I）

根据矛盾关系的性质，任何具有矛盾关系的两个判断之间，既可以由真推假，也可以由假推真。

（三）差等关系（A与I、E与O）

A与I、E与O的关系都是：若全称判断真，则与之同质的特称判断必真；若全称判断假，则与之同质的特称判断真假不定；若特称判断真，则与之同质的全称判断真假不定；若特称判断假，则与之同质的全称判断必假。

如下两个判断之间就具有差等关系：

某学习小组所有成员都是党员。   （A）

某学习小组有的成员是党员。   （I）

如下两个判断之间就也具有差等关系：

某学习小组所有成员都不是党员。   （E）

某学习小组有的成员不是党员。   （O）

差等关系的两个判断之间，可以由全称真推知特称真，也可以由特称假推知全称假；但不能由全称假推知特称假，也不能由特称真推知全称真。

（四）下反对关系（I与O）

I与O的关系是：若其中一个判断真，则另一判断真假不定，若其中一个判断假，则另一个判断必真。这种可以同真，但不能同假的关系，逻辑上称为下反对关系。

如下两个判断之间就具有下反对关系：

某学习小组有的成员是党员。   （I）

某学习小组有的成员不是党员。　　　　　　　　　　（O）

下反对关系的两个判断之间不能由真推假，但可以由假推真。

根据上面介绍的具有相同素材的 A、E、I、O 四种判断之间的真假关系，就可以由其中一个判断的真或假，推知其他三个判断的真或假。

例如，当我们已知"某学习小组所有的成员都是党员"（A）为真，便可推知"某学习小组所有成员都不是党员"（E）为假，"某学习小组有的成员是党员"（I）为真，"某学习小组有的成员不是党员"（O）为假。

再如，当我们已知"某学习小组所有成员都是党员"（A）为假，则只能推知"某学习小组有的成员不是党员"（O）为真，却无法推知"某学习小组所有成员都不是党员"（E）和"某学习小组有的成员是党员"（I）这两个判断的真假。因为 A 假，则 E、I 都不定。

这里需要说明的是，性质判断的对当关系，并不包括同一素材的单称肯定判断和单称否定判断之间的真假关系。因为，单称判断是断定某个特定的对象具有或不具有某种性质的判断，而作为任一特定对象，它只能要么具有某种性质，要么不具有某种性质，这就决定了同一素材的单称肯定判断和单称否定判断之间是矛盾关系，即不能同真，也不能同假的关系。

例如：

张某是有罪的。

张某不是有罪的。

显而易见，这两个判断之间是非此即彼的，它们之间既不能同真，也不可能同假，因而二者是矛盾关系。

第四节　性质判断直接推理

性质判断直接推理，就是以一个性质判断为前提直接推出另一个性质判断作结论的推理。它包括两种类型：对当关系的直接推理和性质判断变形的直接推理。

一、对当关系直接推理

对当关系直接推理，就是根据相同素材的 A、E、I、O 四种判断间的真假制约关系所进行的必然性推理。按照性质判断间的真假关系，这种推理分为以下几种。

（一）依据反对关系进行的直接推理

依据反对关系的不能同真、但可同假的逻辑特征，便有下面两种有效的推理形式：

$$SAP \rightarrow \overline{SEP} \qquad SEP \rightarrow \overline{SAP}$$

例如：

[1] 所有物体都是运动变化的，

所以，并非所有物体都不是运动变化的。

[2] 所有共同犯罪都不是过失犯罪，

所以，并非所有共同犯罪都是过失犯罪。

（二）依据矛盾关系进行的直接推理

依据矛盾关系的既不能同真、也不能同假的逻辑特征，便有下面八种有效的推理形式：

$$SAP \rightarrow \overline{SOP} \qquad \overline{SAP} \rightarrow SOP$$
$$SEP \rightarrow \overline{SIP} \qquad \overline{SEP} \rightarrow SIP$$
$$SIP \rightarrow \overline{SEP} \qquad \overline{SIP} \rightarrow SEP$$
$$SOP \rightarrow \overline{SAP} \qquad \overline{SOP} \rightarrow SAP$$

例如：

[1] 一切科学原理都是真理，

所以，并非有的科学原理不是真理。

[2] 并非所有合同都是有效的，

所以，有些合同不是有效的。

[3] 有的大学生是喜欢踢足球的，

所以，并非所有的大学生都不是喜欢踢足球的。

[4] 并非有的故意犯罪是过失犯罪，

所以，所有故意犯罪都不是过失犯罪。

（三）依据差等关系进行的直接推理

依据差等关系的全称判断真，特称判断必真，特称判断假，全称判断必假的逻辑特征，便有下面四种有效推理形式：

$$\frac{SAP \rightarrow SIP}{SIP \rightarrow SAP} \qquad \frac{SEP \rightarrow SOP}{\overline{SOP} \rightarrow \overline{SEP}}$$

例如：

[1] 一切事物都包含矛盾的，

所以，有的事物是包含矛盾的。

[2] 所有贪污行为都不是合法行为，

所以，有的贪污行为不是合法行为。

[3] 并非有的抢夺罪是抢劫罪，

所以，并非凡抢夺罪都是抢劫罪。

[4] 并非有的物体不运动，

所以，并非所有物体都不运动。

（四）根据下反对关系进行的直接推理

依据下反对关系的可以同真，但不能同假的逻辑特征，便有下面两种有效的推理形式：

$$\overline{SIP} \rightarrow SOP \qquad \overline{SOP} \rightarrow SIP$$

例如：

[1] 并非有的大学生刻苦学习，

所以，有的大学生不是刻苦学习。

[2] 并非有的审判员不是青年，

所以，有的审判员是青年。

二、性质判断变形直接推理

性质判断变形直接推理，就是改变性质判断的形式从而推出结论判断的必然性推理。所谓改变性质判断的形式就是改变性质判断的质（肯定变否定、否定变肯定），或者改变性质判断主谓项的位置（主项变谓项、谓项变主项），或者既换质又换位。因此，这类直接推理有三种：换质推理、换位推理和换质位推理。

（一）换质推理

换质推理是通过改变前提判断的质而推出结论判断的直接推理。

换质推理的规则是：

第一，前提判断肯定，结论判断则否定；前提判断否定，结论判断则肯定。

第二，结论判断与前提判断的主项相同，但结论判断的谓项是前提判断谓项的矛盾概念。

$$SAP \rightarrow SE\overline{P} \qquad SEP \rightarrow SA\overline{P}$$
$$SIP \rightarrow SO\overline{P} \qquad SOP \rightarrow SI\overline{P}$$

例如：

[1] 所有的物体都是运动的，
   所以，所有的物体都不是不运动的。
[2] 所有的神学都不是科学，
   所以，所有的神学都是非科学。
[3] 有些资本主义的管理方法是可以借鉴的，
   所以，有些资本主义的管理方法不是不可以借鉴的。
[4] 有的领导干部不是党员，
   所以，有的领导干部是非党员。
上述推理都符合规则，因而是有效的。

下面的换质推理是否正确？

<u>某甲不是老年人，</u>

所以，某甲是青年人。

根据规则，可以判定这个换质推理是错误的。原因在于，"老年人"和"青年人"这两个概念不具有矛盾关系。

（二）换位推理

换位推理是通过改变前提判断主谓项的位置，从而推出结论判断的直接推理。

换位推理的规则是：

第一，前提判断主项变为结论判断谓项，前提判断谓项变为结论判断主项，但前提判断与结论判断的质保持不变。

第二，前提判断中不周延的词项在结论判断中不得周延。

换位推理的有效式有以下三种：

$$SAP \rightarrow PIS \qquad SEP \rightarrow PES \qquad SIP \rightarrow PIS$$

例如：

[1] <u>所有商品都是劳动产品，</u>

　　所以，有些劳动产品是商品。

[2] <u>所有称职的国家干部都不是骑在人民头上的老爷，</u>

　　所以，所有骑在人民头上的老爷都不是称职的国家干部。

[3] <u>有些哺乳动物是水生动物，</u>

　　所以，有些水生动物是哺乳动物。

在换位推理中，O 判断不能换位。因为 O 判断的主项是不周延的，如果换位，前提判断中 O 判断的主项作为结论判断中否定判断的谓项就是周延的。这样，就会违反"前提中不周延的项在结论中不得周延"的规则。例如，不能由"有些人不是个人主义者"，通过换位得到"有些个人主义者不是人"。

下面换位推理是否正确？

[1] <u>所有的偶数都能被 2 整除，</u>

所以，所有能被 2 整除的数都是偶数。

［2］有的科学家不是大学毕业生，

所以，有的大学毕业生不是科学家。

根据规则，推理［1］是错误的。前提中的谓项是不周延的，到结论中成为主项是周延的。违反了前提中不周延的项在结论中不得周延的规则。推理［2］也是错误的。因为前提是 O 判断，不能换位。

（三）换质位推理

换质位推理是一种综合运用换质推理和换位推理的性质判断变形直接推理。它既可以先换质后换位，也可以先换位后换质。只要每一步推理符合相应的性质判断变形推理的规则，就可以一直推演下去，直到满足实际思维的需要为止。其有效推理公式为：

$$SAP \rightarrow SE\overline{P} \rightarrow \overline{P}ES \rightarrow \overline{P}AS \rightarrow \overline{S}IP \rightarrow \overline{S}OP$$
$$SAP \rightarrow PIS \rightarrow PO\overline{S}$$
$$SEP \rightarrow SA\overline{P} \rightarrow \overline{P}IS \rightarrow \overline{P}O\overline{S}$$
$$SEP \rightarrow PES \rightarrow PA\overline{S} \rightarrow \overline{S}IP \rightarrow \overline{S}O\overline{P}$$
$$SIP \rightarrow PIS \rightarrow PO\overline{S}$$
$$SOP \rightarrow SI\overline{P} \rightarrow \overline{P}IS \rightarrow \overline{P}O\overline{S}$$

例如：

真正的革命者是不会被困难吓倒的。

真正的革命者不是会被困难吓倒的。

会被困难吓倒的不是真正的革命者。

会被困难吓倒的并非真正的革命者。

有些非真正的革命者是会被困难吓倒的。

连续使用换质法和换位法，既可以先换质，也可以先换位，并遵守推理规则的要求。

第五节 关系判断

一、关系判断的含义

关系判断是断定对象与对象之间存在某种关系的判断。

例如：

[1] 3 大于 2。

[2] 小张和小李是同学。

这两个判断都是关系判断。例[1]断定了"3"对于"2"来说，二者之间存在着"大于"的关系；例[2]断定了"小张"对于"小李"来说，二者之间存在着"同学"的关系。

关系可以存在于两个或两种对象之间，也可以存在于三个或三种对象之间，还可以存在于更多对象之间。存在于两个或两种对象之间的关系叫两项关系。前例中的"大于"、"同学"都是两项关系。存在于三个或三种对象之间的关系叫三项关系。如"内江处于成都与重庆之间"中的"处于…与…之间"，就是三项关系。存在于更多对象之间的关系叫多项关系。

从关系判断的结构上看，它是由关系主项、关系项和量项三个部分构成：

第一，关系主项。表示所断定对象的概念，它断定的是某种关系的承担者。上述例[1]中的"3"和"2"，例[2]中的"小张"和"小李"就分别是这两个判断的关系主项。在反映两项关系判断的关系主项中，前面的关系主项叫关系前项，后面的关系主项叫关系后项

第二，关系项。表示所断定的对象之间的关系的概念。如上述例[1]中的"大于"和例[2]中的"同学"。关系有不同的类型。存在于两个对象之间的关系称为二元关系，存在于三个对象之间的关系称为三元关系。一般地，存在于 n 个对象之间的关系称为 n 元关系。

第三，量项。表示所断定的对象数量范围的概念。如在"所有

的大学生都掌握了某些外国语"这一关系判断中,"所有的"、"某些"就是量项。

在不考虑量项的情况下,如果用"R"表示关系项,用"a"和"b"分别表示关系前项和关系后项,那么,关系判断的逻辑形式就可以表示为:aRb(读作:"a 与 b 有 R 关系")。也可以表示为:R(a、b)。

二、关系的逻辑性质

客观事物之间的关系是纷繁复杂、多种多样的。形式逻辑并不在于研究某一个客观事物对象间的具体关系,而是旨在研究各种具体关系中存在的共同的逻辑特征。不管一个关系概念所表示的关系在客观上如何复杂多变,但这种关系总具有两重性,即关系的对称性和关系的传递性。

(一)关系的对称性

关系的对称性,是指对于某类的任意两个对象 a、b 而言,当对象 a 与对象 b 之间具有 R 的关系时,对象 b 与对象 a 之间是否也具有 R 关系。换句话说,对于某特定论域中的任意两个分子 a、b 而言,当 aRb 真时,bRa 是否也真。据此,可具体分为三种关系。

1. 对称关系

对于特定论域中的任意两个对象 a、b 而言,如果 a 与 b 之间有 R 关系,且 b 与 a 也有 R 关系,那么 a 与 b 之间就是对称关系。即是说,如果 aRb 真时,bRa 也真,关系 R 是对称关系。

例如,在"四川和重庆毗邻"、"北京路和南京路交叉"这两个关系判断中,"……和……毗邻"、"……和……交叉"的关系就是对称关系。"同乡"、"同学"、"同事"、"朋友"、"邻居"、"亲戚"、"同时"等,也都是对称关系。

2. 反对称关系

对于特定论域中的任意两个对象 a、b 而言,如果 a 与 b 之间有 R 关系,且 b 与 a 必没有 R 关系,那么 a 与 b 之间就是反对称关系。

即是说，如果 aRb 真时，bRa 必假，关系 R 就是反对称关系。

例如，在"黄山高于九华山"、"资产阶级剥削无产阶级"这两个关系判断中，"高于"、"剥削"就是反对称关系。"重于"、"低于"、"多于"、"少于"、"长于"、"侵略"、"之上"、"之下"、"以南"、"以北"等，都是反对称关系。

3. 非对称关系

对于特定论域中的任意两个对象 a、b 而言，如果 a 与 b 之间有 R 关系，且 b 与 a 可能有也可能没有 R 关系，那么 a 与 b 之间就是非对称关系。即是说，如果 aRb 真时，bRa 可真可假，关系 R 就是非对称关系。

例如，在"张三认识李四"、"小华支持小明"这两个关系判断中，"认识"、"支持"就是非对称关系。"相信"、"尊重"、"敬佩"、"爱"、"欢喜"、"帮助"、"关心"等，都是非对称关系。

（二）关系的传递性

关系的传递性，是指对于特定论域中的任意三个对象 a、b、c 而言，当对象 a 与对象 b 之间有 R 关系，并且对象 b 与 c 也有 R 关系时，是否对象 a 与对象 c 之间也有 R 的关系。换言之，就是当 aRb 真，并且 bRc 也真时，aRc 是否也真。根据关系的传递性，可把这种关系分为传递关系、反传递关系和非传递关系。

1. 传递关系

对于某特定论域中的任意三个对象 a、b、c 而言，当 aRb 真，且 bRc 也真时，aRc 必真。在这种情况下，关系 R 在这个论域中就叫做传递关系。

例如，"长江比黄河长，黄河比汉水长，因而长江比汉水长"。在这个判断中，"……比……长"就是传递关系。"大于"、"小于"、"等于"、"早于"、"晚于"、"高于"、"低于"、"包含于"、"平行于"、"在前"、"在后"等，都是传递关系。

传递关系可以用公式表示为：如果 aRb（＋），且 bRc（＋），那么 aRc（＋）。

2. 反传递关系

对于某特定论域中的任意三个对象 a、b、c 而言，当 aRb 真，且 bRc 也真，但 aRc 必假。在这种情况下，关系 R 在这个论域中就叫做反传递关系。

例如，在"老李是大李的父亲，大李是小李的父亲"这个关系判断中，"父亲"关系就是具有反传递性的传递关系。"母亲"、"儿子"、"孙子"、"长二米"、"大三岁"等，都是反传递关系。

反传递关系可以用公式表示为：如果 aRb（＋），且 bRc（＋），那么 aRc（－）。

3. 非传递关系

对于某特定论域中的任意三个对象 a、b、c 而言，当 aRb 真，且 bRc 也真时，aRc 真假不定。在这种情况下，关系 R 在这个论域中就叫做非传递关系。

例如，在"老张和老赵是朋友，老赵和老王是朋友"这个关系判断中，"朋友"关系就是非传递关系。"认识"、"喜欢"、"批评"、"尊敬"等，都是非传递关系。

非传递关系可以用公式表示为：如果 aRb（＋），且 bRc（＋），那么 aRc（＋－）。

第六节　关系推理

一、关系推理及分类

关系推理是前提中至少有一个是关系判断的推理，它是根据前提中关系的逻辑性质进行的推演。

例如：

社会存在决定社会意识，

所以，社会意识不决定社会存在。

按照前提的情况，关系推理可分为两类：纯关系推理和混合关系推理。

二、纯关系推理

纯关系推理就是前提和结论都是关系判断的推理,共包括四种。

(一)对称关系推理

对称关系推理,是根据关系的对称性原理进行推演的关系推理。例如:

[1] 一公顷等于十五亩,

　　所以,十五亩等于一公顷。

[2] 王安石与苏轼是同朝代人,

　　所以,苏轼与王安石是同朝代人。

这两个推理都是对称关系推理。例[1]是根据"等于"的对称性进行的推理,例[2]是根据"同朝代人"的对称性进行的推理。对称关系的逻辑形式是:

aRb

　　所以,bRa

(二)反对称关系推理

反对称关系推理,是根据关系的反对称性原理进行推演的关系推理。

例如:

[1] 中国足球队战胜了泰国足球队,

　　所以,泰国足球队没有战胜中国足球队。

[2] 柏拉图早于亚里士多德,

　　所以,亚里士多德不早于柏拉图。

这两个推理就是反对称关系推理。例[1]是根据"战胜"的反对称性进行的推理,例[2]是根据"早于"的反对称性进行的推理。反对称关系的逻辑形式是:

aRb

所以，b－Ra（－R 表示不具有 R 关系）

（三）传递关系推理

传递关系推理，是根据关系的传递性原理进行推演的关系推理。例如：

[1] 亚洲的面积大于非洲，

　　非洲的面积大于欧洲，

　　所以，亚洲的面积大于欧洲。

[2] 韩愈与柳宗元同时代，

　　柳宗元与刘禹锡同时代，

　　所以，韩愈与刘禹锡同时代。

这两个推理就是传递关系推理。例[1]是根据"……大于……"的传递性进行的推理，例[2]是根据"……与……同时代"的传递性进行的推理。传递关系的逻辑形式是：

　　aRb

　　bRc

　　所以，aRc

（四）反传递关系推理

反传递关系推理，是根据关系的反传递性原理进行推演的关系推理。

例如：

[1] 曹操是曹丕的父亲，

　　曹丕是曹睿的父亲，

　　所以，曹操不是曹睿的父亲。

[2] 甲比乙大两岁，

　　乙比丙大两岁，

　　所以，甲不是比丙大两岁。

这两个推理就是反传递关系推理。例[1]是根据"……是……的父亲"的反传递性进行的推理，例[2]是根据"……比……大两岁"的反传递性进行的推理。反传递关系的逻辑形式是：

aRb

bRc

所以，a－Rc

三、混合关系推理

混合关系推理就是两个前提分别是关系判断和性质判断，结论是关系判断的推理。

例如：

所有正直的中国人都热爱自己的祖国，

张先生是正直的中国人，

所以，张先生热爱自己的祖国。

这就是一个混合关系推理。混合关系推理的逻辑形式是：

所有的 a 与 b 有关系 R

c 是 a

所以，c 与 b 有关系 R

可见，混合关系推理类似于后面要讲的三段论。它也包括两个前提和一个结论，在前提和结论中只有三个不同的概念充当关系判断的关系主项和性质判断的主、谓项。其中，一个概念在前提判断中出现两次，通常称做媒概念。因此，混合关系推理也叫做关系三段论。

混合关系推理有以下几条规则：

（1）媒概念在前提中至少要周延一次。

（2）在前提中不周延的概念在结论中也不得周延。

（3）前提中的性质判断须是肯定的。

（4）如果前提中的关系判断是肯定的，则结论中的关系判断也应是肯定的；如果前提中的关系判断是否定的，则结论中的关系判断也应是否定的。

（5）如果关系不是对称的，则在前提中作为关系前项（或后项）的那个概念，在结论中也应作为关系前项（或后项）。

现在，来看一看下列混合关系推理是否正确：

［1］我们相信一切科学，

　　马克思主义是科学，

　　所以，我们相信马克思主义。

［2］我们反对一切宗教迷信，

　　个人主义不是宗教迷信，

　　所以，我们不反对个人主义。

［3］我们反对侵略战争，

　　一切侵略战争都是战争，

　　所以，我们反对一切战争。

根据规则可判定：推理［1］是正确的，它不违反上述规则；推理［2］、［3］是错误的，前者违反规则（3）和规则（4），后者违反规则（2）。

思考与练习

一、问答题。

1. 什么是判断？它的基本特征是什么？

2. 性质判断有哪几种形式？

3. 什么是同一素材的性质判断之间的对当关系？

4. 什么是词项的周延性？A、E、I、O 判断主谓项的周延性如何？

5. 什么是关系判断？

6. 什么是对当关系的直接推理？它有哪几种推理形式？

7. 什么是判断变形的直接推理？它的基本形式及其规则是什么？

二、指出下列性质判断的周延情况。

1. 中国是世界上人口最多的国家。

2. 人的正确思想不是头脑中固有的。

3. 有些图书是线装书。

4. 我班有些同学不是党员。

5. 所有的劳动产品都是有价值的。

三、由给定条件分析下列判断形式中 S 与 P 之间的外延关系如何？

1. 当 SAP 真而 SEP 假时，S、P 在外延上有什么关系？

2. 当 SAP 和 SEP 同假时，S、P 在外延上有什么关系？

3. 当 SIP 假而 SOP 真时，S、P 在外延上有什么关系？

4. 当 SIP 和 SOP 同真时，S、P 在外延上有什么关系？

5. 当 SAP 和 SIP 同真时，S、P 在外延上有什么关系？

四、已知下列判断真，根据对当关系，指出和已知判断同一素材的其他判断的真假。

1. 甲班所有同学考试都及格了。

2. 所有用于生产者自身消费的劳动产品都不是商品。

3. 有的科学家是自学成才的。

4. 有的经验论者不是唯物主义者。

五、已知下列判断假，根据对当关系，指出和已知判断同一素材的其他判断的真假。

1. 所有有文凭者都是有真才实学的。

2. 所有肯定判断的谓项都不周延。

3. 有的天才是生而知之。

4. 有的基本粒子不具有内部结构。

六、根据对当关系，指出能驳斥下列判断的相应判断。

1. 所有青年都是积极向上的。

2. 有的理论是检验真理的标准。

3. 商品都不具有交换价值。

4. 有些人类基因的结构是非洲人分析出来的。

七、从对称性和传递性两方面分析下列关系判断中的关系项各表示了何种关系？

1. 他喜欢张三。

2. 李白与杜甫同时代。

3. 鲁迅比郭沫若大 11 岁。

4. 甲队战胜了乙队。

5. A 概念与 B 概念全异。

6. A 概念真包含 B 概念。

八、下列对当关系推理是否正确，为什么？

1. 由"有的植物不开花"真，推知"所有植物都开花"假。

2. 由"凡环境污染都对人体有害"真，推知"有的环境污染不对人体有害"假。

3. 由"有人生而知之"假，推知"有人不是生而知之"真。

4. 由"有的大学生是有理想的"真，推知"所有大学生都是有理想的"假。

5. 由"所有的新诗都不押韵"假，推知"所有新诗都押韵"真。

九、运用判断变形的直接推理，从下列前提能否推出相应的结论，为什么？

1. 前提：所有的生物都是有机物。结论：有些无机物不是生物。

2. 前提：所有生物都不是无机物。结论：有的生物是有机物。

3. 前提：所有的侵略战争都是非正义的。结论：所有非侵略战争都是正义的。

4. 前提：有些工艺品不是不出售的。结论：有些出售的不是非工艺品。

5. 前提：有些党员是高级知识分子。结论：有些高级知识分子不是非党员。

第四章 三段论

三段论是一种间接推理，它不仅是演绎逻辑的重要组成部分，而且，在实际思维活动中，也是广泛使用的逻辑方法。本章包括了三段论的公理、规则、格和式等基本内容。

第一节 三段论概述

一、三段论含义

三段论是以两个性质判断为前提，并借助于前提判断中一个共同概念的联结，从而推出一个新的性质判断为结论的必然性推理。

例如：

一切文学作品都是观念形态的东西，

小说是文学作品，

所以，小说是观念形态的东西。

这是一个三段论推理。它通过"文学作品"这一共同概念，把"一切文学作品都是观念形态的东西"和"小说是文学作品"两个判断联结起来，从而推出"小说是观念形态的东西"这一新判断。

任何一个三段论都是有三个不同概念组成三个不同的性质判断而构成的推理形式。这三个不同的概念分别称作大项、小项和中项。所谓大项，就是在结论中作判断谓项的概念；小项，就是在结论中作判断主项的概念；中项，就是在两个前提判断中各出现一次，在结论判断中不再出现的概念。

在一个三段论中，包含大项（P）的判断称为大前提，包含小项（S）的判断称为小前提。而大项和小项，又是以结论来定的。因此，可以说，包含结论谓项的前提是大前提，包含结论主项的前提是小前提。

前例中，"观念形态的东西"是大项（P），"小说"是小项（S），"文学作品"是中项（M）；"一切文学作品都是观念形态的东西"为大前提，"小说是文学作品"为小前提，"小说是观念形态的东西"为结论。

上述三段论的结构形式是：

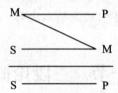

三段论明显地表现了演绎推理的特点，从前提到结论的思维进程是由一般到特殊。大前提表述的是一般性知识，小前提表述的是特殊性知识，进而推出一个关于特殊知识的结论判断；同时，只要结论所涉及的知识范围不超出前提所涉及的知识范围，形式有效，由真前提可必然地推出真结论。因此，三段论属于必然性推理。

二、三段论公理

公理是演绎推理的基点。在演绎系统中，三段论公理（三段论的基本原理）作为演绎的出发点和初始依据，它自身不是推理的结果，而是被当然地接受。基本内容是：一类事物的全部是什么或不是什么，那么这类事物中的部分也是什么或不是什么。换句话讲，如果对一类事物的全部有所断定，那么对它的部分也就要一致地有所断定。可用如下欧拉图来表示：

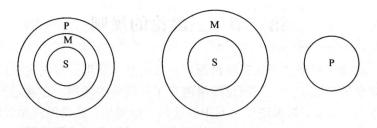

图 4.1 欧拉图   图 4.2 欧拉图

在图 4.1 中，所有的 M 都是 P，S 是 M 的一部分，所以，所有 S 也都是 P。在图 4.2 中，所有 M 都不是 P，S 是 M 的一部分，所以，所有 S 不是 P。

例如：

［1］凡维护人民利益都是受人民拥护的，

　　　加强社会主义法治是维护人民利益的，

　　　所以，加强社会主义法治是受人民拥护的。

［2］一切唯心主义的理论都不是科学的理论，

　　　马赫主义是唯心主义的理论，

　　　所以，马赫主义不是科学的理论。

在例［1］中，大前提指出了"凡维护人民利益这一类都具有受人民拥护"的性质，而小前提指出了"加强社会主义法治是维护人民利益"这一类中的一部分。这样，根据三段论公理，便可推出"加强社会主义法治是受人民拥护的"这一结论判断。在例［2］中，大前提指出了"唯心主义理论这一类都不是科学的理论"，小前提指出了"实用主义是唯心主义理论的一部分"。这样，根据三段论公理，便可推出"实用主义不是科学的理论"这一结论判断。

可见，三段论的具体形式尽管复杂多样，但它们都是基于三段论公理所揭示的关联之中。在普通逻辑中，三段论公理表现为三段论第一格的 AAA 式和 EAE 式，而三段论的其他式均可还原为这两个式。因此，三段论是一种公理系统。

第二节　三段论的规则

三段论规则是保证三段论形式有效的基本原则，是判定三段论有效性的标准。一个三段论如果遵守了三段论的规则，它就是形式有效的；相反，如果违反了其中的任何一条规则，就是形式无效的。三段论规则共七条，前三条是关于项的，后四条是关于前提与结论的。

一、三段论有且只能有三个不同概念

三段论有且只能有三个不同概念：大项、小项和中项。因为三段论是通过两个前提判断中的一个共同概念（中项）的桥梁作用，把大、小项外延的包含或排斥关系确定下来，从而推出必然性的结论。所以，两个前提判断中就只能有三个不同概念，不能多，也不能少。如果在两个前提判断中，只有两个不同的概念，那么，这两个不同概念势必在两个前提判断中重复出现，就不可能构成一个三段论推理；如果在两个前提判断中，有四个不同的概念，那么，这两个前提判断的主、谓项，势必都是不同的概念，这就没有一个共同概念起中介作用，大、小项的关系不能确定，所以，推不出必然的结论。

例如：

[1] 小李是工人，

　　小张是农民，

　　？

[2] 警察是国家机器，

　　王某是警察，

　　所以，王某是国家机器。（？）

在例 [1] 中，无法构造成一个三段论进而推出结论。在例 [2] 中，大、小前提中的"警察"是同一词语，但表达的是不同的概念。前者是集合概念，反映的是整体，后者是非集合概念，反映的是类的一个个具体对象，因此，犯了"四概念"的逻辑错误。

二、中项在前提判断中必须至少周延一次

在一个三段论中，大、小项间的关系要通过中项的联结作用来确定，所以，中项在两个前提判断中必须至少周延一次。相反，如果一次也不周延，大项和小项都只能与中项的部分外延发生联系，大、小项外延间的关系就不能确定，这样的话，就推不出必然结论。

例如：

P 是 M

S 是 M

？

在这个公式中，大、小前提都是肯定判断，中项在两个前提中都作谓项，一次也不周延，大项与小项外延间的关系就不能确定，可以出现下面三种情况（图 4.3、图 4.4、图 4.5）：

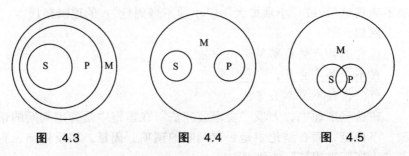

图 4.3   图 4.4   图 4.5

在图 4.3 中，S 的外延包含于 P，P 的外延包含于 M，可以推出"S 是 P"的结论。

在图 4.4 中，S 和 P 的外延相互排斥，且都被包含在 M 的外延之内，可以推出"S 不是 P"的结论。

在图 4.5 中，S 和 P 的外延相互交叉，且都被包含在 M 的外延之内，可以推出"有的 S 是 P"和"有的 S 不是 P"的结论。

违反这一规则所犯的错误，称为"中项一次不周延"。

例如：

凡作案者都有作案动机，

某甲有作案动机，

所以，某甲是作案者。(？)

在这个推理中，中项"有作案动机"一次也不周延，违反了三段论的规则。事实上，作案者都有作案动机，但有作案动机的并非都是作案者。

三、前提中不周延的词项在结论中不得周延

前提中不周延的词项在结论中不得周延。这条规则是规定大、小外延的。结论是由前提推出来的。如果在前提中仅断定大项或小项的部分外延，那么，在结论中也只能断定大项或小项的部分外延。相反，如果大项或小项在前提中不周延却在结论中周延，这意味着结论所断定的范围超出了前提断定的范围，那么，就不能保证结论必然地为前提所蕴涵。违反这条规则，就会出现"大项扩大"（"大项不当周延"）或"小项扩大"（"小项不当周延"）的逻辑错误。

例如：

所有的共产党员都要奉公守法，

我不是共产党员，

所以，我不要奉公守法。(？)

在这一推理中，大项"要奉公守法"在前提中是肯定判断的谓项，不周延；而在结论中是否定判断的谓项，周延。违反规则，犯了"大项不当周延"的错误。

再如：

鲁迅是思想家，

鲁迅是文学家，

所以，思想家是文学家。(？)

在这一推理中，小项"思想家"在大前提中是肯定判断的谓项，不周延；而在结论中是全称肯定判断的主项，周延。违反规则，犯了"小项不当周延"的错误。

四、两个否定前提不能推出结论

否定前提的主、谓项的外延是相互排斥的。如果大、小前提都是否定判断，就是说，大项（P）的外延与中项（M）的外延是相互排斥的，小项（S）的外延与中项（M）的外延是相互排斥的。那么，小项（S）与大项（P）就不能通过中项（M）联结起来，因此，推不出必然结论。

例如：

伤害罪不是杀人罪，

甲犯的不是伤害罪，

所以，甲犯的不是杀人罪。（？）

在这个三段论推理中，两个前提都是否定判断。其中，大项"杀人罪"、中项"伤害罪"和小项"甲犯的罪"互为全异关系，大项与中项的外延相互排斥，小项与中项的外延相互排斥，小项与大项的关系不能确定，所以，推不出必然的结论。

五、两前提之一否定，结论必否定

两个前提中有一个是否定判断，这说明大项或小项的外延与中项的外延是相互排斥的；而另一前提必然是肯定判断，即中项的外延与大项或小项的外延必然发生联系。那么，中项的外延势必与小项或大项的外延相互排斥，所以，结论只能是否定判断。反过来，当结论是否定判断时，两个前提中必有一个是否定判断。

（一）大前提是否定判断，小前提是肯定判断

在大前提中，大项与中项的外延是相互排斥的；在小前提中，小项的外延包含在中项的外延之中。那么，小项与中项发生联系的那一部分外延，就与大项的外延相互排斥，结论必然是否定判断。

例如：

任何事物不是固定不变的，

人类社会是事物，

所以，人类社会不是固定不变的。

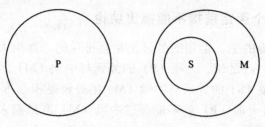

图　4.6

从图 4.6 可以看出，这个三段论大项、小项和中项三者之间的外延关系：P 与 M 的外延相互排斥，S 的外延被包含在 M 的外延之中。所以，S 与 P 的外延相互排斥，结论为否定判断"S 不是 P"。

（二）大前提是肯定判断，小前提是否定判断

在大前提中，大项的外延包含在中项的外延之中；在小前提中，小项的外延与中项的外延相互排斥。那么，大项与中项发生联系的那一部分外延，就与小项的外延相互排斥，结论必然是否定判断。

例如：

故意犯罪是要负刑事责任的，

正当防卫不是要负刑事责任的，

所以，正当防卫不是故意犯罪。

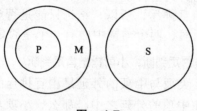

图　4.7

从图 4.7 可以看出，这个三段论大项、小项和中项三者之间的外延关系：P 的外延被包含在 M 的外延之中，S 与 M 的外延相互排斥。所以，S 与 P 的外延相互排斥，结论为否定判断"S 不是 P"。

由此可见，前提中有一个是否定判断，结论必然是否定判断；

反之亦然，当结论是否定判断时，两个前提中必有一个是否定判断。

六、两个特称前提得不出结论

两个特称判断作前提，分为下列三种情况：

（一）两个前提都是特称肯定判断

当两个特称肯定判断作为三段论推理前提时，在这种情况下，中项在前提中一次也不周延，根据三段论规则（二）"中项在前提中必须至少周延一次"的规定，没有一个周延的词项作中项，大、小项联结不起来，所以，推不出结论。

（二）两个前提都是特称否定判断

当两个特称否定判断作为三段论推理前提时，在这种情况下，大、小项的外延与中项的外延都相互排斥，根据三段论规则（四）"两个否定前提不能推出结论"的规定，大、小项联结不起来，所以，推不出结论。

（三）两个前提中，一个是特称肯定判断，一个是特称否定判断

当一个特称肯定判断和一个特称否定判断作为三段论前提时，在这种情况下，前提中只有一个周延的词项。如果用它作为大项，就没有一个周延的词项作中项，违反了三段论推理规则（二）"中项在前提中必须至少周延一次"的规定，犯了"中项不周延"的错误，所以，推不出结论。如果用这个周延的词项作中项，那么，大项在前提中是不周延的，根据三段论推理规则（五）"两前提之一否定，结论必否定"的规定，大项在结论中就变得周延了，就要犯"大项扩张"的错误。可见，无论哪种情况都推不出结论。

七、前提中有一个是特称的，结论只能是特称

在三段论推理中，两个前提中有一个是特称的有下面三种情况：

（一）一个是特称肯定判断，另一个是全称肯定判断

在这种情况下，周延的词项只有一个，根据三段论推理规则（二）

"中项在前提中必须至少周延一次"的规定，将这个周延的词项作为中项，再没有另外一个周延的词项了。因此，小项在前提中是一个不周延的词项。根据三段论推理规则（三）"前提中不周延的词项，结论中不得周延"的规定，所以，结论只能是特称判断。

（二）一个是特称肯定判断，另一个是全称否定判断

在这种情况下，周延的词项有两个。根据三段论推理规则（五）"两前提之一否定，结论必否定"的规定，将这两个周延的词项，一个作为大项，另一个作为中项，那么，小项在前提中是不周延的。所以，结论只能是特称判断。

（三）一个是特称否定判断，另一个是全称肯定判断

在这种情况下，周延的词项有两个。根据三段论推理规则（二）"中项在前提中必须至少周延一次"的规定，用一个周延的词项作中项；又根据三段论推理规则（五）"两前提之一否定，结论必否定"的规定，另一个周延的词项须作大项，此外，再没有周延的词项了。所以，结论也只能是特称判断。

这条规则说明，在一个三段论推理的前提中，有一个是特称判断，结论就只能为特称判断。但是，当结论为特称判断时，它的前提不必然是特称判断。这种情况是由于小项在小前提中的位置所决定的。当一个三段论推理的小前提是肯定判断，并且小项作为该判断的谓项时，它是一个不周延的词项。根据三段论推理规则（三）"前提中不周延的词项结论中不得周延"的规定，所以，对结论的主项（小项）要加以量的限制，结论就是一个特称判断，但它的前提却不必然是特称判断。

例如：

凡是犯罪行为都是应受刑罚惩处的行为，

凡是犯罪行为都是违法行为，

所以，有的违法行为是应受刑罚惩处的行为。

第三节 三段论的格和式

一、三段论的格

在三段论的前提中，中项可以处于不同的位置。所谓三段论的格，是指中项在前提中所处的位置不同而形成不同的三段论的结构形式。一个三段论的中项，在两个前提中分别可以作为前提判断的主项和谓项，它的位置变化共有四种情况。相应地，三段论就有四种格。

（一）三段论的四种格

（1）第一格，中项在大前提中作主项，在小前提中作谓项。其结构如图 4.8：

图 4.8

例如：

凡金属都是导体，

铁是金属，

所以，铁是导体。

第一格的规则是：

① 小前提必须是肯定判断。

② 大前提必须是全称判断。

证明①：小前提必须是肯定判断。

如果小前提是否定判断，根据三段论推理规则（五）的规定，"两前提之一否定，结论必否定"，那么，在大前提中不周延的大项，在结论中就变得周延了，就要犯"大项扩张"的错误；如果要保证大项在大前提中周延，大前提就只能是否定判断，根据三段论推理规则（四）的规定，"两个否定前提不能推出结论"。所以，第一格的小前提必须是肯定判断。

证明②：大前提必须是全称判断。

如果大前提是特称判断，中项是不周延的；又因小前提是肯定判断，中项也不周延。根据三段论推理规则（二）的规定，"中项在前提中必须至少周延一次"，否则，推不出必然结论。所以，第一格的大前提必须是全称判断。

（2）第二格，中项在两个前提中均作谓项。其结构如图 4.9：

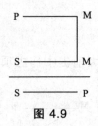

图 4.9

例如：

凡杀人凶手均到过作案现场，

李某没有到过作案现场，

所以，李某不是杀人凶手。

第二格的规则是：

① 两个前提中必须有一个是否定判断。

② 大前提必须是全称判断。

证明①：两个前提中必须有一个是否定判断。

中项在两个前提中都是谓项。如果两个前提都是肯定判断，则中项一次也不周延。根据三段论推理规则（二）的规定，"中项在前提中必须至少周延一次"。所以，两个前提必须要有一个是否定判断。

证明②：大前提必须是全称判断。

大项在大前提中是主项。如果大前提是特称判断，那么，大项是一个不周延的词项。根据三段论推理规则（五）的规定，"两前提之一否定，结论必否定"，大项在结论中必是周延的项。这就要求大项在大前提中必须周延，否则，就要犯"大项扩张"的错误。所以，大前提必须是全称判断。

（3）第三格，中项在两个前提中均作主项。其结构如图4.10：

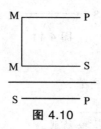

图 4.10

例如：

张三是四川人，

张三是教师，

所以，有些教师是四川人。

第三格的规则是：

① 小前提必须是肯定判断。

② 结论只能是特称判断。

证明①：小前提必须是肯定判断

如果小前提是否定判断，根据三段论推理规则（五）的规定，两个前提中有一个是否定判断，结论就只能是否定判断，这样，大项在结论中必然周延，为此，就要求它在大前提中也必须周延。而要保证大项在大前提中周延，那大前提也必须是否定判断。根据三段论推理规则（四）"两个否定前提不能推出结论"的规定，则推不出必然性结论。所以，小前提必须是肯定判断。

证明②：结论只能是特称判断

由于小前提是肯定判断，小项在小前提中是不周延的。根据三段论规则（三）"前提中不周延的词项，结论中不得周延"的规定，小项在结论中也不得周延。所以，结论只能是特称判断。

（4）第四格，中项在大前提中作谓项，在小前提中作主项。其结构如图4.11：

图 4.11

例如:

[1] 抢劫罪是侵犯财产罪,

　　侵犯财产罪是犯罪,

　　所以, 有些犯罪是抢劫罪。

[2] 犯罪行为是要受法律制裁的,

　　受法律制裁的不是合法行为,

　　所以, 合法行为不是犯罪行为。

第四格的规则是:

① 如果前提中有一否定判断, 大前提必须是全称判断。

② 如果大前提是肯定判断, 小前提必须是全称判断。

③ 如果小前提是肯定判断, 结论只能是特称判断。

证明①: 如果前提中有一否定判断, 大前提必须是全称判断。

如果前提中有一个是否定判断, 结论必然是否定判断, 该推理的大项在结论中周延。为了保持大项在前提和结论中周延情况的一致性, 不致犯 "大项扩张" 的逻辑错误, 所以, 大前提必须是全称判断。

证明②: 如果大前提是肯定判断, 小前提必须是全称判断。

如果大前提是肯定判断, 该三段论推理的中项在大前提中是不周延的, 那么, 就要求中项在小前提中周延, 而中项在小前提中处于主项的位置。所以, 小前提必须是全称判断。

证明③: 如果小前提是肯定判断, 结论只能是特称判断。

如果小前提是肯定判断, 该三段论推理的小前提是不周延的, 那么, 小前提在结论中也不得周延。所以, 结论只能是特称判断。

由此可见, 遵守三段论的一般规则和遵守三段论各格的具体规则，都是构成正确三段论的条件。但是，这种条件关系，前者比后者强。

遵守三段论的一般规则，是构成一个正确三段论的充分必要条件。也就是说，遵守了三段论的一般规则，三段论就一定是正确的；违反了三段论一般规则中的任何一条，三段论就一定是不正确的。

遵守三段论各格的具体规则，只是构成一个正确三段论的必要条件。也就是说，违反三段论各格具体规则中的任何一条，三段论就一定是不正确的；但不违反三段论各格的具体规则，三段论不一定就是正确的。

例如：

个人主义者都是自私的，

有的人是个人主义者，

所以，人都是自私的。（？）

这个推理，是第一格的三段论。它不违反第一格的具体规则，但却是不正确的，是无效式。因为它违反了一般规则第三条的规定，犯了"小项不当周延"的错误。

（二）三段论各格的特点和作用

三段论各格有着不同的特点，在实际运用中起着不同的作用。

第一格的特点是：根据一般性的原理，推出特殊的或个别的结论。第一格的大前提是全称的，它断定了一般性的情况；小前提是肯定的，它断定了有关的对象情况属于大前提所断定的一般情况，由此得出该对象情况的特殊或个别性结论。

第一格最为明显地表现出演绎推理的特点，即从一般推出特殊或个别。

第一格的应用最为广泛，被称为"典型格"。这个格在司法审判中有着特别重要的作用，所以通常也被称为"审判格"。司法工作的原则是"以事实为根据，以法律为准绳"。司法审判总是以第一格的形式出现。这里，全称的大前提是法律断定的依据，肯定的小前提断定被告的案件事实，结论就是以此为根据对被告的判定。

第二格的特点是：结论一定是否定的。因此，它常用来区别不同的对象，称为"区别格"。同时，第二格也常用来反驳肯定判断。如，为了区别"吃大锅饭"和"社会主义"，可以构造下面的第二格三段论：

社会主义能促进生产力的发展，

吃大锅饭不能促进生产力的发展，

所以，吃大锅饭不是社会主义。

第三格的特点是：只能得出特称结论。因此，当我们通过断定特殊情况来反驳与之相矛盾的一般情况时，常用到第三格。第三格也被称为"反驳格"。如，为了反驳全称判断"人都是自私的"，可以构造下面的三段论：

雷锋不是自私的，

雷锋是人，

所以，有的人不是自私的。

第四格在实际中运用不多，这里不作讨论。

二、三段论的式

（一）三段论的式的含义

所谓三段论的式，就是 A、E、I、O 四种判断在两个前提和结论中的各种不同组合而构成的不同三段论形式。简单地讲，就是前提和结论的质（肯定或否定）、量（全称或特称）的组合形式。

例如：

凡珍贵动物都是国家保护的动物，　　　　　　　　　（A）

熊猫是珍贵动物，　　　　　　　　　　　　　　　　（A）

所以，熊猫是国家保护的动物。　　　　　　　　　　（A）

这个三段论推理的大、小前提和结论都是 A 判断，因此，它是 AAA 式。式中字母，按照顺序，依次表示大前提、小前提和结论。

再如：

郭沫若是史学家，　　　　　　　　　　　　　　　　（A）

郭沫若是文学家，_____ （A）

所以，有些文学家是史学家。 （I）

这个三段论推理的大、小前提和结论分别是 A、A、I，因此，它是 AAI 式。这里的大、小前提都是单称判断（单称判断按全称判断处理）。

（二）三段论的可能式和有效式

在三段论的每格中，A、E、I、O 四种判断都可以分别作为大、小前提和结论，其组合数目是：$4 \times 4 \times 4 = 64$。因此，就其可能性而言，每格有 64 个式。三段论共四个格，因此，三段论的可能式共 $64 \times 4 = 256$ 个。

三段论的可能式并非都是有效式。事实上，可能式中的大部分是无效式。如：第一格的 AOE 式，违反第一格小前提须肯定的规则；第二格的 EIE 式，违反一般规则（七）；第三格的 AAA 式，违反第三格结论须特称的规则。因而，这些都是无效的。

对于三段论的所有可能式，都可以根据一般规则和各格的具体规则，判定它是否有效。经过筛选，共有 24 个有效式。见表 4.1：

表 4.1 三段论的有效式

第一格	第二格	第三格	第四格
AAA	AEE	AAI	AAI
AII	EAE	AII	AEE
EAE	EIO	EAO	EAO
EIO	AOO	AIO	EIO
[AAI]	[AEO]	IAI	IAI
[EAO]	[EAO]	OAO	[AEO]

方括号中的式叫做弱式。弱式就是本应得出全称结论的，可只得出特称结论来的式。弱式结论本身虽然有效，但就推理而言，没有把它应当推出的东西全部显示出来,因而弱式是一种不完全推理。

思考与练习

一、问答题。

1. 一个正确的三段论，如果结论为全称，为什么中项不能周延两次？

2. 为什么一个三段论的小前提否定，大前提特称就不能得出正确结论？

3. 一个正确三段论的三个项，能否都周延两次，为什么？

4. 为什么结论是否定的正确三段论，其大前提不能是 I 判断？

5. 有一个正确三段论，两个前提中，只有前提有一个周延的词项，请问这个三段论的大前提、小前提和结论各是什么判断？

6. 以 O 判断为大前提、A 判断为小前提进行三段论推理，它的格和式是什么？

7. 为什么第一格的结论可以是 A、E、I、O 四种性质判断？

8. 试用三段论规则说明小前提为 O 判断的正确三段论是什么式？属第几格？

9. 试用三段论规则推导出这样一个三段论形式，其大项在前提中周延，但在结论中不周延。请写出推导过程。

10. 请用三段论规则推导出这样一个三段论形式：其大前提是肯定的，大项在前提和结论中都周延，小项在前提和结论中都不周延，请写出推导过程。

二、下列三段论是否正确，如不正确，违反了什么规则。

1. 优秀律师都精通法律，张律师精通法律，所以，张律师是优秀律师。

2. 中子是一种基本粒子，中子不带电，所以，有些基本粒子不带电。

3. 共产党员都应奉公守法，我不是共产党员，所以我不应奉公守法。

4. 人是高级动物，人是有大脑的动物，所以，有大脑的动物是高级动物。

5. 中国人是勤劳勇敢的，我是中国人，所以，我是勤劳勇敢的

6. 真理都是符合实际的认识，符合实际的认识都是经过实践检验的认识，所以，经过实践检验的认识都是真理。

7. 并非所有的唯物主义者都不是马克思主义者，而没有一个共产主义者不是马克思主义者，所以，所有的马克思主义者都是唯物主义者。

8. 甲班多数同学是共青团员，甲班有些同学是三好学生，所以，甲班有些三好学生是共青团员。

9. 辩证法是马克思主义的核心，黑格尔的方法是辩证法，所以，黑格尔的方法是马克思主义的核心。

10. 凡学习成绩优秀的学生都是三好学生，李明是学习成绩优秀的学生，所以，李明是三好学生。

三、在下列括号内填入适当的符号，构成一个正确的三段论，并写出分析过程。

1. M（　）P
　 S（　）M
　 S　A　P

2. M（　）P
　 S　I　M
　 S（　）P

3. P　A　M
　 M（　）S
　 S　I　P

4. M　I　P
　 M（　）S
　 S（　）P

第五章 复合判断及推理（上）

复合判断是指包含有其他判断成分的判断。构成复合判断的判断，叫肢判断。复合判断主要有五个联结词，即"合取"、"析取"、"蕴涵"、"等值"、"否定"。这些联结词的不同，决定了复合判断的不同类型。由于复合判断断定的是各肢判断之间的关系，因而其真值取决于它所包含的各个肢判断的真值组合。

第一节 联言判断及推理

一、联言判断

（一）联言判断的含义

联言判断是断定事物的几种情况都存在的判断。

例如：

[1] 谦虚使人进步，骄傲使人落后。

[2] 我们不但要建设社会主义物质文明，而且还要建设社会主义精神文明。

这些都是联言判断。它们分别断定了两种事物情况都存在，亦即同时断定了它们都是真的。

联言判断由联言肢和联结项两部分组成。联言肢是联言判断所包含的肢判断。在一个联言判断中，至少有两个联言肢。联结项是联结联言肢的部分。

包含两个联言肢的联言判断，如果用"p、q"表示其联言肢，用"并且"表示其联结项，那么它的形式是：

　　p 并且 q

其符号形式是：

　　$p \wedge q$

读做"p 合取 q"，称为合取式。

具体的联言判断的联结词的语言表达方式是多种多样的。除了"……并且……"外，还有"不但……而且……"、"既……又……"、"不仅……还……"、"虽然……但是……"等。这些都具有联结词"并且"的逻辑含义。在实际生活中，人们还常常作出不含有"并且"等联结词的联言判断。

从各联言肢的语句表现形式来看，可以有如下三种情形：

第一，各联言肢主项相同而谓项不同。这是关于同一对象具有不同属性的规定。其结构为：S 是 P1，并且 S 是 P2。

例如：

鲁迅既是伟大的文学家，又是伟大的思想家。

第二，各联言肢主项不同而谓项相同。这是关于不同对象具有同一属性的规定。其结构为：S1 是 P，并且 S2 是 P。

例如：

检察机关和审判机关要保持应有的独立性。

第三，各联言肢主项和谓项都不相同。这是关于不同对象具有不同属性的规定。其结构为：S1 是 P1，并且 S2 是 P2。

例如：

知无不言，言无不尽。

（二）联言推理的逻辑性质

我们知道，联言判断总是通过几个联言肢，断定了几种事物情况都存在。这表明，联言判断断定了它的各个联言肢都真。所以，一个联言判断的真假，就唯一地取决于它的各个联言肢是否都真。

如果各个联言肢都真，那么联言判断就真；反之，只要有一个联言肢假，该联言判断便假。

例如，拿二肢联言判断"这支笔价廉物美"来说，它断定了"这支笔"兼具价廉、物美双重属性，亦即断定了它的两个联言肢"这支笔价廉"与"这支笔物美"都是真的。因此，它的真假，就只取决于这两个联言肢是否都真。若两个联言肢都真，则表明了"这支笔"事实上兼具价廉、物美双重属性，因而，该联言判断就是真的。反过来，若有一肢假，或者两肢都假，则表明"这支笔"事实上并不兼具价廉、物美双重属性，因此，该联言判断就是假的。

所以，联言肢 p、q 与联言判断 p∧q 之间的真假关系，可以总结如表 5.1：

表 5.1　p∧q 的真值表

p	q	p∧q
+	+	+
+	−	−
−	+	−
−	−	−

从真值表可以看出，联言判断的真值与联言肢真值之间的关系是：一个联言判断，只有当它的各个联言肢都真时，才是真的；在其余情况下，它都是假的。

二、联言推理

联言推理是根据联言判断的逻辑性质进行推演的演绎推理。它的前提或结论是一个联言判断。

例如：

我国是一个社会主义国家，

我国是一个发展中的国家，

所以，我国是一个发展中的社会主义国家。

这是一个联言推理，它的结论是一个联言判断。

联言推理的基本形式有分解式和组合式两种。

（一）分解式

分解式，它是以一个联言判断作前提，以其中的某个联言肢作结论而构成的联言推理。其结构形式为：

$$\frac{p并且q}{所以，p} \qquad 或 \qquad \frac{p并且q}{所以，q}$$

其符号公式是：

$$(p \wedge q) \rightarrow p \qquad 或 \qquad (p \wedge q) \rightarrow q$$

例如：

[1] 我们既要坚持改革开放的方针，又要坚持四项基本原则。

所以，我们要坚持改革开放的方针。

[2] 化学药物既有治疗作用，又有副作用。

所以，化学药物有副作用。

联言推理分解式的有效性是很明显的。由联言判断与联言肢的真假关系可知，如果一个联言判断真，那么它的各个联言肢都真。在分解式中，前提肯定的是一个联言判断，结论肯定的则是该联言判断的某个联言肢。显然，当前提为真时，结论就必然为真。

（二）组合式

组合式，是以若干判断作前提，并且以这些判断为肢判断组合而成的联言判断作结论所构成的联言推理。其结构形式为：

$$\frac{\begin{matrix} p \\ q \end{matrix}}{所以，p并且q}$$

其符号公式是：

$$(p；q)\rightarrow(p\wedge q)$$

例如：

[1] 数的概念是从现实世界中得来的，

形的概念是从现实世界中得来的，

所以，数和形的概念是从现实世界中得来的。

[2] 教育要面向未来，

教育要面向世界，

教育要面向四个现代化，

所以，教育要面向未来、面向世界、面向四个现代化。

联言推理组合式的有效性也是很明显的。由联言判断与它的联言肢的真假关系可知，如果各个联言肢都真，那么联言判断就真。组合式的前提所肯定的是各个肢判断，而结论所肯定的，则正是由各个前提判断作为肢判断而构成的一个联言判断。显然，在联言推理组合式中，只要前提都真，结论就必然为真。

第二节 选言判断及推理

一、选言判断

选言判断是断定几种事物情况中至少有一种事物情况存在的判断。

例如：

[1] 资本家加重对工人剥削的主要方式，或是延长劳动时间，或是提高劳动强度。

[2] 非法剥夺他人生命的犯罪，要么是故意杀人，要么是过失杀人。

这两个判断就是选言判断。它们分别反映了几种事物情况中至少有一种事物情况存在。

构成选言判断的肢判断，叫做选言肢。选言判断的典型逻辑联结词是"或者"。"或者"一词只表明了由它联结的各肢判断之间存在着选择关系，即至少有一肢为真的关系，并未断定其中任何一个肢判断是真。

在选言判断中，各选言肢之间的关系，可以有两种不同的情形：一种是相容的，另一种是不相容的。如果各个选言肢所反映的事物情况，事实上并不互相排斥，亦即它们可以并存，可以同时为真，这样的选言肢之间的关系，就叫相容的；如果各个选言肢所反映的事物情况，事实上互相排斥，亦即在任何情况下它们都不能并存，只能有一种事物情况存在，只能有一个选言肢为真，这样的选言肢之间的关系，就叫不相容的。显然，前面例［1］的两个选言肢之间的关系是相容的，例［2］的两个选言肢之间的关系是不相容的。

由于选言肢有相容和不相容之分；相应地，选言判断也就分为相容选言判断和不相容选言判断两种。

（一）相容选言判断

相容选言判断就是包含相容选言肢的判断。

例如：

［1］甲案的错误，或者是由于事实认定失实，或者是由于适用法律不当。

［2］这批商品滞销，或者由于质量低劣，或者由于价格太高。

这两个都是相容选言判断。就例［1］来说，它的两个选言肢"甲案的错误是由于事实认定失实"与"甲案的错误是由于适用法律不当"，就是相容的。因为事实上，甲案的错误，可以既因事实认定失实，又因适用法律不当引起的。可见，这两个选言肢并不是相互排斥的，而是可同真的。

包含两个选言肢的相容选言判断，如果用"p、q"表示其选言肢，用"或者"表示其联结项，那么它的形式是：

p 或者 q

其符号形式是：

p∨q

读做"p析取q"，称为析取式。

表达相容选言判断的语句联结词除了"或者……或者……"外，也可以用"也许……也许……"、"可能……也可能……"来表示。

选言判断断定了各选言肢中至少有一肢为真，而相容选言判断的特点在于：各选言肢可以同真。可见，相容选言判断实际上断定了它的各选言肢中至少有一枝为真，也可以同真。所以，这种选言判断的真假，就取决于它是否至少有一个选言肢真。只要有一个选言肢真，该选言判断就真；只有当各个选言肢都假，该选言判断才假。

例如，就相容选言判断"这句话是你说错了或者是我听错了"来说，它实际上断定了"这句话是你说错了"与"这句话是我听错了"这两个选言肢中至少有一个是真的，也可以都是真的。因此，只要这两个选言肢中有一个为真，或者两个都为真时，该选言判断就是真的；只有当这两个选言肢都假，该选言判断才是假的。

所以，选言肢 p、q 与相容选言判断 p∨q 之间的真假关系，可以总结如表 5.2：

表 5.2　p∨q 的真值表

p	q	p∨q
+	+	+
+	−	+
−	+	+
−	−	−

从真值表可见，相容选言判断与选言肢的真值之间的关系是：一个相容选言判断，只有当各选言肢都假时，它才是假的；在其余情况下，它都是真的。

（二）不相容选言判断

不相容选言判断就是各选言肢为不相容关系的选言判断。

例如：

[1] 被告某甲的这一行为，要么构成犯罪，要么不构成犯罪。

〔2〕世界锦标赛的团体冠军要么是印尼女子羽毛球队，要么是中国女子羽毛球队。

这两个判断都是不相容选言判断。就例〔1〕来说，它的两个选言肢就是不相容的。因为事实上，对于同一被告某甲来说，他所实施的某一特定行为，显然不可能既构成犯罪又不构成犯罪。可见，例〔1〕的两个选言肢是不能同真的。

包含两个选言肢的不相容选言判断，如果用"p、q"表示其选言肢，用"要么"表示其联结项，那么它的形式是：

要么 p，要么 q

其符号形式是：

$p \veebar q$

读做"p 严格析取 q"，称为严格析取式。

表达不相容选言判断的语句联结词除了"要么……要么……"外，也可以用"或者……或者……"、"或……或……"来表示。

如前所述，选言判断是断定了它的各个选言肢中至少有一枝为真。而不相容选言判断的特点在于：各个选言肢不能同真。可见，不相容选言判断实际上断定了它的各选言肢中至少有一枝为真，但不能同真。所以，这种选言判断的真假，就取决于它是否有、并且只有一个选言肢为真。如果只有一个选言肢为真，那么该选言判断就真；如果不止一个选言肢为真，或者各个选言肢都假，那么该选言判断就假。

所以，选言肢 p、q 与不相容选言判断 $p \veebar q$ 之间的真假关系，可以总结如表 5.3：

表 5.3 $p \veebar q$ 的真值表

p	q	$p \veebar q$
+	+	−
+	−	+
−	+	+
−	−	−

从真值表可见,不相容选言判断与选言肢的真值之间的关系是:一个不相容选言判断,只有当各选言肢有且只有一肢为真时,它才是真的;在其余情况下,它都是假的。

二、选言推理

选言推理是前提中有一个是选言判断,并且是根据该选言判断所断定的各选言肢之间的选择关系来进行推演的演绎推理。

例如:

[1] 甲案的错误,或者是由于事实认定失实,或者是由于适用法律不当,

<u>甲案的错误不是由于事实认定失实,</u>

所以,甲案的错误是由于适用法律不当。

[2] 整数 a 要么能被 2 整除,要么是奇数,

<u>整数 a 能被 2 整除,</u>

所以,整数 a 不是奇数。

这两个推理都是选言推理。它们各自有一个前提是选言判断,并且是根据该选言前提所断定的各选言肢之间的选择关系推出结论的。

根据选言前提所断定的各选言肢之间选择关系的不同,选言推理可以由否定一部分选言肢,进而肯定剩下的选言肢(如例[1]);也可以由肯定一个选言肢,进而否定其余的选言肢(如例[2])。前者叫否定肯定式,后者叫肯定否定式。

由于前提中选言肢之间的关系,有相容和不相容之分,相应地,选言推理也就分为相容选言推理和不相容选言推理两种。

(一)相容选言推理

相容选言推理是其选言前提为相容选言判断的选言推理。

我们知道,一个真的相容选言判断,它的各个选言肢中至少有一肢为真,也可以同真。既然一个为真的相容选言判断至少有一个是真的,那么,对它的各个选言肢不能都进行否定。如果否定了它

的一部分选言肢，就必须肯定剩下的选言肢；同时，由于它的各个选言肢可以同真，因而，当肯定了其中的一部分选言肢时，却不能就此否定其余的选言肢。由此，相容选言推理就有两条规则：

否定一部分选言肢，就要肯定另一部分选言肢；

肯定一部分选言肢，不能否定另一部分选言肢。

根据规则，相容选言推理只有一种正确的形式，即否定肯定式。另一前提否定选言前提中的一部分选言肢，结论便肯定选言前提中剩下的选言肢。

包含两个选言肢的相容选言推理否定肯定式的形式为：

p或者q   p或者q
非p   或   非q
所以，q   所以，p

其符号公式是：

$$(p \vee q) \wedge \bar{p} \rightarrow q \qquad 或 \qquad (p \vee q) \wedge \bar{q} \rightarrow p$$

例如：

[1]一个推理有错误，或是由于前提不真实，或是由于推理形式不正确，

　　这个推理有错误不是由于前提不真实，

　　所以，这个推理有错误是由于推理形式不正确。

[2]生产成本没有降低，或是由于没有节约原材料，或是由于没有提高劳动生产率，

　　某厂生产成本没有降低不是没有节约原材料，

　　所以，某厂生产成本没有降低是由于没有提高劳动生产率。

这两个推理都是相容选言推理。其选言前提所含的两个选言肢是相容的，另一前提已明确否定了一个选言肢，故结论理所当然地肯定余下的那个选言肢。

需要注意的是，由于受第二条规则的约束，相容选言推理不能用肯定否定式，亦即肯定了前提中的一部分选言肢，不能由此而否

定其余的选言肢。否则，将不能保证由真前提必然地推出真结论。

例如：

气体体积增大，或者是由于温度增高，或者是由于压力减少，

这个气体体积增大，是由于温度增高，

所以，这个气体体积增大不是由于压力减少。？

这是一个相容选言推理。当事实上前提为真时，结论并不必然为真，而是可真可假的。之所以如此，是因为其选言前提中各选言肢并不互相排斥，而是可以同真的。因而，当一肢为真时，其余的肢并不必然为假，这样的话，对其余的选言肢予以否定，在逻辑上便没有根据，在事实上并不成立。

（二）不相容选言推理

不相容选言推理是其选言前提为不相容选言判断的选言推理。

一个真的不相容选言判断，它必有一个、且只有一个选言肢为真。因而，肯定了一部分选言肢，就要否定其余的选言肢；否定了一部分选言肢，就要肯定余下的选言肢。由此，不相容选言推理就有两条规则：

否定一部分选言肢，就要肯定另一部分选言肢；

肯定一部分选言肢，就要否定另一部分选言肢。

根据规则，不相容选言推理有两个有效式：肯定否定式和否定肯定式。

1. 肯定否定式

肯定否定式，另一前提肯定不相容选言前提中的一个选言肢，结论则否定其余的选言肢。

包含两个选言肢的不相容选言推理肯定否定式的形式为：

$$要么p，要么q \qquad\qquad 要么p，要么q$$
$$\underline{\quad p \quad} \qquad 或 \qquad \underline{\quad q \quad}$$
$$所以，非q \qquad\qquad 所以，非p$$

其符号公式是：

$$(p \lor q) \land p \to \bar{q} \qquad 或 \qquad (p \lor q) \land q \to \bar{p}$$

例如：

[1] 小张这次出差，要么乘火车去，要么乘飞机去，

　　 小张乘火车去，

　　 所以，小张不是乘飞机去。

[2] 一个三角形，要么是直角，要么是锐角，要么是钝角的，

　　 这个三角形是直角的，

　　 所以，这个三角形既不是锐角又不是钝角。

2. 否定肯定式

否定肯定式，另一前提否定不相容选言前提中的一个选言肢，结论则肯定其余的选言肢。

包含两个选言肢的不相容选言推理否定肯定式的形式为：

　　 要么p，要么q　　　　　　 要么p，要么q

　　 　非p　　　 或　　 　非q

　　 所以，q　　　　　　 所以，p

其符号公式是：

$$(p \vee q) \wedge \overline{p} \rightarrow p \quad 或 \quad (p \vee q) \wedge \overline{q} \rightarrow p$$

例如：

[1] 人的正确思想，要么是从天上掉下来的，要么是从社会实践中来的。

　　 人的正确思想不是从天上掉下来的，

　　 所以，人的正确思想是从社会实践中来的。

[2] 或是物质决定意识，或是意识决定物质。

　　 决不是意识决定物质，

　　 所以，物质决定意识。

显然，不相容选言推理的肯定否定式和否定肯定式都是逻辑上有效的推理形式。这两种推理形式，只要前提真，结论就必然真。

第三节 假言判断及推理

一、假言判断

假言判断是断定两种事物之间存在着某种条件制约关系的判断。

例如：

[1] 如果某甲是案犯，那么他具有作案时间。

[2] 只有承认物质第一性的哲学家，才是唯物主义哲学家。

这两个都是假言判断。例 [1] 断定了"某甲是案犯"与"某甲具有作案时间"这两个事物情况之间存在某种条件制约关系，或者说，它断定了前一事物情况是后一事物情况的某种条件；例 [2] 断定了"承认物质第一性的哲学家"与"唯物主义哲学家"这两个事物情况之间存在某种条件制约关系，同样，也可以说它断定了前一事物情况是后一事物情况的某种条件。

因此，假言判断又叫做条件判断，即断定一种事物情况是另一种事物情况的某种条件的判断。

假言判断是由假言联结词联结两个肢判断而构成。其中，表示"如果……那么……"或"只有……才……"之类的联结词，叫假言联结词。两个肢判断分别叫做前件和后件。紧接"如果"（或"只有"）后面的那个肢判断叫前件，紧接"那么"（或"才"）后面的那个肢判断叫后件。如例 [1] 中，"某甲是案犯"是前件，"某甲具有作案时间"是后件。

既然假言判断是对两种事物情况间条件制约关系的反映，那么，事物情况之间存在着哪些条件关系呢？逻辑学从事物情况存在与不存在这个角度出发，研究事物情况间的条件制约关系；也就是说，是从肢判断的真与假方面，来研究假言判断的逻辑性质。

从事物情况存在与不存在这个角度看，条件制约关系有以下三种：

第一，充分条件关系。设 p、q 分别是两个事物情况，如果有 p，必然有 q，而没有 p，是否有 q 不能确定（即可以有 q，也可以没 q）。这样，p 就是 q 的充分条件。例如，"摩擦"对于"生热"来说，就是一个充分条件。因为，只要"摩擦"就必然"生热"。而不"摩擦"是否"生热"，不能确定，既可以"生热"，也可以不"生热"。换言之，有许多情况（其中也包括"摩擦"）可以导致"生热"，而仅仅"摩擦"就够了。

第二，必要条件关系。设 p、q 分别是两个事物情况，如果没有 p，就必然没 q，而有 p，是否有 q 不能确定（即可以有 q，也可以没 q）。这样，p 就是 q 的必要条件。例如，"认识错误"对于"改正错误"来说，就是一个必要条件。因为，没有"认识错误"就必然谈不上"改正错误"，而有了"认识错误"，是否就有"改正错误"，不能确定，既可以有"改正错误"，也可以没有"改正错误"。换言之，有许多情况（其中也包括"认识错误"）可以导致"改正错误"，也是"改正错误"必不可少的条件，但有此条件却不能确定有相应的结果。

第三，充分必要条件关系。设 p、q 分别是两个事物情况，如果有 p，必然有 q；如果没 p，必然没 q。这样，p 就是 q 的充分必要条件。例如，"中国共产党的领导"对于"中国革命的胜利"来说，就是一个充分必要条件。因为，有了"中国共产党的领导"，就有"中国革命的胜利"；而没有"中国共产党的领导"，就没有"中国革命的胜利"。换言之，对于"中国革命的胜利"来说，"中国共产党的领导"这一条件，不仅是充分的而且是必不可少的。

由于有三种条件制约关系，反映这些关系的假言判断就有充分条件假言判断、必要条件假言判断和充分必要条件假言判断。

（一）充分条件假言判断

充分条件假言判断是断定前件为后件的充分条件的假言判断。例如：

［1］如果气温降到零度，那么水要结冰。

［2］如果不按客观规律办事，就会在实践中碰壁。

这两个都是充分条件假言判断。例［1］断定了"气温降到零度"是"水要结冰"的充分条件。例［2］断定了"不按客观规律办事"是"在实践中碰壁"的充分条件。

充分条件假言判断的联结项通常用"如果，那么"来表示。它的形式是：

如果 p，那么 q

其符号形式是：

p→q

读做"p 蕴涵 q"，称为蕴涵式。

在现代汉语中，表达充分条件假言判断的语言形式还有："只要……就……"、"假如……那么……"、"倘若……则……"、"一旦……就……"、"若……则……"等。

充分条件假言判断断定了前件是后件的充分条件。因此，充分条件假言判断的真假，就取决于前件所反映的事物情况是否确实为后件所反映的事物情况的充分条件。若是，它就是真的；否则，就是假的。

从前件与后件的真假来看，所谓前件（或后件）是真的，就等于说，前件（或后件）所反映的事物情况存在；所谓前件（或后件）是假的，就等于说，前件（或后件）所反映的事物情况不存在。因此，所谓断定了前件是后件的充分条件，就等于说，断定了前件与后件之间具有"前件真时后件就真"的关系；而后者实际上又等同于断定了前件与后件之间不具有"前件真而后件假"的关系。所以，充分条件假言判断的真假，取决于前件与后件之间是否不具有"前件真而后件假"的关系。因而，从前、后件的真值组合情况来看，一个充分条件假言判断，只要不是前件真而后件假，它就是真的；只有当前件真并且后件假时，它才是假的。具体地说，它在下述情形，即前件真，后件真；前件假，后件真；前件假，后件假，在这三种情况下都是真的。只有在前件真，后件假，这种情况下才是假的。

以"如果天下雨，那么地上湿"这个充分条件假言判断为例。

假如事实上天下雨，地上湿，即前件真，后件也真，那么这个充分条件假言判断是真的。假如事实上天没下雨，而地上湿，即前件假，后件真，这个充分条件假言判断也是真的。假如事实上天没下雨，地上也没湿，即前件假，后件也假，这个充分条件假言判断仍然是真的。只有当事实上天下雨，地上却不湿，就是说，前件真而后件假，这个充分条件假言判断才是假的。

所以，前件 p、后件 q 与充分条件假言判断 p→q 之间的真假关系，可以总结如表 5.4：

表 5.4　p→q 的真值表

p	q	p→q
+	+	+
+	−	−
−	+	+
−	−	+

从真值表可见：

第一，充分条件假言判断的真值与前、后件之间的关系是：一个充分条件假言判断，只有当前件真而后件假时，它才是假的；在其余情况下，它都是真的。

第二，既然前件真，后件假，这是充分条件假言判断为假的唯一条件，因此，要反驳一个充分条件假言判断，就必须而且只需具备前件真而后件假，亦即证明前件所反映的事物情况存在，后件所反映的事物情况不存在。否则，便不能证明前件不是后件的充分条件，达不到反驳的目的。

（二）必要条件假言判断

必要条件假言判断是断定前件为后件的必要条件的假言判断。

例如：

[1] 只有刻苦学习，才能取得优异成绩。

［2］只有大力发展生产力，才能改善人民生活。

这两个都是必要条件假言判断。例［1］断定了"刻苦学习"是"取得优异成绩"的必要条件，例［2］断定了"大力发展生产力"是"改善人民生活"的必要条件。

必要条件假言判断的联结项通常用"只有……才……"来表示。它的形式是：

只有 p，才 q

其符号形式是：

$p \leftarrow q$

读做"p 逆蕴涵 q"，称为逆蕴涵式。

在现代汉语中，表达必要条件假言判断的语言形式还有"除非……才……"、"必须……才……"、"没有……就没有……"、"不……就不……"等。

必要条件假言判断的真假，取决于前件所反映的事物情况是否确实为后件所反映的事物情况的必要条件。若是，它就真；否则，它就假。

从前件与后件的真假来看，所谓断定了前件是后件的必要条件，就等于说，断定了前件与后件之间具有"前件假时后件就假"的关系，亦即，断定了前件与后件之间不具有"前件假而后件真"的关系。所以，从前件与后件的真值组合情况来看，一个必要条件假言判断，只要不是前件假而后件真，它就是真的；只有当前件假并且后件真时，它才是假的。具体地说，在前件假，后件假；前件真，后件真；前件真，后件假，这三种情形下，必要条件假言判断都是真的。只有在前件假，后件真，这一种情形下，必要条件假言判断才是假的。

以"只有甲年满 18 周岁，才能有选举权"这个必要条件假言判断为例。假如事实上甲没有满 18 周岁，甲也就无选举权，即前件假，后件也假，那么，这个必要条件假言判断是真的。假如事实上甲年满 18 周岁，同时，甲也有选举权，即前件真，后件也真，那么，这个必要条件假言判断也是真的。假如事实上甲虽然年满 18 周岁，但是，却没有选举权，即前件真，后件假，这个必要条件假言判断仍然是真的。只有当事实上甲没满 18 周岁，却有选举权，即是说，前件假，后件真，这就表明其前件并非后件的必要条件，只有在这种情况下，这个必要条件假言判断才是假的。

所以，前件 p、后件 q 与必要条件假言判断 p←q 之间的真假关系，可以总结如表 5.5：

表 5.5　p←q 的真值表

p	q	p←q
+	+	+
+	−	+
−	+	−
−	−	+

从真值表可见：

第一，必要条件假言判断的真值与前、后件真值之间的关系是，一个必要条件假言判断，只有当前件假而后件真时，它才是假的；在其余情况下，它都是真的。

第二，既然前件假而后件真，这是必要条件假言判断为假的唯一条件，因此，要反驳一个必要条件假言判断，就必须而且只需证明它是前件假而后件真,亦即证明其前件所反映的事物情况不存在，后件所反映的事物情况存在。证明了此点，也就证明了其前件并不是后件的必要条件。

（三）充分必要条件假言判断

充分必要条件假言判断是断定前件是后件的充分必要条件的假言判断。

例如：

［１］一个整数是偶数，当且仅当它能被 2 整除。

［２］当且仅当被告某甲的行为构成犯罪，被告某甲才是罪犯。

这两个判断都是充分必要条件假言判断。例［1］断定了"一个整数能被 2 整除"是"一个整数是偶数"的充分必要条件；例［2］断定了前件"被告某甲的行为构成犯罪"是后件"被告某甲是罪犯"的充分条件，又断定了该前件是后件的必要条件。

充分必要条件假言判断的联结项通常用"当且仅当……才……"来表示。它的形式是：

当且仅当 p，才 q

其符号形式是：

p ←→ q

读做"p 等值 q"，称为等值式。"p 等值 q"是指 p 和 q 之间相互蕴涵，即 p 蕴涵 q，q 蕴涵 p。

由于充分必要条件假言判断既断定了前件是后件的充分条件，又断定了前件是后件的必要条件。因此，在日常用语中，这种假言判断常用两个假言判断的合取式来表示。表达为：

如果 p，那么 q；并且，只有 p，才 q。

或者表达为：

如果 p，那么 q；并且，如果非 p，那么非 q。

现代汉语中，表达充分必要条件假言判断的语言形式还有"并且只有……才……"、"如果……那么……"、"如果不……那么不……"、"如果……那么……"、"而没有……就没有……"等。

充分必要条件假言判断既断定了前件是后件的充分条件，又断定了前件是后件的必要条件。因此，从前件与后件的真假来看，这种假言判断断定的内容是：前件与后件之间具有"前件真时，后件就真；前件假时，后件就假"的关系。也就是说，它断定了前件与后件真则同真，假则同假，亦即前件与后件真假值相等。所以，充分必要条件假言判断的真假，取决于前件与后件是否等值，等值就真，不等值就假。下面便是充分必要条件假言判断的真值表（见表5.6）：

表 5.6　p↔q 的真值表

p	q	p↔q
+	+	+
+	−	−
−	+	−
−	−	+

从真值表可见：充分必要条件假言判断的真值，与前、后件真值之间的关系是：一个充分必要条件假言判断，只有当前、后件真值相同时，它才是真的；在其余情况下，它都是假的。

二、假言直言推理

假言直言推理就是一个前提为假言判断，另一前提和结论为性质判断，并且是根据假言判断所断定的前、后件之间的条件制约关系进行推演的演绎推理。按照假言判断前提的不同类型，分为充分条件直言推理、必要条件直言推理、充分必要条件直言推理。

（一）充分条件直（假）言推理

充分条件直言推理是以充分条件假言判断作前提而构成的假言推理。

从前面的 p→q 的真值表可知，一个为真的充分条件假言判断，其前、后件之间的关系不外乎以下四种情形：

（1）前件真时，后件一定真；

（2）后件假时，前件一定假；

（3）前件假时，后件可真可假；

（4）后件真时，前件可真可假。

因此，当一个充分条件假言判断为真时，根据（1）前件真，必然制约着后件真，因而，肯定其前件，就必须肯定其后件。根据（2）后件假，必然制约着前件假，因而，否定其后件，就必须否定其前件。但是，根据（3），前件假，却并不必然制约着后件假，因而，否定其前件，却不能随之而来否定其后件。根据（4）后件真，也并不必然制约着前件真，因而，肯定其后件，也不能随之而来肯定其前件。由此，充分条件直言推理有两条规则：

第一，肯定前件就要肯定后件，否定后件就要否定前件；

第二，否定前件不能否定后件，肯定后件不能肯定前件。

根据规则，充分条件直言推理有两个有效式：

（1）肯定前件式：另一前提肯定充分条件假言前提的前件，结论则肯定其后件。

充分条件直言推理肯定前件式的形式是：

　　　如果 p，那么 q

　　　p
　　　——————
　　　所以，q

它的符号化公式是：

$$[(p \rightarrow q) \wedge p] \rightarrow q$$

例如：

如果物体受到摩擦，那么它就会发热。

此物受到摩擦，
——————————
所以，此物发热。

（2）否定后件式：另一前提否定充分条件假言前提的后件，结论则否定其前件。

充分条件直言推理否定后件式的形式是：

　　　如果 p，那么 q

　　　非 q
　　　——————
　　　所以，非 p

它的符号化公式是：

$$[(p \rightarrow q) \wedge \bar{q}] \rightarrow \bar{p}$$

例如：

如果死者是窒息死亡，那么其脸色发青。

某死者脸色不发青，_____

所以，某死者不是窒息死亡。

充分条件假言推理的肯定前件式和否定后件式，都是逻辑上有效的推理形式。在进行充分条件假言推理时，容易出现的错误有如下两种：一是否定前件式，二是肯定后件式。

例如：

如果天下雨，那么地上湿。

天没下雨，_____

所以，地上不湿。（？）

很明显，这个推理通过否定充分条件假言判断前提，从而得出否定后件的结论是错的。事实上，天没下雨，地上不一定不湿。也就是说，前提真，结论未必真。再从逻辑上看，一个为真的充分条件假言判断，当其前件假时，后件可真可假，而并不必然为假。所以，在这种情况下否定后件，便是毫无根据的了。

（二）必要条件直（假）言推理

必要条件直言推理是以必要条件假言判断作前提而构成的假言推理。

从前面的 p←q 的真值表可知，一个为真的必要条件假言判断，其前、后件之间的关系不外乎以下四种情形：

（1）前件假时，后件一定假；

（2）后件真时，前件一定真；

（3）前件真时，后件可真可假；

（4）后件假时，前件可真可假。

因此，当一个必要条件假言判断为真时，根据（1）前件假，必然制约着后件假，因而，否定其前件，就必须否定其后件。根据（2）后件真，必然制约着前件真，因而，肯定其后件，就必然肯定其前件。但是，根据（3）前件真，却并不必然制约着后件真，因而，肯定其前件，却不能随之而来肯定其后件。根据（4）后件假，也并不必然制约着前件假，因而，否定其后件，也不能随之而来否定其前件。由此，必要条件直言推理有两条规则：

第一，否定前件就要否定后件，肯定后件就要肯定前件。

第二，肯定前件不能肯定后见，否定后件不能否定前件。

根据规则，必要条件直言推理有两个有效式：

（1）否定前件式：另一前提否定必要条件假言前提的前件，结论则否定必要条件假言前提的后件。

必要条件直言推理否定前件式的形式是：

> 只有 p，才 q
> 非 p
> ─────────
> 所以，非 q

它的符号化公式是：

$$[(p \leftarrow q) \wedge \overline{p}] \rightarrow \overline{q}$$

例如：

> 只有阳光充足，庄稼才能长好。
> 阳光不充足，
> ─────────
> 所以，庄稼没能长好。

（2）肯定后件式：另一前提肯定必要条件假言前提的后件，结论则肯定其前件。

必要条件直言推理肯定后件式的形式是：

> 只有 p，才 q
> q
> ─────────
> 所以，p

它的符号化公式是：

$$[(p \leftarrow q) \wedge q] \rightarrow p$$

例如：

> 只有认识事物，才能改造事物。
> 我们改造了事物，
> ─────────
> 所以，我们认识了事物。

必要条件直言推理的否定前件式和肯定后件式，都是逻辑上有效的推理形式。在进行必要条件直言推理时，容易发生的错误有如下两种：一是肯定前件式，二是否定后件式。

例如：

只有具有杀人的故意，才犯故意杀人罪。

某甲具有杀人的故意，

所以，某甲犯了故意杀人罪。？

很明显，通过肯定必要条件直言推理的前件，从而得出肯定其后件的结论，是错误的。从事实上看，某甲虽然具有杀人的故意，但是，他并不一定犯故意杀人罪。只要他未实施非法剥夺他人生命的行为，就不会犯故意杀人罪。可见，不能仅仅根据他具有杀人的故意，便断定他一定犯故意杀人罪。再从逻辑上看，一个为真的必要条件假言判断，当其前件真时，后件可真可假，而并不必然为真。因而，在此情况下肯定后件，就毫无根据了。

（三）充分必要条件直（假）言推理

充分必要条件直言推理是以充分必要条件假言判断作前提而构成的假言推理。

我们知道，一个为真的充分必要条件假言判断，其前件与后件是等值的。所以，在其前、后件之间，肯定一个就必须肯定另一个，否定一个就必须否定另一个。由此可见，充分必要条件直言推理有两条规则：

第一，肯定前件就要肯定后件，肯定后件就要肯定前件；

第二，否定前件就要否定后件，否定后件就要否定前件。

根据规则，充分必要条件直言推理有四个有效式：

（1）肯定前件式：另一前提肯定充分必要条件假言前提的前件，结论则肯定其后件。

充分必要条件直言推理肯定前件式的形式是：

当且仅当 p，才 q

p

所以，q

它的符号化公式是：

$$[(p \leftrightarrow q) \wedge p] \rightarrow q$$

例如：

当且仅当两三角形三边对应相等，两三角形才全等。

<u>甲、乙两三角形三边对应相等，</u>

所以，甲、乙两三角形全等。

（2）肯定后件式：另一前提肯定充分必要条件假言前提的后件，结论则肯定其前件。

充分必要条件直言推理肯定前件式的形式是：

当且仅当 p，才 q

<u>q</u>

所以，p

它的符号化公式是：

$$[(p \leftrightarrow q) \wedge q] \rightarrow p$$

例如：

当且仅当故意实施了非法伤害他人身体的行为，才犯故意伤害罪，

<u>某甲犯了故意伤害罪，</u>

所以，某甲故意实施了非法伤害他人身体的行为。

（3）否定前件式：另一前提否定充分必要条件假言前提的前件，结论则否定其后件。

充分必要条件直言推理否定前件式的形式是：

当且仅当 p，才 q

<u>非 p</u>

所以，非 q

它的符号化公式是：

$$[(p \leftrightarrow q) \wedge \overline{p}] \rightarrow \overline{q}$$

例如：

当且仅当一个人是唯物主义者，才承认物质第一性。

<u>某人不是唯物主义者，</u>

所以，某人不承认物质第一性。

（4）否定后件式：另一前提否定充分必要条件假言前提的后件，结论则否定其前件。

充分必要条件直言推理否定后件式的形式是：

当且仅当 p，才 q

<u>非 q</u>

所以，非 p

它的符号化公式是：

$$[(p \leftrightarrow q) \wedge \overline{q}] \rightarrow \overline{p}$$

例如：

当且仅当某数能被 2 整除，该数才是偶数。

<u>5 不是偶数，</u>

所以，5 不能被 2 整除。

三、假言移位推理

假言移位推理是以假言判断作前提，通过交换其前后件的位置，从而推出另一个假言判断作结论的假言推理。它是根据不同假言判断的等值关系而推演的，常见的有以下两种。

（一）充分条件移位推理

充分条件移位推理就是前提为充分条件判断，结论为必要条件判断的条件移位推理。根据充分条件判断真值表，一个为真的充分条件判断，前件真，后件必真；后件假，前件必假。因此，当前件是后件的充分条件时，后件就是前件的必要条件，即"如果 p，那么 q"与"只有 q，才 p"是等值关系。据此，充分条件移位推理有如下形式：

　　　　　如果 p，那么 q

　　　　　所以，只有 q，才 p

其符号化公式是：

$$(p \rightarrow q) \rightarrow (q \leftarrow p)$$

例如：

［1］如果一个推理正确，那么它的形式是有效的，

　　　　只有推理的形式有效，才是正确的。

［2］如果是三好学生，那么学习成绩好，

　　　　所以，只有学习成绩好，才能成为三好学生。

　　同时，由于"只有 q，才 p"等值于"如果非 q，那么非 p"。所以，充分条件移位推理的结论也可以是：如果非 q，那么非 p。

（二）必要条件移位推理

　　必要条件移位推理就是前提为必要条件判断，结论是充分条件判断的条件移位推理。根据必要条件判断真值表，一个为真的必要条件判断，前件假，后件必假；后件真，前件必真。因此，当前件是后件的必要条件时，后件就是前件的充分条件，即"只有 p，才 q"与"如果 q，那么 p"是等值关系。据此，必要条件移位推理有如下形式：

　　　　　只有 p，才 q

　　　　　所以，如果 q，那么 p

其符号化公式是：

$$(p \leftarrow q) \rightarrow (q \rightarrow p)$$

例如：

［1］只有考试合格，才能被录取，

　　　　所以，如果被录取，那么考试合格。

［2］只有提高科学技术水平，才能摆脱贫穷落后，

　　　　所以，如果要摆脱贫穷落后，必须提高科学技术水平。

　　同时，由于"如果 q，那么 p"等值于"如果非 p，那么非 q"。

所以，必要条件移位推理也可以是：如果非 p，那么非 q。

四、假言联言推理

假言联言推理是以两个充分条件假言判断和一个联言判断为前提，并根据前提的逻辑性质进行推演的演绎推理。它有四种有效形式：简单构成式、简单破坏式、复杂构成式和复杂破坏式。

（一）简单构成式

简单构成式，是指两个充分条件假言判断的前件不同而后件相同，联言前提的联言肢合取地肯定两个假言前提的不同前件，从而肯定两个充分条件假言前提相同的后件。

如果 p，那么 r

如果 q，那么 r

p 并且 q

所以，r

其符号化公式是：

$$\{[(p \to q) \wedge (q \to r)] \wedge (p \wedge q)\} \to r$$

例如：

如果将金属摩擦，那么它会生热，

如果给金属通电，那么它会生热，

将金属摩擦并且通电，

所以，它会生热。

（二）简单破坏式

简单破坏式，是指两个充分条件假言判断的前件相同而后件不同，联言前提的联言肢合取地否定两个假言前提的不同后件，从而否定两个充分条件假言前提相同的前件。

如果 p，那么 r

如果 p，那么 s

非 r 并且非 s

所以，非 p

其符号化公式是：

$$\{[(p{\to}r)\wedge(p{\to}s)]\wedge(\bar{r}\wedge\bar{s})\}{\to}\bar{p}$$

例如：

如果某甲是本案罪犯，那么某甲有作案时间，

如果某甲是本案罪犯，那么某甲有作案动机，

某甲既无作案时间，又无作案动机，

所以，某甲不是本案罪犯。

（三）复杂构成式

复杂构成式，是指两个充分条件假言判断的前件和后件均不相同，联言前提的联言肢合取地肯定两个假言前提的不同前件，从而合取地肯定两个充分条件假言前提的不同后件。

如果 p，那么 r

如果 q，那么 s

p 并且 q

所以，r 并且 s

其符号化公式是：

$$\{[(p{\to}r)\wedge(q{\to}s)]\wedge(p\wedge q)\}{\to}(r\wedge s)$$

例如：

如果是唯物主义者，那么承认物质第一性、意识第二性，

如果懂辩证法，那么承认世界是普遍联系、永恒发展的，

他是唯物主义者，并且懂辩证法，

所以，他既承认物质第一性、意识第二性，又承认世界是普遍联系、永恒发展的。

（四）复杂破坏式

复杂破坏式，是指两个充分条件假言判断的前件和后件均不相同，联言前提的联言肢合取地否定两个假言前提的不同后件，从而合取地否定两个充分条件假言前提的不同前件。

如果 p，那么 r

如果 q，那么 s

非 r 并且非 s

所以，非 p 并且非 q

其符号化公式是：

$$\{[(p{\rightarrow}r)\land(q{\rightarrow}s)]\land(\bar{r}\land\bar{s})\}{\rightarrow}(\bar{p}\land\bar{q})$$

例如：

如果甲贪污，应认定贪污罪，

如果甲受贿，应认定受贿罪，

但甲既不能认定贪污罪，又不能认定受贿罪，

所以，甲既没有贪污，又没有受贿。

思考与练习

一、问答题。

1. 什么是联言判断和联言推理？

2. 什么是选言判断？相容选言判断与联言判断、不相容选言判断有何相同之处和不同之处？

3. 什么是选言推理？为什么相容选言推理只有一种有效形式？

4. 什么是假言判断？假言判断有哪几种？它们有什么联系和区别？

5. 充分条件假言推理有几种形式？为什么？

6. 必要条件假言推理有几种形式？为什么？

二、写出下列复合判断的逻辑形式。

1. 只有懂了事物的对立统一规律，才能懂得事物的发展。

2. 如果看不到事物的否定方面，就不能科学地预见事物发展的方向。

3. 若要人不知，除非己莫为。

4. 会工作的人，才会休息。

5. 除非他真心悔改，才能得到群众的谅解。

三、请运用演绎推理的有关知识，说明下列推理的类型，写出推理的逻辑形式，分析其是否正确？为什么？

1. 只有具备丰富的法律知识，才能成为律师，他不是律师，所以，他不具备丰富的法律知识。

2. 案情分析和现场勘查的结果充分说明，凶犯或是被害人的邻居，或是被害人的同事；现经查实，被害人的同事都不具备作案的时间，所以，凶犯是被害人的邻居。

3. 如果该被告是开枪杀人的凶手，则该被告会使用这种特殊型号的手枪；现已核实，该被告曾使用这种特殊型号的手枪，所以，该被告是该案开枪杀人的凶手

4. 明朝时，有个名叫吴天虚的人任晋守县令。在晋城市场上，有姓李和姓赵的两个人都在抓一只乱跑的鸡。当抓到这只鸡后，两人都说是自己的，各不相让、相互打斗。最后，闹到县衙里。吴县令在断案时问他们二人是用什么东西喂鸡的？姓李的说用谷子，姓赵的说用麦子。吴县令听罢想："如果鸡是姓李家的，那么鸡嗉子里应该是谷子；如果鸡是姓赵家的，那么鸡嗉子里应该是麦子。"于是，命令把鸡杀掉，剖开鸡嗉子验看。可是，鸡嗉子里既不是谷子也不是麦子，而是些小豆。吴县令当即断定，这只鸡既不是姓李的，也不是姓赵的。原来，这只鸡是一个卖鸡的人丢失的。

5. 某小区居民甲的手机丢失。综合各种情况，已知：

（1）如手机不是在家里丢失的，那就一定丢失于小区、上班路上，或者在工作单位；

（2）甲当天上班刚出门，曾接听一朋友的来电；

（3）小区内治安良好，居民间关系友好，如有物丢失，就会贴失物招领启事；

（4）小区未见招领启事；

（5）甲当天在工作单位，只在自己的工作间独自工作，未使用手机。

请问该手机丢于何处？

6. 清朝时，有一个名叫董文煜的县令，在他所管辖的县里发生了下面这样一件事。山里有一人家，只有婶母和侄儿住在一起。侄儿刚满十二岁，忽然被人杀死在山下，婶母报官请验。董县令亲自带人前往勘验，发现这里不像是杀人的现场。他又带领随从人员到被害人的婶母家中。进门之后，见那个女人很年轻，打扮得妖娆俏丽，行为孟浪风骚，看不出有悲痛的样子，便增加了怀疑。董县令当即叫随员仔细勘查屋内外，发现卧室旁边的木柜子上有血迹，便问是什么血。那女人回答说是杀鸡时溅在上面的鸡血。董县令想："这家是有厨房的，如果是杀鸡，则应该在厨房中杀；现在的情况是不在厨房中杀，可见杀的不是鸡，而可能是这个女人的侄儿。木柜子上的血迹要么是人血，要么是鸡血。"于是，便差使随员取来一根针和一只鸡，董县令在自己手上用针刺出血珠并且尝了一下，然后用针在鸡身上刺出血珠也尝了一下，发现人血是咸的，而鸡血是淡的。董县令再用指头将木柜上的血点刮下来一尝，发现也是咸的。然后，对那女人喝道："木柜子上的血不是鸡血而是人血，大胆刁妇还不快快从实招来。"那女人见事已败露，只好将实情讲了出来。原来，这个女人和别的男人勾搭成奸，在卧榻上被其侄子撞见。他俩怕他将事情张扬出去，便将其侄子杀死在卧室中，而后把尸体移到山下。

7. 1987 年，我国南方的一个水库发生一起爆炸谋杀案，监守水库的李春贵睡觉时被炸身亡。经多方查实，当晚在水库除被害者外只有赵民富和王华新二人，水库远离城镇村寨，外人作案的可能性是不存在的，因而赵民富和王华新便成为嫌疑对象。在案情分析会上，侦查人员陈晟依据调查材料提出了自己明确的见解，认为作案凶手必是赵民富，王华新无罪。他的推断如下：

第一，如果不懂引爆技术，那么就不能够作案，而赵民富两年前在公路局采石场当过爆破工，懂得引爆技术，可见，赵民富是凶手可以初步确定。第二，只有存有雷管和炸药，才具备作案条件，而现在已从赵民富的箱子中找到三枚雷管和两公斤炸药，这就可以进一步确定赵民富是凶手。第三，如果赵民富是杀人凶手，那么他应当有作案动机。事实上，赵民富和李春贵为休假一事发生过争吵并相互打斗，赵民富报复杀人的动机是存在的。这就可以完全肯定赵民富是凶手。第四，由于只有赵民富和王华新二人有作案的可能，或者赵民富所为，或者王华新所为，现在已肯定是赵民富所为。所以，王华新没有参与杀害李春贵，王华新是无罪的。

8. 明朝时，张杲卿任润州知府时，审理过下面这样一件案子。有一妇人的丈夫失踪多日。一天，忽然有人在菜园中的井里发现一具尸体。妇人惊慌地跑去一看，便号啕大哭起来，并说："这是我的丈夫啊！"随即报告官府。张杲卿亲自到现场查勘，发现水井很深，仅仅能够看出是个人的形状，而且背朝天，头埋在水中。于是，便将妇人支开，把熟知该妇人丈夫的亲戚和邻居召集到井边，让他们辨认井里的死者是不是这个人的丈夫。众人看了片刻都说，井深无法辨认，请把尸体捞上来验看。当差役将尸体捞上来时，大家齐声说确是妇人的丈夫。张杲卿想："只有妇人早先已知道井内的死者是自己的丈夫，才会在无法辨认的情况下确认死者是自己的丈夫，妇人正是这样确认的。"当即就将妇人关押起来审问。在审问中，妇人一口咬定她丈夫数日前晚饭后到菜园浇水未归，想是不小心滑入井中，被水淹死的。张杲卿想："当日从井中打捞尸体时，发现那个菜园水井的水很浑浊，如果死者是活活溺死的，那么尸体的口腔和鼻孔中怎么没有泥沙。"于是，张杲卿断定妇人在说谎，妇人的丈夫不是滑入井中被溺死的，很可能是被妇人害死的。经再三审问，果然是妇人与奸夫同谋，闷死亲夫后移尸丢入井中。

9. 昆剧《十五贯》中的知县过于执在审问苏戍娟时作了如下推理：看她艳如桃李，岂能无人勾引？年正青春，怎会冷若冰霜？她与奸夫情投意合，自然要生比翼双飞之意。父亲阻挡，因之杀其父盗其财，此乃人之常情。这案情就是不问，也已明白了十之八九的了。

过于执的推理为什么有错？

第六章　复合判断及推理（下）

复合判断及其推理，除了联言判断及其推理、选言判断及其推理、条件判断及其推理三种基本形式之外，还有负判断及其推理这种特殊形式。如果将上述复合判断及其推理结合起来，又有二难推理以及复合推理的综合运用。无论何种复合判断及其推理，其逻辑性质都可以用真值表方法进行检验。

第一节　二难推理

一、二难推理概述

二难推理是假言选言推理的一种。假言选言推理就是由假言判断和选言判断作前提而构成的推理。其中，由两个充分条件假言判断和一个二肢选言判断作前提而构成的假言选言推理，叫做二难推理。二难推理常用于辩论。辩论中的一方提出一个断定两种可能性的选言前提，使另一方在这两种可能性的选择中处于进退两难的境地，人们称这种推理为二难推理。

例如，中世纪的神学家们宣称上帝是全能的。对此，当时就有人提出过这样一个问题：上帝能否创造出一块连他自己也举不起来的石头呢？面对这样一个问题，神学家们进退维谷，左右为难，因为无论他们给出肯定的回答或是否定的回答，都不能摆脱如下的困境：

如果上帝能创造出一块连他自己也举不起来的石头，那么他不是全能的；

如果上帝不能创造出一块连他自己也举不起来的石头，那么他不是全能的；

上帝或者能创造出，或者不能创造出这样的一块石头；

所以，上帝不是全能的。

这就是一个二难推理。它由两个充分条件假言判断和一个二肢选言判断作前提而构成。

二、二难推理的有效式

二难推理有四种有效式：简单肯定式、简单否定式、复杂肯定式和复杂否定式。

（一）简单肯定式

简单肯定式，是两个充分条件假言前提前件不同后件相同，选言前提分别肯定假言前提的两个前件，结论肯定假言前提相同的后件。

如果 p，那么 r

如果 q，那么 r

p 或 q

所以，r

其符号化公式是：

$$\{[(p \rightarrow r) \land (q \rightarrow r)] \land (p \lor q)\} \rightarrow r$$

例如，毛泽东同志在《论人民民主专政》一文中指出："在武松看来，景阳冈上的老虎，刺激它也是这样，不刺激它也是这样，总之是要吃人的。"这句话就可以整理成下面这样一个简单肯定式的二难推理。

如果刺激老虎，那么老虎是要吃人的；

如果不刺激老虎，那么老虎也是要吃人的；

或者刺激老虎，或者不刺激老虎；

所以，老虎是要吃人的。

（二）简单否定式

简单否定式，是两个充分条件假言前提前件相同后件不同，选言前提分别否定假言前提的两个不同后件，结论否定假言前提的两个相同前件。

二难推理简单否定式的形式是：

如果 p，那么 q

如果 p，那么 r

非 q 或非 r

所以，非 p

其符号化公式是：

$$\{[(p \to q) \land (p \to r)] \land (\bar{q} \lor \bar{r})\} \to \bar{p}$$

例如：

如果要建设中国特色社会主义，那么必须抓物质文明建设；

如果要建设中国特色社会主义，那么必须抓精神文明建设；

或者不抓物质文明建设，或者不抓精神文明建设；

总之，都不能建成中国特色社会主义。

（三）复杂肯定式

复杂肯定式，是两个充分条件假言前提前件后件均不相同，选言前提分别肯定假言前提的两个前件，结论析取假言前提两个不同后件。

二难推理复杂肯定式的形式是：

如果 p，那么 r

如果 q，那么 s

p 或 q

所以，r 或 s

其符号化公式是：

$$\{[(p\rightarrow r)\wedge(q\rightarrow s)]\wedge(p\vee q)\}\rightarrow(r\vee s)$$

例如，在春秋时期，郑厉公和雍纠合谋打算除掉在郑国专权的祭足，而祭足的女儿恰是雍纠的妻子。雍妻从丈夫口中得知这一消息后，内心斗争十分激烈：

如果不向父亲泄露秘密，那么父亲将被丈夫杀死；

如果向父亲泄露秘密，那么丈夫将被父亲杀死；

或者不泄露，或者泄露；

或者父亲死，或者丈夫死。

（四）复杂否定式

复杂否定式，是两个充分条件假言前提前件后件均不相同，选言前提分别否定假言前提的两个后件，结论析取假言前提两个前件的否定。

二难推理复杂肯定式的形式是：

如果 p，那么 r

如果 q，那么 s

非 r 或非 s

所以，非 p 或非 q

其符号化公式是：

$$\{[(p\rightarrow r)\wedge(q\rightarrow s)]\wedge(\bar{r}\vee\bar{s})\}\rightarrow(\bar{p}\vee\bar{q})$$

例如：

如果非法剥夺他人生命的行为是出于故意，那么甲犯了故意杀人罪；

如果非法剥夺他人生命的行为是出于过失，那么甲犯了过失杀人罪；

甲非法剥夺他人生命的行为或者不是出于故意，或者不是出于过失；

所以，甲或者不是故意杀人罪，或者不是过失杀人罪。

三、二难推理的破斥

二难推理应遵守下列三条规则要求：

第一，前提中的假言判断，其前件须是后件的充分条件；

第二，前提中的选言判断，其选言肢应是穷尽的；

第三，推理过程要符合充分条件假言推理和选言推理的规则。

如果违反规则，就是错误的二难推理。

所谓二难推理的破斥，就是对错误的二难推理进行驳斥。驳斥的方法主要有：

（1）揭露假言前提虚假。

例如：

如果我讲的话是别人已经讲过了的，那我就没有必要再讲；

如果我讲的话是别人没有讲过的，那我就不应当讲；

我要讲的话或是别人已经讲过了的，或是别人没有讲过的；

所以，我或者没有必要讲，或者不应当讲。

这是一个错误的二难推理，原因在于其中的假言前提不真实，即前件不是后件的充分条件。

（2）指出选言前提的选言肢没穷尽。

例如：

如果从左右两翼攻击敌人，则因敌防守坚固而不能取胜；

如果从正面攻击敌人，则因敌主力兵团所在，也不能取胜；

或者从左右两翼攻击敌人，或者从正面攻击敌人；

所以，总是不能取胜。

这是一个错误的二难推理。要驳斥它，就可以指出其选言前提的肢判断是不全的，即迂回敌后而攻之。

（3）推理形式没有逻辑性。

例如：

如果他是凶手，那么他有作案时间；

如果他是凶手，那么他有作案动机；

或者他有作案时间，或者他有作案动机；

所以，他是凶手。

这个二难推理违反了充分条件假言推理"肯定后件不能肯定前件"的规则，所以，也是错误的。

（4）运用一个相反的二难推理来驳斥原来的二难推理。

例如：

古希腊智者普罗泰哥拉同意教欧提勒士当律师，条件是欧提勒士在完成学业时付给他一半学费，另一半学费在欧提勒士第一次为人打官司赢了后再付。可是，欧提勒士毕业后，迟迟不接官司，不给普罗泰哥拉另一半学费。为此，普罗泰哥拉向法庭起诉欧提勒士。在法庭辩论时，普罗泰哥拉说："如果我打赢了这场官司，欧提勒士按照法庭判决，应付给我另一半学费；如果我打输了这场官司，欧提勒士按照协议，应付给另一半学费；这场官司无论我赢或输，欧提勒士都应给我另一半学费。"欧提勒士针锋相对地说："如果我赢了这场官司，按照法庭判决，我不应付给普罗泰哥拉另一半学费；如果我输了这场官司，按照协议，我不应付给普罗泰哥拉另一半学费；无论我打赢或打输这场官司，我都不应该付给普罗泰哥拉另一半学。"

从上可见，普罗泰哥拉向法庭起诉，并提出如下的二难推理：

如果我打赢了这场官司，欧提勒士按照法庭判决，应付给我另一半学费；

如果我打输了这场官司，欧提勒士按照协议，应付给另一半学费；

这场官司无论我赢或输，

欧提勒士都应付给我另一半学费。

这里，欧提勒士用"二难"对"二难"，加以反驳：

如果我赢这场官司，按照法庭判决，我不应付给普罗泰哥拉另一半学费；

如果我输了这场官司，按照协议，我不应付给普罗泰哥拉另一半学费；

无论我打赢或打输这场官司；

我都不应该付给普罗泰哥拉另一半学费。

这两人都没有正确地使用二难推理，都只选取对自己有利的方面作为根据，都是诡辩。

第二节 负判断及推理

一、负判断

负判断就是否定某个判断的判断。或者说，它是断定某个判断是假的判断。

例如：

［1］并非如果刮风就下雨。

［2］并非只要懂得法律，就能当好律师。

这里，例［1］是否定"如果刮风就下雨"这一简单判断而形成的判断；例［2］是否定"只要懂得法律，就能当好律师"这一复合判断而形成的判断。所以，它们都是负判断。

在负判断中，被否定的那个判断叫做肢判断，"并非"是负判断的典型逻辑联结词。

若以"p"表示肢判断，则其负判断的逻辑形式为：

  并非 p

其符号化形式是：

  $\overline{p}$

在汉语中，表达负判断的语言形式还有："并不是……"、"并不……"、"并没有……"、"非……"、"不是……"、"不……"、"没……"、"……是错误的"、"……是假的"等。

由于"真"的否定便是"假"，"假"的否定便是"真"，因此，负判断 $\overline{p}$ 与其肢判断 p 二者之间为矛盾关系，二者的真值正好相反。所以，负判断的真值表如表 6.1：

表 6.1　负判断的真值表

p	$\bar{p}$
+	−
−	+

二、负判断推理

负判断推理，就是以负判断为前提，推出一个与前提等值的判断为结论的复合推理。根据负判断前提的不同，它可分为性质判断负判断推理、联言判断负判断推理、选言判断负判断推理和假言判断负判断推理。

（一）性质判断负判断推理

性质判断负判断推理，就是以性质判断负判断为前提的负判断推理。性质判断负判断是对某种性质判断的否定。根据性质判断对当关系可知,任何一个性质判断都有与其相矛盾的另一个性质判断,而具有矛盾关系的判断的一方的负判断与另一方是等值的。即：

（1）　$\overline{SAP} \to SOP$。

例如：
并非所有闪光的东西都是金子。
所以，有些闪光的东西不是金子。

（2）　$\overline{SEP} \to SIP$。

例如：
并非所有科学家都不是自学成才的,
所以，有的科学家是自学成才的。

（3）　$\overline{SIP} \to SEP$。

例如：

并非有的语言是有阶级性的，<u>　　　　　　　</u>

所以，所有的语言都不是有阶级性的。

（4）$\overline{\text{SOP}} \rightarrow \text{SAP}$。

例如：

并非有的事物不是运动的，<u>　　　　　</u>

所以，所有的事物都是运动的。

（二）联言判断负判断推理

联言判断负判断推理，就是以联言判断负判断为前提的负判断推理。根据联言判断真值表：联言判断假，其联言肢至少有一肢假。因此，联言判断负判断等值于以它的联言肢的负判断为选言肢的选言判断。即：

"并非（p 并且 q）"等值于"非 p 或者非 q"

或者：

$$\overline{(p \wedge q)} \leftrightarrow (\overline{p} \vee \overline{q})$$

据此，联言判断负判断推理的公式是：

$$\overline{(p \wedge q)} \rightarrow (\overline{p} \vee \overline{q})$$

例如：

并非某人学习好而且思想好，<u>　　　　　　　　</u>

所以，某人或者学习不好，或者思想不好。

（三）选言判断负判断推理

选言判断负判断推理，就是以选言判断负判断为前提的负判断推理。它分为相容选言判断负判断推理和不相容选言判断负判断推理。

1. 相容选言判断负判断推理

相容选言判断负判断推理，就是以相容选言判断负判断为前提的负判断推理。根据相容选言判断真值表：相容选言判断假，当且仅当其所有选言肢都假。相容选言判断负判断等值于以各个选言肢

的负判断为联言肢的联言判断。即:

"并非(p或者q)"等值于"非p并且非q"

或者:

$$\overline{(p \lor q)} \leftrightarrow (\overline{p} \land \overline{q})$$

据此,选言判断负判断推理的公式是:

$$\overline{(p \lor q)} \rightarrow (\overline{p} \land \overline{q})$$

例如:

并非张三会下象棋或会下围棋,

所以,张三既不会下象棋,又不会下围棋。

2. 不相容选言判断负判断推理

不相容选言判断负判断推理,就是以不相容选言判断负判断为前提的负判断推理。根据不相容选言判断真值表:不相容选言判断假,其两个选言肢全假或者全真。因此,不相容选言判断负判断,等值于选言肢的联言判断与选言肢负判断的联言判断所组成的选言判断。即:

"并非(要么p,要么q)"等值于"(p并且q)或(非p并且非q)"

或者:

$$\overline{(p \lor q)} \leftrightarrow [(p \land q) \lor (\overline{p} \land \overline{q})]$$

据此,不相容选言判断负判断推理的公式是:

$$\overline{(p \lor q)} \rightarrow [(p \land q) \lor (\overline{p} \land \overline{q})]$$

例如:

并非要么赵某是有罪的,要么钱某是有罪的;

所以,或者赵某和钱某都是有罪的,或者赵某和钱某都是无罪的。

(四)假言判断负判断推理

假言判断负判断推理,就是以假言判断负判断为前提的负判断推理。它分为充分条件负判断推理、必要条件负判断推理和充分必要条件负判断推理。

1. 充分条件负判断推理

充分条件负判断推理，是以充分条件负判断为前提的负判断推理。根据充分条件判断真值表：充分条件判断假，当且仅当其前件真而后件假。因此，充分条件负判断等值于前件和后件负判断组成的联言判断。即：

$$\overline{(p \rightarrow q)} \leftrightarrow (\overline{p} \vee q)$$

因此：

"并非（如果 p，那么 q）"等值于"p 并且非 q"

或者：

$$\overline{(p \rightarrow q)} \leftrightarrow (p \wedge \overline{q})$$

据此，充分条件负判断推理的公式是：

$$\overline{(p \rightarrow q)} \rightarrow (p \wedge \overline{q})$$

例如：

并非如果小王身体好，那么就会学习好；

所以，虽然小王身体好，但学习不好。

2. 必要条件负判断推理

必要条件负判断推理，就是以必要条件负判断为前提的负判断推理。根据必要条件真值表：必要条件判断假，当且仅当其前件假而后件真。因此，必要条件负判断等值于前件负判断和后件组成的联言判断。即：

$$\overline{(p \leftarrow q)} \leftrightarrow (p \vee \overline{q})$$

因此：

"并非（只有……才……）"等值于"非 p 并且 q"

或者：

$$\overline{(p \leftarrow q)} \leftrightarrow (\overline{p} \wedge q)$$

据此，必要条件负判断推理的公式是：

$$\overline{(p \leftarrow q)} \rightarrow (\overline{p} \wedge q)$$

例如：

并非只有下雪，天气才冷；

所以，没有下雪，天气也冷。

3. 充分必要条件负判断推理

充分必要条件负判断推理，就是以充分必要条件负判断为前提的负判断推理。根据充分必要条件判断真值表：充分必要条件判断假，或者其前件真而后件假，或者其前件假而后件真。因此，充分必要条件负判断，等值于前件和后件负判断的联言判断与前件负判断和后件的联言判断所组成的选言判断。即：

"并非当且仅当 p，才 q"等值于"（p 且非 q）或者（非 p 且 q）"

或者：

$$\overline{(p \leftrightarrow q)} \leftrightarrow (p \wedge \overline{q}) \vee (\overline{p} \wedge q)$$

据此，充分必要条件负判断推理的公式是：

$$\overline{(p \leftrightarrow q)} \rightarrow (p \wedge \overline{q}) \vee (\overline{p} \wedge q)$$

例如：

并非当且仅当冬天来了，天气才寒冷；

所以，或者冬天来了，天气却不寒冷；或者冬天没有来，天气却寒冷。

（五）负判断的负判断推理

负判断的负判断推理，就是以负判断的负判断为前提的负判断推理。根据负判断真值表：负判断假，肢判断真。因此，负判断的负判断等值于其肢判断。即：

"并非（并非 p）"等值于"p"

或者：

$$\overline{\overline{p}} \leftrightarrow p$$

据此，负判断的负判断推理的公式是：

$$\bar{\bar{p}} \rightarrow p$$

例如：

在这次英语考试中，并非没有人不及格；

所以，在这次英语考试中，有人不及格。

第三节 真值表

真值表就是反映复合判断与其肢判断之间的真假关系的图表。它是研究逻辑的有力工具。借助真值表，可以计算出任何一个复杂真值形式的真值，也可以判明真值形式的许多重要性质。判断逻辑中的许多重要问题，实际上是计算真值形式的真值问题。

对于任何给定的两个复合判断形式，都可以做出一张真值表，以判明两者是否等值。其方法有以下四个步骤。

第一步：找出这两个复合判断形式中所有不同的判断变项，写出这些变项所有不同的真值组合。这决定真值表有几行。

这里应该注意，当不同判断变项为 2 个时，其不同真值组合为 $2 \times 2 = 4$ 种；若不同判断变项为 3 个时，其不同真值组合为 $2 \times 2 \times 2 = 8$ 种。一般讲，如果不同的判断变项有 n 个，而每一个判断变项的真值又有两种，因而，其不同的真值组合就有：

$$\underbrace{2 \times 2 \times \cdots \times 2}_{n \uparrow 2} = 2n(\text{种})$$

第二步：根据复合判断形式的构成顺序，由简而繁地列出这两个复合判断形式的各个组成部分。这决定真值表有几列。

第三步：依据基本真值表（即各种基本复合判断的真值表），依次求得各列的真值。

第四步：根据这两个复合判断形式所在列的各行真值情况，得出判定结论。若二者的真值行行对应相同，就等值；否则，便不等值。

现举一例，并按步骤说明如下：

判定复合判断形式（a）p→q（与）（b）q→p是否等值。

第一步，（a）、（b）二者所含的不同判断变项只有 p 和 q 这样两个。这两个判断变项的不同真值组合共有四种，见表 6.2。

表 6.2　判断变项的真值组合

	p	q
①	+	+
②	+	−
③	−	+
④	−	−

第二步，根据构成顺序，由简而繁地依次列出（a）、（b）的各个组成部分。如表 6.3：

表 6.3　复合判断形式（a）、（b）的组成部分

p	q	① $\bar{p}$	② $\bar{p} \to q$	③ $\bar{q}$	④ $\bar{q} \to p$
+	+				
+	+				
−	+				
−					

表中①列到②列，为构成复合判断形式（a）的具体过程；③列到④列，为构成复合判断形式（b）的具体过程。

第三步，依据基本真值表，依次求得各列公式的真值。从而完成真值表如下（见表 6.4）：

表 6.4 复合判断形式（a）、（b）真值表

			(a)		(b)
p	q	$\overline{p}$	$\overline{p} \rightarrow q$	$\overline{q}$	$\overline{q} \rightarrow p$
+	+	—	+	—	+
+	—	—	+	+	+
—	+	+	+	—	+
—	—	+	—	+	—

第四步，根据表中（a）、（b）两个复合判断形式所在列的真值行行相同，从而判明：（a）、（b）二者是等值的。

再看一例：

用真值表方法判定下列 a、b 两个判断是否等值。

a."王某是盗窃犯，而不是诈骗犯。"

b."只有王某是诈骗犯，才不是盗窃犯。"

本例给出的是两个具体判断，要用真值表方法判定，得先抽取出二者的逻辑形式。抽取时须注意：第一，找准联结词，并将其符号化；第二，用字母来表示其中的肢判断，相同肢判断得用同一个字母表示，不同的肢判断应分别用不同的字母表示。下面给出的本例的解法，提示了解答此类真值表方法题的一般程序。

第一步，抽取形式。

设：p 为"王某是盗窃犯"；q 为"王某是诈骗犯"，则"王某不是盗窃犯"为 $\overline{p}$；"王某不是诈骗犯"为 $\overline{q}$。于是 a、b 两判断的符号公式为：

a $p \wedge \overline{q}$

b $q \leftarrow \overline{q}$

第二步，制作真值表。

其真值表见表 6.5：

表 6.5　判断真值表

			(a)		(b)
p	q	$\bar{q}$	$p \wedge \bar{q}$	$\bar{p}$	$q \leftarrow \bar{p}$
+	+	−	−	−	+
+	−	+	+	−	+
−	+	−	−	+	+
−	−	+	−	+	−

第三步，根据真值表作出判定结论。

由真值表可见，a、b 两列的真值并不完全相同，故 a、b 两个判断是不等值的。

思考与练习

1. 一起贪污受贿案件涉嫌的有 A、B、C、D、E、F 等 6 名国家机关工作人员。大量的事实证明：

（1）只有 A 不是案犯，B 才不是案犯；

（2）要么 B 是案犯，要么 C 是案犯；

（3）如果 D 是案犯，那么 C 也是案犯；

（4）并非 A 不是案犯或者 E 不是案犯；

（5）如果 E 和 F 都是案犯，那么 D 也是案犯。

请推断哪些是案犯，哪些不是案犯。

2. 警员对甲、乙、丙、丁、戊、己等 6 名罪犯分别进行了审讯，从他们的口供中分析得知：

（1）并非如果甲说真话，则乙也说真话；

（2）只有甲不说真话，丙才说真话；

（3）或者丙说真话，或者丁不说真话；

（4）如果丁和戊不说真话，则乙说真话；

（5）并非己和甲都说真话；

请推断他们当中哪些说真话，哪些说假话。

3. 请写出由下列前提出发，推出关于"G"的结论的推理过程。

(1) $G \rightarrow (A \vee B)$

(2) $\overline{F} \rightarrow (B \rightarrow D)$

(3) $\overline{E} \wedge \overline{F}$

(4) $(C \vee D) \rightarrow E$

(5) $A \rightarrow C$

4. 某机关办公室有 6 名工作人员，他们分别是 A、B、C、D、E、F。大家商量假日谁来值班，概括起来有以下几条意见：

(1) 如果 E 来值班，那么 A 或 C 也得来值班；

(2) 如果 B 不来值班，则 A 也不来值班；

(3) 如果 C 来值班，那么 B 也来值班；

(4) F 只有当 E 去值班时，他才去值班。

现在已知：F 在假日去值班了。

问：B 在假日有没有去值班？请写出推理过程。

5. 根据下列情况，能否查出李某有受贿嫌疑，请写出推理过程。

(1) 李某所在公司连年亏本，并且他的外祖父依然健在；

(2) 如果李某既没有继承遗产，又没有较高的工资收入，那么他的巨额财产一定是非法所得；

(3) 只有李某富有的外祖父去世，他才能继承遗产；

(4) 如果李某的巨额财产是非法所得，那么他或者有贪污行为或者有受贿嫌疑；

(5) 只有李某所在的公司盈利甚丰，他才有较高的工资收入；

(6) 经查，李某没有贪污行为。

第七章　模态判断及推理

模态判断是断定事物情况的必然性或可能性的判断。它分为必然肯定判断、必然否定判断、或然肯定判断和或然否定判断四种。它们之间具有和 A、E、I、O 类似的对当关系。模态推理是以模态判断为前提，并根据模态判断的性质进行的推理。

第一节　模态判断

所谓模态，是指事物或认识的必然性和可能性的性质。模态在我们思维中的反映，表现为一定的认识或观念，这就是模态概念。从语言的方面说，表达模态的语词或符号称为模态词。例如："必然"、"可能"等。

模态还可以分为广义模态和狭义模态。狭义模态就是事物或认识的必然性与可能性的性质。有时也把事物或认识中的其它性质或状态叫做模态，如应该、禁止、允许等等这些就是广义的模态词。

一、什么是模态判断

所谓模态判断，广义的是指一切包含有模态词（如"可能"、"必然"、"必须"、"允许"、"禁止"等）的判断。在本书中，按照通常对"模态"一词的狭义用法，主要是指其中包含有"必然"和"可能"这类模态词的判断。因此，我们就可以这样来给模态判断下定义，即模态判断是反映事物的可能性或必然性的判断。

例如：

〔1〕犯罪分子有可能逃跑。

〔2〕犯罪分子必然要受到法律的制裁。

这些都是模态命题。例〔1〕反映了犯罪分子逃跑的可能性，例〔2〕反映了犯罪分子受到法律制裁的必然性。

在模态命题中，"可能"、"必然"这两种模态概念的出现有两种情况：

一是主项是一个命题，而谓项是一个模态概念。

例如：

〔1〕潜逃的罪犯与其家庭或亲友取得联系是可能的。

〔2〕犯罪现场遗留犯罪痕迹是必然的。

一是主项是一个概念，而模态概念是谓项中的一部分。

例如：

〔1〕凡占有赃物的人都可能是作案人。

〔2〕高温作用致死的人的姿势必然为"拳击家"的姿势。

模态判断可以是简单判断，也可以是复合判断。

例如：

〔1〕社会主义可能首先在一个国家取得胜利。

〔2〕共产主义必然胜利。

这些都是简单模态判断。它们都是反映事物的一种可能性或必然性。

例如：

〔1〕在学习的过程中入门是可能的，精通也是可能的。

〔2〕理论研究一旦获得重大突破，就会给生产和技术带来巨大的进步，这是必然的。

这两个模态判断属于复合判断。例〔1〕反映了在学习科学技术的过程中，"入门"和"精通"两种可能性同时存在的关系；例〔2〕反映了"理论研究获得重大突破"与"会给生产和技术带来重大的进步"之间充分条件关系的必然存在。

复合模态判断总是以简单模态判断为基础的。因此，我们将主要讨论简单的模态判断及其推理。

二、模态判断的种类

我们根据判断所反映的是事物的可能性还是必然性，可以把模态判断分为可能判断和必然判断。

（1）可能判断，也叫或然判断，是反映事物情况可能性的判断。可能判断又分为两种：可能肯定判断和可能否定判断。

可能肯定判断是反映事物情况可能存在的判断。

例如：

［1］今天可能下雨。

［2］潜逃的罪犯可能拒捕。

例［1］反映了今天下雨的可能性存在，例［2］则反映了罪犯拒捕的可能性存在。其逻辑形式是：

"可能 P"或"◇P"

在这里，"P"表示模态判断，"◇"是表示"可能"模态词的符号。

可能否定判断是反映事物情况可能不存在的判断。

例如：

［1］今天可能不下雨。

［2］被害人不认识犯罪嫌疑人是可能的。

例［1］反映下雨这种情况可能不存在，例［2］则反映被害人认识犯罪嫌疑人这种情况可能不存在。其逻辑形式是：

"可能非 P"或"◇≠P"

（2）必然判断，反映事物情况必然性的判断是必然判断。必然判断也可以分为两种：必然肯定判断和必然否定判断。

必然肯定判断是反映事物情况必然存在的判断。

例如：

［1］我国的统一大业必然实现。

［2］故意杀人必然有作案的动机。

例［1］反映了我国的统一大业肯定要实现的必然性，例［2］

则反映了故意杀人肯定有作案动机的必然性。其逻辑形式是：

　　　　"必然 P"或"□P"

"□"是表示"必然"模态词的符号。

必然否定判断是反映事物情况必然不存在的判断。

例如：

[1]客观规律不以人们的意志为转移是必然的。

[2]我国人民生活达到小康的日子必然不会太长了。

　　例[1]反映了客观规律依人们的意志为转移这个情况的必然不存在，例[2]则反映了我国人民生活达到小康的日子会太长久这个情况必然不存在。其逻辑形式是：

　　　　"必然非 P"或"□≠P"

三、模态判断之间的关系

　　同素材的简单模态判断"必然 P"、"必然非 P"、"可能 P"与"可能非 P"之间的关系，也可以用模态方阵来表示（见图7.1）：

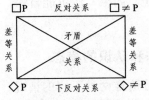

图 7.1　模态方阵

　　图 7.1 表明：

　　(1)"□P"与"□≠P"之间关系是反对关系。其中，一个真，则另一个必假；一个假，另一个则真假不定。

　　例如："犯罪分子必然有作案时间"为真，那么，"犯罪分子必然没有作案时间"为假。又如，"犯罪分子作案后必然情绪反常"为假，那么，"犯罪分子作案后必然不情绪反常"真假不定。

　　(2)"◇P"与"◇≠P"之间的关系是下反对关系。其中，一个假，另一个必真；一个真，另一个则真假不定。

例如，"张某可能是杀人犯"为假，那么，"张某可能不是杀人犯"为真。又如，"违法行为可能是犯罪行为"为真，那么，"违法行为可能不是犯罪行为"就真假不定。

（3）"□P"与"◇≠P"、"□≠P"与"◇P"之间的关系是矛盾关系。其中，一个真，另一个必假；一个假，另一个必真。

以"□P"与"◇≠P"为例，"犯罪分子必然有作案时间"为真，那么，"犯罪分子可能没有作案时间"为假；"溺死必然是自杀"为假，那么"溺死可能不是自杀"就为真。

（4）"□P"与"◇P"、"□≠P"与"◇≠P"之间的关系是差等关系。以"□P"与"◇P"为例，其中，"□P"真，"◇P"必真；"□P"假，"◇P"则真假不定；"◇P"假，则"□P"必假；"◇P"真，则"□P"真假不定。"□≠P"与"◇≠P"之间的真假关系同上。

例如，"罪犯必然畏罪潜逃"为真，那么，"罪犯可能畏罪潜逃"也为真；反之，"犯罪分子必然有前科"为假，那么，"犯罪分子可能有前科"就真假不定。如果"罪犯可能自杀"为真，那么，"罪犯必然自杀"则真假不定；如果"他可能自杀"为假，那么，"他必然自杀"也为假。

四、事物的模态和认识的模态

我们必须注意区分这样两种不同的情况：

一种情况是，人们使用模态判断是用以如实反映事物本身确实存在的可能性和必然性。例如，我们前面所举出的"我国人民生活达到小康的日子必然不会太长久了"、"社会主义可能首先在一个国家取得胜利"这两个模态判断，它们就分别反映了客观事物确实存在的必然性和可能性，可以说这是一种事物的模态，又叫客观的模态。

另一种情况是，我们对事物是否确实存在某种情况，一时还不十分清楚，不很确定，因而只好用可能判断来表示自己对事物情况反映的不确定性。例如，"罪犯可能会潜逃"、"张某可能是复员军人"，这些可以说是一种认识的模态，又叫主观的模态。

这两种模态显然是有所不同的，不能将它们混淆起来。事物的模态是客观事物存在的实际情况，它是不依我们的认识、从而也不以我们认识的模态为转移的。认识的模态则是人们在认识的过程中，依对事物情况认识的不同程度而形成的，它是受到各种客观和主观条件制约的。本节讲的主要是事物的模态。

第二节　模态推理

模态推理是以模态判断为前提，并根据模态判断的性质进行的推理。

例如，任何人都必然有缺点，所以，任何人都不可能没有缺点。这是一个模态推理，它的前提和结论都是模态判断，它是根据"必然"、"可能"这两个模态判断的关系进行推演的。

早在 2000 多年前，亚里士多德就对模态推理作过深入的研究，但后来一直被忽视。直到现在，有些数理逻辑学家才又重视这个问题，并作了许多研究。本书不准备作全面的探讨，只简要地介绍其中比较简单的两种，即根据模态方阵进行的模态推理和模态三段论。

一、根据模态逻辑方阵进行的模态推理

在前一节中，我们已经讲过同素材的简单模态判断之间的对当关系，并用逻辑方阵表示出来。据此，可构成如下一系列简单的模态推理。

（1）根据反对关系的模态推理。

① $\Box P \rightarrow \neq \Box \neq P$

例如：

新生事物必然能战胜腐朽事物，所以，新生事物不必然不能战胜腐朽事物。

② $\Box \neq P \rightarrow \neq \Box P$

例如：

幸福必然不会从天降，所以，幸福不必然会从天降。

（2）根据下反对关系的模态推理。

① ≠◇P→◇≠P

例如：

明天不可能下雨，所以，明天可能不下雨。

② ≠◇≠P→◇P

例如：

明天不可能不天晴，所以，明天可能天晴。

（3）根据差等关系的模态推理

① □P→◇P

例如：

犯罪行为必然受到法律制裁，所以，犯罪行为可能受到法律制裁。

② □≠P→◇≠P

例如：

人必然不会十全十美，所以，人可能不会十全十美。

③ ≠◇P→≠□P

例如：

犯罪分子不可能逃跑，所以，犯罪分子不必然逃跑。

④ ≠◇≠P→≠□≠P

例如：

张某不可能不是凶手；所以，张某不必然不是凶手。

（4）根据矛盾关系的模态推理

① □P←→≠◇≠P

例如：

犯罪行为必然是危害社会的行为，所以，犯罪行为不可能不是危害社会的行为。

② ≠□P←→◇≠P

例如：

得癌症不必然死，所以，得癌症可能不死。

③ ◇P←→≠□≠P

例如：

某人可能犯盗窃罪，所以，某人不必然不犯盗窃罪。

④ ◇≠P←→≠□P

例如：

遵纪守法可能不会犯错误，所以，遵纪守法不必然会犯错误。

二、模态三段论

模态三段论就是以模态判断为前提或结论的三段论，也可以说，模态三段论就是在三段论中引入模态词所构成的三段论。下面以三段论的 AAA 式为例，介绍其中比较简单的几种。

（一）必然三段论

必然三段论，是在三段论中引入"必然"这一模态词所构成的三段论。其逻辑形式是：

　　　　所有的 M 必然是 P

　　　　所有的 S 必然是 M

　　　　所以，所有的 S 必然是 P

这表明，M 必然包含在 P 中，S 必然包含在 M 中，则 S 必然包含在 P 中。这个推理前提蕴涵结论，是有效的。

例如：

一切绿色植物必然要进行光合作用，

海洋里的藻类必然是绿色植物，

所以，海洋里的藻类必然能进行光合作用。

（二）必然可能三段论

由必然和可能两种模态判断组成的三段论，其结论是可能模态判断，而不是必然模态判断。其逻辑形式为：

　　　　M 必然是 P

　　　　S 可能是 M

　　　　所以，S 可能是 P

这表明，M 与 P 之间的联系虽然是必然的，但是，S 与 M 的联系却是可能有的，所以，结论中 S 与 P 的联系也是可能的。

例如：

灵长类动物必然有比较复杂的大脑，

这个动物可能是灵长类动物，

所以，这个动物可能有比较复杂的大脑。

（三）必然直言三段论

在必然直言三段论中，两个前提中一个是必然命题，一个是直言命题，其结论是必然命题。其逻辑形式是：

所有的 M 必然是 P

所有的 S 是 M

所以，所有 S 必然是 P

这表明，小前提肯定了 S 包含于 M 中，而 M 又必然包含于 P 中，所以，S 也必然包含于 P 中。

例如：

所有故意杀人犯必然有杀人动机。

张某是故意杀人犯，

所以，张某必然有杀人动机。

（四）可能直言三段论

在可能直言三段论中，两个前提中一个是可能命题，另一个是直言命题，其结论是可能命题。其逻辑形式是：

所有的 M 可能是 P

所有的 S 是 M

所以，所有的 S 可能是 P

这表明，小前提肯定了 S 包含于 M 中，而 M 又可能包含于 P 中，所以，S 也可能包含于 P 中。

例如：

凡是与被害人有仇恨的人都可能是作案的凶手，

王某是与被害人有仇恨的人，

所以，王某可能是作案的凶手。

前面，我们已经讲了演绎推理的特点是前提必然蕴涵结论。在可能直言三段论中，虽然得出的结论是一个可能模态判断，但是，从前提和结论的关系来看，得出这样的结论是具有必然性的，所以，这仍然是一种必然性推理。

第三节　规范判断

一、什么是规范判断

如前所述，模态判断有广义、狭义之分。狭义的模态判断，就是指事物情况的可能性和必然性的判断；而广义上的模态判断泛指一切包含有模态词的判断，即除了可能判断与必然判断这类模态判断外，还包括含有"必须"、"禁止"、"允许"这类涉及人的行为规范的模态词的模态判断。可见，规范判断是一种广义的模态判断。规范是指指导和约束人们思想和行为的规则和标准，如法律规范、道德规范和纪律规范等。规范判断是指在一定情况下，给人（即规范的承担者）的行为提出某种命令或规定的判断。

规范判断和其他判断不一样，它不是关于客观事物或状况的存在或不存在的反映，也不是关于客观事物的属性的反映，而是法律、道德、纪律所作的有关规定的反映。

例如：

［1］允许被告人提出申诉。

［2］凡居民都必须办理居民身份证。

［3］禁止在此处停放车辆。

以上这些判断都是规范判断。规范判断可以是简单判断，例如，"一切适龄青年必须服兵役"；也可以是复合判断，例如，"允许公民信教或不信教"。但是，正如一切复合判断归根结底都以简单判断为其基础一样，复合的规范判断也是以简单规范判断为其基础的。所以，在此我们仅分析简单规范判断。

规范判断的内容虽然并不揭示客观事物的本质及其规律，但它是一定的社会集团或阶级意志的表现。它规定人们可以、应当或必然做什么或不做什么，而这些规定都是受一定的社会集团或阶级意志制约的。一般的判断视其内容与实际是否相符而区分真假，而规范判断则视其内容与一定的社会集团或阶级的利益要求是否相符而分正确与否。在阶级社会中，各个阶级各有自己的道德、纪律、法律等规范，因此，反映一定的社会集团或阶级意志和阶级利益要求的规范判断亦各有不同的标准。就某一道德或法律规范而言，对于某个阶级或社会集团来说是正确的，但对于另一个阶级或社会集团来说就不一定是正确的。

从逻辑的角度来考虑，我们可以把规范判断的"正确"或"不正确"视之为规范命题的"真值"，但是，这同一般命题所说的真假意义是不同的。

二、规范判断的种类

在规范逻辑中，作为逻辑常项的规范模态词（简称规范词）主要有三个：

"必须"（用大写英文字母"O"表示），现代汉语中表示这一规范词的还有"应当"、"有义务"等。"禁止"（用大写英文字母"F"表示），现代汉语中表示这一规范词的还有"不得"、"不准"等。"允许"（用大写英文字母"P"表示），现代汉语中表示这一规范词的还有"可以"、"准予"等。

据此，规范判断一般也分为三种：表示某一行为属必需的规范判断、表示某一行为属禁止的规范判断和表示某一行为属允许的规范判断。而这三种规范判断又都可以是肯定的（这里的"肯定"表示做某事，或采取某行动），或是否定的（这里的"否定"表示不做某事，或不采取某行动），因此，具体说来，规范判断也相应地分为六种：

（1）必须肯定判断：规定某种行为必须实施的判断。其逻辑形式为：

　　　　"必须 P"或"Op"

例如：

每个公民都必须遵守国家的法律。

（2）必须否定判断：规定某种行为必须不实施的判断。其逻辑形式为：

　　　　"必须非 P"或"O≠P"

例如：

执行死刑应当不示众。

（3）禁止肯定判断：规定某种行为禁止实施的判断。其逻辑形式为：

　　　　"禁止 P"或"Fp"

例如：

禁止随地吐痰。

（4）禁止否定判断：规定某种行为禁止不实施的判断。其逻辑形式为：

　　　　"禁止非 P"或"F≠p"

例如：

禁止司机行车不带驾驶执照。

（5）允许肯定判断：规定某种行为允许实施的判断。其逻辑形式为：

　　　　"允许 P"或"Pp"

例如：

青年人发展各种正当爱好是允许的"

（6）允许否定判断：规定某种行为允许不实施的判断。其逻辑形式为：

　　　　"允许非 P"或"P≠p"

例如：

年老体弱者不参加体力劳动是允许的。

　　在此，需要注意两点：首先，在各种规范判断中，其规范词在判断中的位置可以有所不同。可以将规范词与判断联项结合在一起，置于判断的中间，也可将规范词置于判断之前，还可以将规范词置于判断之后。其次，在上述六种判断中，由于"禁止 p"同"必须非 p"、"禁止非 p"同"必须 p"意义是相同的，因而，我们就可以用"必须 p"来表示"禁止非 p"（例如"必须学习"等于"禁止不学习"）、用"必须非 p"来表示"禁止 p"（例如"必须不违反纪律"等于"禁止违反纪律"）。这样一来，上述六种判断实际上可归结为四种主要规范判断：Op、O≠p、Pp 和 P≠p。

三、规范判断之间的关系

由于规范判断主要是表示对一定人的行为的直接命令的判断，因而，它通常不是表示真假的。也就是说，规范判断不像其他判断那样从事实中去确定其真假，而是根据这种判断的反映是否符合行为规范而确定其正确与不正确。因此，当我们分析各种规范判断之间的关系时，主要着眼于各种规范判断之间的逻辑关系，也就是在其正确与否方面的制约关系，而不像分析各种判断之间的关系时那样去着重分析它们之间在真值上的相互制约关系。

同素材的四种规范判断之间的逻辑关系，概括起来，也可以借助于规范方阵来加以表示和说明（见图 7.2）。

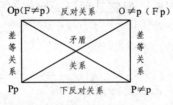

图 7.2　规范方阵

下面我们就根据规范方阵来分析它们之间的逻辑关系：

（1）"Op(F≠P)"与"O≠p(Fp)"之间的关系是反对关系，即两者一个正确，另一个就不正确；一个不正确，另一个正确与否不定。

例如，"每个人都必须学习"是正确的，那么"每个人都必须不学习"就是不正确的。又如，"人人都必须按自己的意愿办事"是不正确的，那么"人人都必须不按自己的意愿办事"正确与否不定。

（2）"Pp"与"P≠p"之间是下反对关系，即二者一个错误，另一个就正确；一个正确，另一个正确与否不定。

例如，"在上课时间允许学生随便出入"是错误的，那么"在上课时间不允许学生随便出入"就是正确的。又如，"青年人开展健康有益的活动是允许的"是正确的，那么"允许青年人不开展健康有益的活动"正确与否不定。

（3）"Op(F≠p)"与"Pp"、"O≠p(Fp)"与"P≠p"之间的关系是差等关系，即 Op 正确，则 Pp 必正确；Op 不正确，则 Pp 正确与否不定；Pp 正确，Op 正确与否不定；Pp 错误，则 Op 必不正确。

以"Op"与"Pp"之间的关系为例，"人人都必须遵守国家的法律"是正确的，那么，"人人都可以遵守国家的法律"也是正确的；而"侦查工作都必须由公安机关来进行"是错误的，那么"侦查工作可以由公安机关来进行"正确与否不定。又如，"青年人吸烟是允许的"是正确的，那么"青年人吸烟是必须的"正确与否不定；而"允许未成年人吸烟"是错误的，那么"未成年人都必须吸烟"也是错误的。"O≠p"与"P≠p"之间的关系与此相同。

（4）"Op"与"P≠p"、"O≠p"与"Pp"之间的关系是矛盾关系，即一个正确，另一个不正确；一个错误，另一个正确。它可以"Op"与"P≠p"之间的关系为例来说明。

例如，"每个学生都必须遵守校纪校规"是正确的，那么"每个学生允许不遵守校纪校规"是错误的。又如，"每个人都必须参加重体力劳动"是错误的，那么"每个人允许不参加重体力劳动"是正确的。"O≠p"与"Pp"之间的关系与此相同。

第四节　规范推理

规范推理就是以规范判断作为前提和结论，并根据规范判断的逻辑性质进行的推理。规范推理有许多种，而且有的相当复杂。我们在这里只介绍其中比较简单的三种。

一、根据规范逻辑方阵的规范推理

我们已经介绍了同素材的规范判断"必须 P"、"必须非 P"、"允许 P"、"允许非 P"之间的逻辑关系,据此,便可构成简单的规范推理。下面介绍主要的几种:

(一)根据反对关系的规范推理

(1)必须 P→不必须非 P。

例如:

学生必须遵守校纪校规,所以,学生不必须不遵守校纪校规。

(2)必须非 P→不必须 P。

例如:

公安干警必须不以权谋私,所以,公安干警不必须以权谋私。

(二)根据下反对关系的规范推理

(1)不允许 P→允许非 P。

例如:

公安队伍不允许出现违法乱纪的行为,所以,公安队伍允许不出现违法乱纪的行为。

(2)不允许非 P→允许 P。

例如:

这起杀人案不可以不侦破,所以,这起杀人案可以侦破。

(三)根据差等关系的规范推理

(1)必须 P→允许 P。

例如:

行人过马路必须走人行横道线,所以,允许行人过马路走人行横道线。

(2)必须非 P→允许非 P。

例如:

在校学生必须不抽烟，所以，允许在校学生不抽烟。

（3）不允许 P→不必须 P。

（4）不允许非 P→不必须非 P。

（四）根据矛盾关系的规范推理

（1）必须 P→不允许非 P。

例如：

考试必须在两个小时之内交卷，所以，考试不允许不在两个小时之内交卷。

（2）必须非 P→不允许 P。

例如：

共产党员对于批评过自己的人必须不打击报复，所以，共产党员对于批评过自己的人不允许进行打击报复。

（3）允许 P→不必须非 P。

例如：

允许在改革中犯错误，所以，在改革中不必须不犯错误。

（4）允许非 P→不必须 P。

例如：

这项活动允许小王不参加，所以，这项活动小王不必须参加。

二、根据"必须"与"禁止"之间的关系的规范推理

（1）必须 P←→禁止非 P。

例如：

行人必须遵守交通法规，所以，禁止行人不遵守交通法规。

（2）必须非 P←→禁止 P。

例如：

必须不随地吐痰，所以，禁止随地吐痰。

（3）禁止 P←→必须非 P。

例如：

禁止骑车带人，所以，必须不骑车带人。

（4）禁止非 P←→必须 P。

例如：

禁止不遵守交通法规，所以，必须遵守交通法规。

三、规范三段论

规范三段论就是在三段论中引入规范词的三段论。其大前提是规范判断，小前提是性质判断，结论是规范判断。下面介绍几种主要的、常见的规范三段论。

（一）必须三段论

必须三段论的大前提是必须判断，小前提是性质判断，结论是必须判断。其逻辑形式为：

凡 M 必须（或必须不）P

凡 S 是 M

所以，凡 S 必须（或必须不）P

例如：

公安干警都必须注重调查研究，

我们是公安干警，

所以，我们必须注重调查研究。

（二）禁止三段论

禁止三段论的大前提是禁止判断，小前提是性质判断，结论是禁止判断。其逻辑形式为：

凡 M 禁止（或禁止不）P

凡 S 是 M

所以，凡 S 禁止（或禁止不）P

例如：

凡公共场所禁止吸烟，

这里是公共场所，

所以，这里禁止吸烟。

（三）允许三段论

允许三段论的大前提是允许判断，小前提是性质判断，结论是允许判断。

其逻辑形式为

凡 M 允许（或允许不）P

凡 S 是 M

所以，凡 S 允许（或允许不）P

例如：

凡犯有严重错误但有立功表现的允许从轻处理，

王某犯有严重错误但有立功表现，

所以，王某允许从轻处理。

思考与练习

一、问答题。

1. 什么是模态判断？模态判断分为哪几种？

2. 素材相同的四种模态判断之间的真假关系怎样？

3. 什么是模态推理？模态推理主要有哪几种？

4. 从"可能有 s 不是 p"推出"并非必然所有 s 都是 p"，对吗？

5. 从"必然非 p 假"，推出"必然 p 真"，对吗？

二、写出下列模态推理的逻辑式，并说明其是否正确。

1. 改革不可能没有阻力，所以，改革必然有阻力。

2. 今年必然大旱，所以，今年大旱。

3. 明天客人可能上山，所以，明天客人不一定不上山。

4. 凡三好学生都获一等奖学金，王强必然是三好学生，所以，王强必然获一等奖学金。

5. 法盲可能不自觉走了犯罪道路，有些青年是法盲，所以，有些青年可能不自觉走了犯罪道路。

第八章 归纳推理

归纳推理体现了人们对客观事物的认识不断深化、不断扩展的过程，即从认识个别事物开始，进而获得关于一类事物的认识，把握该类事物的共同性质及其一般规律。除完全归纳推理外，其他归纳推理的结论都是或然的。归纳推理和演绎推理既有联系又有区别。探求因果联系的五种逻辑方法各有不同的特点和作用，要在理解每种逻辑方法的基础上掌握运用这些方法。

第一节 归纳推理概述

一、什么是归纳推理

所谓归纳推理，就是根据一类事物包含的许多对象的共同情况，推出关于该类事物的一般性结论的推理。

例如，化学家通过实验后发现，氢氧化钙能和酸反应生成盐和水，氢氧化钠、氢氧化钾也能和酸反应生成盐和水，其他如氢氧化铜、氢氧化铁、氢氧化镁等也是如此，而氢氧化钙、氢氧化钠、氢氧化钾等又都属碱类物质。于是得出结论说：凡碱类物质都能和酸反应生成盐和水。这里，运用的就是归纳推理，其推理形式整理出来就是：

氢氧化钙能和酸反应生成盐和水，

氢氧化钠能和酸反应生成盐和水，

氢氧化钾能和酸反应生成盐和水，

氢氧化铜能和酸反应生成盐和水，

氢氧化铁能和酸反应生成盐和水，

氢氧化镁能和酸反应生成盐和水，

氢氧化钙、氢氧化钠、氢氧化钾、氢氧化铜、氢氧化铁、氢氧化镁都属碱类物质，

所以，凡碱类物质都能和酸反应生成盐和水。

再如：

鸡的活动具有时间上的周期性节律，

牵牛花的活动具有时间上的周期性节律，

青蛙的活动具有时间上的周期性节律，

雁的活动具有时间上的周期性节律，

硅藻的活动具有时间上的周期性节律，

人的活动具有时间上的周期性节律，

……

鸡的活动、牵牛花的活动、青蛙的活动、雁的活动、硅藻的活动、人的活动……都是生物体的活动。

所以，一切生物体的活动具有时间上的周期性节律

归纳推理是以个别性知识为前提，推出一般性知识为结论的推理。归纳推理一般的逻辑形式可表示为：

S_1 —— p

S_2 —— p

S_3 —— p

……

S_n —— p

S_1 —— S_n 是 S 类的全部或部分分子

所以，凡 S 是（或不是）P

上述逻辑形式中的"S"表示一般性的事物类，"S_1 —— S_n"表示个别事物或特殊事物类，可以是 S 的全部或部分分子。前提中诸判断是以单独概念为主项的单称判断或以普遍概念（种）为主项的

全称判断，结论是以普遍概念（属）为主项的全称判断，前提与结论中主项的关系是种属关系。推理过程是由种到属的认识过程，既由个别或特殊到一般的过程。

归纳推理有两种：

一种是完全归纳推理，即前提考察了一类思维对象的每一个个体，根据它们都具有（或不具有）某种属性，推出该类具有（或）不具有某种属性的一般性知识的结论。

另一种是不完全归纳推理，即前提只考察一类思维对象的部分个体，根据它们具有（或不具有）某种属性，推出该类都具有（或不具有）某种属性的一般性结论。

完全归纳推理的结论所断定的范围，没有超出前提断定的范围，所以，前提与结论具有蕴涵关系，是必然性推理。不完全归纳推理的结论所断定的范围，超出了前提断定的范围，所以，前提与结论不具有蕴涵关系，是或然性推理。我们通常所说的归纳推理主要是指不完全归纳推理。

二、归纳推理与演绎推理的关系

（一）归纳推理与演绎推理的区别

1. 思维进程的方向不同

归纳推理表现为由个别性知识推出一般性知识，而演绎推理则表现为由一般性知识推出个别性知识。两者思维进程正好相反。

例如：

甲被告有权辩护，

乙被告有权辩护，

丙被告有权辩护，

丁被告有权辩护，

甲、乙、丙、丁是所有被告，

所以，所有被告都有权辩护。

这是一个归纳推理，其思维进程表现为由个别到一般。

再如：

凡被告都有权辩护，

所以，甲被告有权辩护。

这是一个演绎推理，其思维进程表现为由一般到个别。

2. 结论断定的范围不同

归纳推理是把分散的、个别的知识加以概括，推出一般性的知识，其结论断定的范围往往比前提断定的范围要大；演绎推理其结论断定的范围不会超出前提断定的范围。

例如：

金加热后体积会膨胀，

银加热后体积会膨胀，

铁加热后体积会膨胀，

金、银、铁都是金属，

所以，金属加热后体积会膨胀。

这一归纳推理结论断定的范围就远远超出前提断定的范围，而演绎推理结论断定的范围就没有超出其前提断定的范围。

例如：

金属加热后体积会膨胀，

金是金属，

所以，金加热后体积会膨胀。

3. 前提与结论联系的性质不同

归纳推理（完全归纳推理除外）的前提与结论之间不具有蕴涵关系，是或然联系，即使前提为真，结论也未必为真。演绎推理的前提与结论之间具有蕴涵关系，是必然性联系，如果前提是真实的，形式有效，结论是必然为真的。

（二）归纳推理与演绎推理的联系

1. 归纳推理离不开演绎推理

在认识客观现实的思维过程中，归纳推理是紧密联系的。一方面，归纳推理前提的个别性知识需要演绎推理提供的理论、原则作指导。如果没有演绎推理的科学分析，就难以实现认识的归纳过程，就会在经验事实面前失去明确的方向和目的。另一方面，归纳推理（除完全归纳推理外）的结论是或然的，未必可靠。仅靠其自身既不能把归纳过程弄清楚，也无力纠正结论中出现的虚假情况，而这些都有待于演绎推理的论证和补充。

2. 演绎推理离不开归纳推理

演绎推理尽管其前提知识蕴涵了结论，是一种必然的推理，但是它仍然离不开归纳推理的概括，否则演绎推理前提的一般性知识就缺乏事实和理论根据。可见，演绎推理也离不开归纳推理。

实际上，人们的整个认识过程，既包含着由个别到一般的认识，也包含着由一般到个别的认识。两者先后相继，互相渗透，互相储存。

在逻辑理论的发展史上，出现过两个推理理论的对立派别，即归纳派和演绎派。无论是归纳派，还是演绎派，他们都将两种推理理论互相割裂，互相否定。归纳派和演绎派都企图分别把归纳推理和演绎推理当做唯一的或者占统治地位的科学方法，否认另一种推理在认识中的地位和作用。实际上，这都是形而上学的表现。

第二节　完全归纳推理

一、什么是完全归纳推理

完全归纳推理，是根据某类思维对象中的每一个个体具有（或不具有）某种属性，推出该类思维对象具有（或不具有）某种属性的一般性知识为结论的归纳推理。

例如：

[1] 物证、书证是证明案件真实情况的事实，

　　　证人证言是证明案件真实情况的事实，

　　　被害人的陈述是证明案件真实情况的事实，

犯罪嫌疑人、被告人的供述和辩解是证明案件真实情况的事实，

鉴定结论是证明案件真实情况的事实，

勘验、检查笔录是证明案件真实情况的事实，

视听资料是证明案件真实情况的事实，

物证、书证、证人证言、被害人的陈述、犯罪嫌疑人及被告人的供述和辩解、勘验及检查笔录、鉴定结论、视听资料是刑事诉讼法规定的全部证据。

所以，刑事诉讼法规定的证据都是证明案件真实情况的事实。

[2] 某甲不具备作案时间，

某乙不具备作案时间，

某丙不具备作案时间，

某丁不具备作案时间，

某甲、某乙、某丙、某丁是某营业所的全部职工，

所以，某营业所的职工都不具备作案时间。

例[1]在前提中列举了我国刑事诉讼法规定的每一种证据都具有"证明案件真实情况的事实"的属性，从而推出"我国刑事诉讼法规定的所有证据都是证明案件真实情况的事实"的一般性知识的结论。例[2]在前提中列举了营业所的每一个职工都不具有"作案时间"的属性，从而推出"该营业所的职工都不具有作案时间"这个一般性知识的结论。这些都是完全归纳推理。

完全归纳推理的逻辑形式可以表示为：

S_1 具有（或不具有）p 属性

S_2 具有（或不具有）p 属性

S_3 具有（或不具有）p 属性

……

S_n 具有（或不具有）p 属性，

S_1、S_2、S_3……S_n 是 S 类的全部对象，

所以，所有 S 都具有（或不具有）P 属性

完全归纳推理的特点是：前提中考察了某类思维对象的每一个个体，结论断定的范围没有超出前提所断定的范围，结论具有必然性。

二、完全归纳推理的性质

人们通常把完全归纳推理当做归纳推理来看，这是因为它具有由个别性知识推出一般性知识这一归纳推理的根本特征。但是，因为完全归纳推理的前提考察了某类思维对象的全部个体，结论所断定的范围没有超出前提的范围，所以，除了认识得到深化(由个别认识上升到一般认识)外，实质上并没有增加新的成分。另外，由于其结论断定的范围没有超出前提断定的范围，因此其前提与结论之间的联系是必然的。基于这两个原因，现代逻辑学家倾向于把完全归纳推理视为必然性推理。我们可以把完全归纳推理看做或然性推理与必然性推理的过渡环节。

三、运用完全归纳推理要注意的问题

（1）完全归纳推理的每一个前提都必须真实。只有每一个前提都真实，才能确保结论的真实性。

（2）完全归纳推理前提考察的一类思维对象在数量上应当是有限的。只有所考察的思维对象数量较少，才便于对每一对象进行考察。

（3）完全归纳推理的前提必须穷尽一类的全部思维对象。只有前提穷尽了一类的全部思维对象，无一遗漏，才能保证结论的可靠性。

第三节　不完全归纳推理

一、什么是不完全归纳推理

不完全归纳推理，是根据某类思维对象的部分个体具有（或者不具有）某种属性，推出该类具有（或者不具有）某种属性的一般性知识为结论的归纳推理。

例如：

[1] 抢劫罪是侵犯公共财产或公民私有的合法财产的犯罪，

盗窃罪是侵犯公共财产或公民私有的合法财产的犯罪，

诈骗罪是侵犯公共财产或公民私有的合法财产的犯罪，

贪污罪是侵犯公共财产或公民私有的合法财产的犯罪，

抢劫罪、盗窃罪、诈骗罪、贪污罪是我国刑法规定的侵犯财产罪的一部分，

所以，我国刑法规定的所有侵犯财产罪都是侵犯公共财产或公民私人所有的合法财产的犯罪。

[2] 日本有心理学家对世界上部分国家在押犯的男女比例作了一个不完全的考察和统计：

美国的在押犯中，男性占 91%，女性占 9%；

英国的在押犯中，男性占 82%，女性占 18%；

德国的在押犯中，男性占 83%，女性占 17%；

法国的在押犯中，男性占 92%，女性占 8%；

意大利的在押犯中，男性占 91%，女性占 9%；

比利时的在押犯中，男性占 89%，女性占 11%；

俄罗斯的在押犯中，男性占 81%，女性占 19%；

日本的在押犯中，男性占 81%，女性占 19%；

美、英、德、法、意、比、俄、日等国是世界上的部分国家，在已考察国家的在押犯人中，都是男性多于女性，未遇到反例；

所以，世界上所有国家的在押犯人中，都是男性多于女性。

例 [1] 在前提中列举我国刑法中规定的侵犯财产罪的部分个体具有"侵犯公共财产或公民私人所有的合法财产"的属性，从而推出"侵犯财产罪都是侵犯公共财产或公民私有的合法财产的犯罪"的一般性知识结论。例 [2] 在前提中列举了部分国家的在押犯人中男性多于女性，从而推出"世界上所有国家的在押犯人中，都是男性多于女性"的一般结论。这两个都是不完全归纳推理。

不完全归纳推理的特点是：前提只考察某一类思维对象的部分个体，结论断定的范围超出前提断定范围。

不完全归纳推理通常分为简单枚举归纳推理和科学归纳推理。

二、简单枚举归纳推理

简单枚举归纳推理也叫简单枚举法，是以经验认识为依据，由某类思维对象中的部分个体具有（或者不具有）某种属性，并且没有发现反面情况，从而推出该类具有（或者不具有）某种属性的不完全归纳推理。

例如：

"特洛伊木马"病毒可以通过杀毒软件清除；

"步行者"病毒可以通过杀毒软件清除；

"CIL"病毒可以通过杀毒软件清除；

"爱虫"病毒可以通过杀毒软件清除；

"红色代码"病毒可以通过杀毒软件清除；

所以，所有病毒可以通过杀毒软件清除。

这就是一个简单枚举归纳推理。其前提列举的是电脑病毒部分个体具有"可以通过杀毒软件清除"的属性，推出"所有病毒可以通过杀毒软件清除"的一般性知识。

简单枚举归纳推理的逻辑形式可以表示为：

S_1 具有（或不具有）p 属性，

S_2 具有（或不具有）p 属性，

S_3 具有（或不具有）p 属性，

……

S_n 具有（或不具有）p 属性，

S_1、S_2、S_3 ……S_n 是 S 类思维对象的部分个体，并且在考察中没有发现反面情况，

所以，所有 S 都具有（或不具有）p 属性。

显而易见，简单枚举归纳推理结果所断定的范围超出了前提断定的范围，因此，前提与结论的联系是或然的。但是，因为它的结

论是一般性知识的概括，提示出存在于无数现象之间的普遍性规律，给人们提供了全新的知识，所以，与完全归纳推理相比，它更富有探索和创新的价值。它不仅能帮助人们由个别现象引出普遍结论，而且可以在此基础上帮助人们预测未来的行动。

由于简单枚举归纳推理的结论具有或然性，因此，在运用这种推理时应当注意以下几点：

（1）考察的对象尽可能多。一般来说，简单枚举归纳推理前提考察对象的数量多少与结论的可靠程度有密切的联系。考察的对象数量越多，结论的可靠性就得到越充分的支持。反之，考察对象的数量越少，结论的可靠性程度就越低。

（2）考察的范围尽可能广。通常情况下，简单枚举归纳推理前提考察的范围大小与结论的可靠程度有密切的联系。如果考察的范围较广，结论的可靠程度就越高。如果考察的范围较小，结论的可靠程度就可能因范围的差异而受到影响。

（3）充分估计出现反面情况的可能性。简单枚举归纳推理，是根据某种事例的多次重复又未发现反面情况而推出一般结论的。但是，考察中未发现反面情况并不等于反面情况不存在，更不会等于以后不出现反面情况。倘若出现一个反面情况，结论就被推翻。

运用简单枚举归纳推理要避免"以偏概全"的逻辑错误。

三、科学归纳推理

科学归纳推理也叫科学归纳法，是以科学理论的分析指导，由探索某类思维对象的部分与其某种属性之间的内在联系而推出一般性知识为结论的不完全归纳推理。

例如，法医在对人体的检验中，多次发现受钝器致伤者有皮下出血的特征，并经研究得知，由于在致伤物的作用下，人体皮下组织的血管破裂出血，血液不同程度聚集在皮下组织，因此造成皮下出血现象。这里运用了如下的科学归纳推理：

甲受钝器致伤可见皮下出血现象，

乙受钝器致伤可见皮下出血现象，

丙受钝器致伤可见皮下出血现象，

甲、乙、丙都是受钝器致伤者的部分对象，且经科学研究，钝器致伤与皮下出血有因果关系，

所以，所有受钝器致伤者都可见皮下出血现象。

这就是一个科学归纳推理，它的前提列举的是钝器致伤者一类中的部分对象具有"皮下出血现象"的属性，并研究了"钝器致伤"与"皮下出血"的因果联系。

科学归纳推理的逻辑形式可以表示为：

S_1 具有（或不具有）P 属性，

S_2 具有（或不具有）P 属性，

S_3 具有（或不具有）P 属性，

……

S_n 具有（或不具有）P 属性，

S_1、S_2、S_3……S_n 是 S 类思维对象的部分个体，并且与 P 属性有因果联系，

所以，所有 S 都具有（或不具有）P 属性。

科学归纳推理，不仅考察了某类思维对象的部分个体具有（或者不具有）某种属性，而且研究了这些被考察对象与其属性之间的因果联系，因此其结论的可靠程度很高。

简单枚举归纳推理和科学归纳推理都是不完全归纳推理。它们的共同特点是：在前提中考察的都是某类思维对象的部分个体具有(或者不具有)某种属性，从而推出该类具有(或者不具有)某种属性的结论。因此，它们的前提与结论的联系都不是必然性的联系，同属或然性推理。

简单枚举归纳推理与科学归纳推理又有区别，主要表现在：

（1）依据不同。简单枚举归纳推理的依据是经验认识，它根据观察到的某类思维对象部分个体具有（或者不具有）某种属性，并且没有发现反面情况，从而推出该类具有（或者不具有）某种属性的结论。科学归纳推理则以分析研究被考察对象与其属性之间的必然联系为依据，它不仅考察某类对象的部分个体具有（或者不具有）

某种属性，更重要的是研究找出这些对象与其具有（或者不具有）某种属性的必然因果联系。

（2）结论性质不同。简单枚举归纳推理的结论是从事例的多次重复中概括出来的，因此，有较大的或然性。科学归纳推理的结论是建立在科学分析之上的，它不仅"知其然"，而且"知其所以然"，因此，其结论的可靠程度比简单枚举归纳推理高。

（3）考察对象的数量对结论的意义不同。简单枚举归纳推理考察的对象数量越多，结论的可靠程度越能得到有效证明；考察的对象数量少，结论的可靠程度也相对小。科学归纳推理考察的对象数量多少对结论的意义影响不大，即使考察的数量不多，只要把握了对象与其属性之间的必然因果联系，结论的可靠程度也是很高的。

第四节　探求因果联系的逻辑方法

客观世界是一个有内在联系的统一整体，其中，事物之间和现象之间是互相联系、互相依赖、互相制约着的。如果某个现象的存在必然引起另一现象的发生，那么这两个现象之间就存在着因果联系。引起某种现象产生的现象称之为原因，被某种现象引起的现象叫结果。例如，某甲纵火，烧毁了某乙的三间瓦房。"某甲纵火"这一现象就是"烧毁了某乙三间瓦房"这一现象的原因，"某乙的三间瓦房被烧毁"则是"某甲纵火"的结果，两者具有因果联系。

因果联系是相对的，即一个现象对于某一现象来说，它是原因；但是，对于另一现象来说，它又是结果。如前面列举的"某甲纵火"对于"烧毁了某乙的三间瓦房"来说，它是原因。某甲为什么要纵火？可能是对某乙有仇要报复。如果真的是这样，那么"某甲纵火"又是"某甲对某乙有仇要报复"的结果了。只有在两个有因果联系的现象中，才能确定哪个是原因、哪个是结果。

因果联系有如下特点：

首先，因果联系在时间上是先后相继的。因果联系在时间上的先后相继，表现在具有因果联系的两个现象之间，总是先有原因，后有结果，不可能是先有结果，后有原因。也就是说，某现象出现以前就存在的现象，不能成为该现象的结果；同样，某现象发生以后才出现的现象，也不能是该现象的原因。例如，某人卧轨自杀，引起死亡。在这两个现象中，"某人死亡"是结果。"某人卧轨自杀"必然在"某人死亡"之前，"某人死亡"必然在"某人卧轨自杀"之后，这是不可逆的。原因和结果在时间上表现为先后相继，但是，并不是所有在时间上先后相继的两个现象都有因果联系。例如，"某甲先到达现场"和"某乙随后到达现场"在时间上也表现为先后相继，但不具有因果联系。正因为这样，在探求现象间的因果联系时，既要注意到任何具有因果联系的现象在时间上都表现为先后相继的一面，又要注意避免犯"以先后为因果"的逻辑错误。

其次，因果联系是确定的。因果联系的确定性表现在同质的原因会引起同质的结果，而原因的量变必然引起结果的量变。例如，当人们处在完全封闭不透气的空间里时，必然会窒息死亡，无一例外。这就是同质的原因必然在产生同质的结果。又如，在一定的条件下，普法宣传越普遍，群众中懂法的人就越多，而普法宣传越少，群众中懂法的人就越少，这是成正比的，原因的量变必然引起结果的量变。

再次，因果联系是普遍的。因果联系的普遍性表现在没有一个原因不产生一定的结果，也没有一个结果不是由一定的原因引起的。例如，某人在食物里投毒，这必然引起吃了食物的人中毒这一相应的结果。又如，某河面出现一具浮尸。有这一结果，也必然有与之相应的原因。我们不能设想，在客观现实中能够找出一个没有结果的原因。由于条件的限制，有些现象的原因一时找不出来，但是，这并不等于它们没有原因；同理，有些现象产生的结果人们一时看不到，这也不等于它们没有引起结果。在刑事侦查中，对于一些案情复杂、一时难以找到破案线索的案件，人们习惯称之为"无头案件"。其实，这一说法是违背客观事实的。"无头案件"在客观世界上不会存在，只是人们没有找到它的"头"而已。

此外，因果联系是复杂的。因果联系的复杂性，有时表现在一个原因引起一个结果，或者一个原因引起多个结果。例如，某甲开枪，致使某乙受伤，这是一个原因引起的一个结果。如果某甲开枪后，不仅导致某乙受伤，而且子弹穿过某乙，再损害到别的物体，则是一个原因引起多个结果了。又如，某少年因看黄色录像、书籍，又受别人教唆，以致强奸了某少女，这是多种原因引起一种结果。如果这个少年强奸了某少女以后，又作了其他的案，则是多种原因引起多种结果了。

根据因果联系的这些特点，人们在长期的实践过程中总结出了一些探求因果联系的逻辑方法，主要在有求同法、求异法、求同求异并用法、共变法和剩余法五种。由于是英国逻辑学家穆勒首先提出的，所以，习惯上也称之为"穆勒五法"。

一、求同法

求同法也叫契合法，它是这样探求因果联系的：如果被研究现象出现的若干场合中只有一个情况是相同的，那么这个唯一相同的情况就与被研究现象之间有因果联系。

例如：

某年 5 月 4 日，某镇某建筑工地 9 名工人晚饭后中毒。次日早上，同镇北街饺子店老板夫妻和一些顾客吃完饺子后又中毒。稍后，又发现镇食堂的职工相继中毒。20 小时内，同镇三处发生中毒案件，中毒者多达 101 人，其中一人抢救无效死亡。这是一起罕见的集体中毒案件，于是公安机关立即立案侦查。在探求 101 人中毒的原因时，侦察员发现他们年纪不同，身体健康状况不同，生活习惯等也有差异，而唯一相同的就是吃进了 5 月 4 日从某粮店买回的面粉。于是推测，吃进了 5 月 4 日从某粮店买回的面粉与 101 人中毒有因果联系。

破案结果证实，这一推测完全正确。侦察员在探求三起中毒案件的原因时，就是应用了求同法。

求同法可以用公式表示为：

场合	相关情况	被研究现象
①	A、B、C	a
②	A、D、E	a
③	A、F、G	a
……	……	……

所以，A 情况与 a 现象有因果联系。

求同法表现为去异取同，即在探求与被研究现象的关系时，舍去各场合中不同的相关情况，选取唯一相同的那个相关情况作为原因来研究。

应用求同法要注意两点：

（1）注意所考察的各场合中，除一个相同的先行情况外，是否还有其他相同的先行情况。有时候，几个场合中相同的先行情况不止一个。人们在应用求同法探求被研究现象的原因时，如果只看到其中的一种相同情况，而忽略另一种相同的情况，就有可能探求不到真正的原因，因为被忽略的另一种情况有时正是被研究现象的真正原因。

（2）注意增加考察的场合。相对来说，人们在应用求同法探求现象间的因果联系时，比较的场合愈多，结论的可靠程度就愈高。相反，比较的场合较少，结论的可靠程度就较低。因为在比较的场合中，有时会碰到有些与被研究现象不相干的相同情况。比较的场合多了，这个不相干的相同情况在各个场合中都出现的可能性就较小；比较的场合少，则这种可能性就较大。

二、求异法

求异法也叫差异法，它是这样探求因果联系的：比较被研究现象出现和不出现的两个场合，其他先行情况都在两个场合中共同存在，唯有一种先行情况不同，它在被研究现象出现的场合中存在，在被研究现象不出现的场合中不存在，从而推测出这唯一不同的情况与被研究现象之间有因果联系。

例如：

我国古代有一起因借债不还而用镰刀杀人的案件。检察官命令该地居民将镰刀全部交出，排列在地上。由于当时正值夏天，很快苍蝇就聚焦到其中一把镰刀上。检察官当即命令将这把镰刀的主人逮捕询问，但那人不服。检查官指着镰刀说："其他镰刀上都没有苍蝇，而你用此镰刀杀人，血腥气还在，所以苍蝇聚集其上，这不足以说明问题吗？"杀人者乃磕头服罪。

求异法可以用公式表示为：

场合	相关情况	被研究现象
①	A、B、C	a
②	— B、C	—

所以，A 情况与 a 现象有因果联系。

求异法表现为去同求异，即在探求某一被研究现象的原因时，舍去两个场合中的那些相同的情况，选取唯一不同的那个相关情况作为原因进行研究。

应用求异法要注意两点：

（1）注意比较的两个场合中，除一个相异的情况外，是否还有其他不同的情况。有时候，在比较的两个场合中，相异的情况不止一个，人们在应用求异法探求被研究现象的原因时，如果只注意到一种相异情况，忽略了另一种相异情况，而忽略的另一种相异情况正好是被研究现象的原因，那么就探求不到被研究现象的真正原因了。

（2）注意比较的两个场合中唯一不同的情况，是被研究现象的总原因，还是被研究现象的部分原因。有时候，在比较的两个场合中，唯一不同的那个情况并不是被研究现象的总原因，而是被研究现象的部分原因。如果是这样，即使找到这个唯一不同的情况，也探求不到被研究的真正原因，也就把握不住因果联系的整体。在这种情况下，就要继续探求被研究现象的总原因。

三、求同求异并用法

求同求异并用法也叫契合差异并用法，它是这样探求因果联系的：如果被研究现象出现的若干场合(正面场合)中只有一个情况相同，而在被研究现象不出现的若干场合(反面场合)中这一情况都不存在，那么该情况就与被研究现象有因果联系。

例如：

某单位在半年内召开了七次重要会议，其中有四次会议内容被泄露，三次会议内容未泄露。在探求这四次会议内容泄露的原因时，侦察员发现七次会议的参加者不完全相同。列出名单对照，发现有王某参加的四次会议，内容均被泄露，而王某没有参加的三次会议，内容均未被泄露。其余与会者参加会议的情况，无一与王某相同。由此推测，王某参加会议与会议内容泄露有因果联系。侦察员这一结论，就是应用求同求异并用法得出的。

求同求异并用法可以用公式表示为：

场合	有关情况	被研究对象
①	A、B、C	a
②	A、D、E	a
③	A、F、G	a
……	……	……
①	— B、H	—
②	— D、H	—
③	— F、J	—
……	……	……

所以，A 情况与 a 现象有因果联系。

求同求异并用法表现为两次求同，一次求异。首先应用求同法，对正事例组的情况加以比较，得出"A 情况与 a 现象有因果联系"的结论；其次是应用求同法，对负事例组的情况加以比较，得出"无 A 情况与无 a 现象具有因果联系"的结论；最后应用求异法，将正事例组得出的结论与负事例组得出的结论加以比较，得出"A 情况与 a 现象具有因果联系"的结论。

应用求同求异并用法要注意两点：

（1）注意尽可能多地考察正事例组和负事例组的场合。考察的场合愈多，则愈能排除偶然的情况，结论也就愈可靠。相反，如果考察的场合较少，则往往会将一个不相干的因素与被研究现象联系起来。这样，结论的可靠程度就较低。

（2）注意尽可能选择与正事例组场合较为相似的负事例组场合进行比较。负事例组的场合是很多的，但对于探求被研究现象的因果联系来说，有的是没有什么意义的。只有考察那些与正事例组的场合较为相似的负事例组场合，才有比较的意义，也才能提高结论的可靠程度。

四、共变法

共变法是这样探求因果联系的：如果被研究现象出现并发生变化的若干场合中只有一个情况相同，且这一情况与被研究现象一起发生相应的变化，那么该情况就与被研究现象有因果联系。

例如：

某仓库某晚被人撬开，初步清点货物，未见丢失。进一步勘查现场，却发现仓库地上有脚印，且进出仓库的脚印为同一鞋号，分析为同一个人留下的。可是，走出仓库的脚印比进入仓库的脚印深。为了弄清进出仓库脚印深浅不同的原因，侦察员做了一个试验：第一次，由同一个人空手走进仓库，又空手出来，结果进出仓库的脚印深浅一致。第二次，空手进入仓库，背上 30 公斤货物走出，结果走出的脚印深于进入仓库的脚印。第三次，又从仓库背出 50 公斤的货物，其脚印又比第二次走出的深。由实验推出结论：重量增加与脚印加深有因果联系。进一步清查仓库，果然发现丢失了一块 40 公斤的铝锭。侦察员在探求走出仓库脚印加深的原因时，应用的就是共变法。

共变法可以用公式表示为：

场合	相关情况	被研究现象

①	A1、B、C	a1
②	A2、B、C	a2
③	A3、B、C	a3
……	……	……

所以，A情况与a现象有因果联系。

共变法主要表现在原因和结果的量变，即原因发生了量的变化，结果也随之发生量的变化。

应用共变法要注意两点：

（1）注意与被研究现象发生共变的现象是否为唯一的。有时某一情况与被研究现象同时发生变化，但两者之间只是偶然的巧合，并没有因果联系。如果把这一巧合的情况当做被研究现象的原因，就会得出错误的结论，探求不到被研究现象的真正原因。

（2）注意分清被研究现象与发生共变的情况之间，是同向共变，还是异向共变，或者即同向又异向共变。同向共变是指原因现象的量一直递增，结果现象的量也一直递增，两者成正变关系。异向共变是指原因现象的量一直递增，而结果现象的量却一直递减，两者成反变关系。即同向又异向共变首先表现为同向共变，原因量的递增，引起结果量的相应递增；同向共变到了一定的程度，然后转向异向共变，即原因现象的量继续递增，而结果现象的量却一直递减了。在应用共变法探求被研究现象的原因时，只有认识到被研究现象与相关情况的这些不同的共变情况，才能准确地把握住因果联系的规律性，推出可靠的结论。

需要指出的是，要注意原因和结果的共变是有限度的。

五、剩余法

剩余法是这样一种探求因果联系的逻辑方法：被研究现象是一个复合现象，已知这个复合现象的一部分与某些情况有因果关系，从而推测剩余的现象与其他情况有因果关系。

例如：

在海王星尚未被发现的时候，天文学家发现，天王星的实际位置与计算出来的、它应该在的位置相比有一点偏差，这种偏差可能是当时已知行星或一个未知星体吸引的结果。但计算的结果，排除了这个偏差是由已知行星的引力所致。通过进一步精密的计算，终于确定那颗神秘的未知星体在理论上所应处的位置。后来，果然在计算出来的位置附近找到了被命名为海王星的那颗行星，海王星是使天王星轨道发生偏离的原因。

剩余法可以用公式表示为：

a、b、c、d 现象与 A、B、C、D 情况有因果关系，

b 现象与 B 情况有因果关系

c 现象与 C 情况有因果关系

d 现象与 D 情况有因果关系

所以，A 情况与 a 现象有因果联系。

剩余法表现为原因和结果都是复合现象，而且已经确定了一部分结果现象的原因，从而探求剩余结果现象的原因。

应用剩余法要注意两点：

（1）必须确认复合结果现象的一部分（b、c、d）是由复合原因现象(B、C、D)作用引起的，而且确知剩余的结果现象(a)与已知的原因现象（B、C、D）没有因果联系。如果不是这样，则无法得出结论。

（2）要注意剩余部分的原因现象是单一的，还是复合的。如果剩余部分的原因现象是复合的，即使探求到其中的一部分原因，也还找不到剩余部分结果现象的根本原因。这样，就得作进一步的探求。

以上五种探求因果联系的逻辑方法不是绝对割裂的，而是互相联系的。在探求某些被研究现象的原因现象时，往往是几种方法结合起来应用。

探求因果关系的五种逻辑方法，其结论都具有或然性。在应用这些逻辑方法探求被研究现象的原因时，不要把所得的结论看做是必然的。

思考与练习

一、问答题。

1. 什么是归纳推理？

2. 什么是完全归纳推理？如何保证用完全归纳推理推出必然真实的结论？

3. 什么是简单枚举归纳推理？如何提高其结论的可靠程度？

4. 什么是科学归纳推理？它与简单枚举归纳推理有何联系和区别？

5. 探求因果联系的五种方法各有什么特点和作用？在运用这些方法时，各自应当注意些什么？

二、指出下列各段文字应用的是什么归纳推理，谈谈其是否正确并说明理由。

1. 因为 24 不是素数，25 不是素数，26 不是素数，27 不是素数，28 不是素数，所以 24 至 28 之间没有素数。

2. 某生物学家对候鸟黄脚鹬初始下蛋的时间，连续进行了 14 年的观察记载后，得知这种鸟：第 1 年的初始下蛋时间是 5 月 28 日，第 2 年的初始下蛋时间是 5 月 26 日，第 3 年的初始下蛋时间是 5 月 29 日，第 4 年的初始下蛋时间是 5 月 26 日，……第 13 年的初始下蛋时间是 5 月 29 日，第 14 年的初始下蛋时间是 5 月 27 日。黄脚鹬的初始下蛋时间都是每年 5 月 26 日至 29 日之间。

3. 著名法国作家雨果在一次演讲中说道："我们都是瞎子。吝啬的人是瞎子，他只看见金子看不见财富。挥霍的人是瞎子，他只看见开端看不见结局。卖弄风情的女人是瞎子，她看不见自己脸上的皱纹。有学问的人是瞎子，他看不见自己的无知。诚实的人是瞎子，他看不见坏蛋。坏蛋是瞎子，他看不见上帝。上帝也是瞎子，没有看到魔鬼也跟着混进来了。我也是瞎子，我只知道说啊说啊，没有看到你们都是聋子。"

4. 自然科学来自人类的生产活动。最早的天文学是在人们的游牧活动和农业活动中，总结各种天象及日月星辰的观察材料而建立起来的；农业生产和商业交往活动，需要丈量土地、衡量器物、计数事物、测定时间，从而出现了古代数学；在手工劳动中，制造和使用各种工具、器械，从事建筑，进行推、拉、举、抛等活动，体验到一些机械运动原理，产生了古代力学；从畜牧和种植活动中，了解到动物、植物、微生物的性状和生长规律，获得了最早的生物学知识等。

5. 古代著名诗人都爱种柳，不但写下许多咏柳佳作，而且本人都从事植柳。陶渊明以"五柳"为号，说明了他对柳的喜爱。欧阳修也是植柳能手，在扬州蜀冈大明寺平山堂前，"欧阳文忠植柳一株，谓之欧公柳"。白居易外放时也曾不止一次种过柳："曾栽杨柳江南岸，一别江南两度春。遥忆青青江岸上，不知攀折是何人？"柳宗元用诗记载了他在柳州任刺使时种柳的事："柳州柳刺使，种柳柳江边。谈笑为故事，推移成夕年。"

6. 在毛里求斯，有 13 棵高大挺拔的大颅榄树，是这种名贵树木仅有的后裔。它们的"年龄"都是 300 岁，已进入垂暮之年。奇怪的是，这些树木尽管果实累累，种子却从不萌芽。园艺家无论怎样精心培育，也没有一粒种子破土而出。世界上绝没有不能繁衍的树木，大颅榄树为什么不能繁衍呢？科学家经过长久探索，终于发现，渡渡鸟的灭绝使这种树遭到厄运。渡渡鸟以颅榄树的果实为食，强有力的消化系统把硬壳磨薄，加上其胃中酶的作用，使之容易发芽。可以说，渡渡鸟是颅榄树的催生婆，渡渡鸟一死，果实的硬壳扼杀了种子的生机。渡渡鸟与大颅榄树缺一不可，它们一兴俱兴，一衰俱衰。

三、指出下列各段文字各包含了哪种探求因果联系的逻辑方法？为什么？

1. 马克思在《资本论》中有句名言："资本来到世间，从头到脚，每个毛孔都滴着血和肮脏的东西。"马克思自己为这句话作注，引用的是《评论家季刊》上的一段话："资本逃避动乱和纷争，它的本性是胆怯的。这是真的，但还不是全部真理。资本害怕没有利润或利润太少，就像自然界害怕真空一样。一旦有适当的利润，资本就胆大起来。如果有 10%的利润，它就保证到处使用；有 20%的利润，它就活跃起来；有 50%的利润，它就铤而走险；为了 100%的利润，它就敢践踏一切人间法律；有 300%的利润，它就敢犯任何罪行，甚至冒着被绞死的危险。如果动乱和纷争能带来利益，它就会鼓励动乱和纷争。走私和贩卖奴隶就是证明。"因此，利润多少是决定资本胆量大小的原因。

2. 被誉为清朝的法官于成龙在任县官期间，有一次到邻县去，在路上看见两个人用床抬着一个女病人，有三个身强力壮的汉子在两边跟着，抬了一会儿，就要换人抬，这样换了几次。于成龙怀疑其中有问题。理由是：一个妇女绝不会有这样重，其中必另有原因。他派人一查，结果发现被盖里除了女人外还藏着许多金银，这样做是为了伪装。

3. 一天晚上，甲、乙、丙、丁四人一起进餐。甲吃了些草莓而身亡，乙吃了些泡菜而身亡，丙喝了些酸牛奶而身亡，丁吃了些葡萄而身亡。经查，这四人进餐前都服用了小量且不会致人死亡的氰化物。可见，酸性物质会加大氰化物的毒性，进而致人死亡。

4. 在研究有犯罪嫌疑而被留置盘问者的心理时，对两组样本进行比较分析：A 组的文化程度、性格、年龄和性别都不相同，但都有多次犯罪的记录。B 组的文化程度、性格、年龄和性别都不相同，但都是初犯。接触中：A 组都没有道德感、内疚感，缺乏正常的同情心和怜悯心；B 组可以从不同角度唤醒其良知。于是，归纳出一条结论：惯犯和累犯不具有正常的社会情感

5. 某市公安局在总结专案侦查工作经验时，选择两个专案侦破组，一个组是破案率高的，一个组是破案率低的。两个专案侦破组的成员在数量、年龄、学历和接受的任务量上都差不多。破案率高的专案组的成员都认真学习专业知识、积极开展调查研究工作，这一点是共同的;而破案率低的专案组的成员都不注重学习专业知识，不积极开展调查研究工作。由此得出结论：专案侦破组成员是否认真学习专业知识、积极开展调查研究工作，是能否提高业务水平、提高破案率的原因。

6. 人们最初发现腐烂的肉会长出蛆来，而一直认为蛆是肉变成的。1668 年，意大利医生雷地为了检验这种说法做了一个实验。他把一块块肉放在一个容器里，有些盖上细布，有的不盖，苍蝇能自由进出那些不盖细布的容器。结果，只有那些不盖细布的容器里的肉才长出蛆来，而盖了细布的容器里的肉烂了也不生蛆。由此，他断定：蛆是苍蝇在肉上的极为微小的卵长出来的，不是肉变成的。

7. 19 世纪，化学家从各种化合物中分离的氮，其密度总是相同的，可是从空气中得到的氮，却比从化合物中分离的氮多出 0.5%的重量。于是他们分析，这多出的重量一定有另外的原因。经过对空气的反复测定，直到把空气中的氮气的剩余密度（空气中的其他东西如水汽、氧气等）除去，终于证明空气中的氮气加重的原因是因为存在着氩气。

8. 把新鲜的植物叶子浸在有水的容器里，并使叶子照到阳光，就会有气泡从叶子表面逸出并升出水面（水在这里只是帮助人们看见气泡）。若日光逐渐减少，气泡也逐渐减少。若不使叶子照到阳光，则气泡完全停止产生。若继续使之照到阳光，则又有气泡逸出。日照强度逐渐增强，气泡也逐渐增强。由此可见，植物的叶子放出气泡与日光的照射有关。

9. 澳大利亚原来没有牛羊，最高等的动物只有袋鼠，后来引进了牛羊，牛羊多了，蚊蝇、牛虻竟也跟着多了起来。

原来，牛羊多了，畜粪也就多了起来。单牛粪而言，500 万头牛一天可拉上亿堆牛粪。畜粪越积越多，牧草压在底下，无法生长；畜粪又滋生大量蚊蝇、牛虻，侵害人畜，传播疾病，搞得举国不宁。

牛羊成群粪成灾，这是澳大利亚发展畜牧业中遇到的特殊问题。世界上别的牧场也牛羊成群，都没有畜粪问题，因为那里有无数的推粪虫在推着粪球，把一堆堆粪化整为零，推入土中……。后来，澳大利亚成立了推粪虫研究所，培养推粪能手。几年时间，牛羊粪被清除得干干净净，牧场上牧草丰茂，一片青翠。蚊蝇大量减少，畜牧业的发展又有了保证。牛羊与推粪虫，是自然索链上紧紧相扣的环节。这真是蜣螂虽小，缺之不可，一缺则乱，一补则安。

第九章　类比推理和假说

类比推理既不同于从一般推向个别的演绎推理，又不同于从个别推向一般的归纳推理，它是从特殊推向特殊的推理。类比推理的结论是或然性的。假说的提出是一个复杂的创造性思维过程，主要应用类比推理和归纳推理；由假说作出推断主要应用演绎推理。假说是科学发展的形式，在日常生活和工作中起着重要的作用。

第一节　类比推理

一、什么是类比推理

类比推理，是根据两个（或两类）思维对象在一系列属性上相同或者相似，并且已知其中一个（或一类）对象具有其他属性，推出另一个（或一类）对象也具有相同的其他属性的推理。

例如：

［1］甲、乙两位考生在同年的升学考试中，成绩都达到录取分数线、政审都合格、体检都合格，已知甲被录取，推知乙也可能被录取。

［2］在医学史上，奥地利医生奥恩布鲁盖观察到他父亲经常用手指叩击木制的酒桶，从酒桶发出的响声中判断桶内有酒或者无酒，酒多或者酒少。他由此推想：人的胸腔与酒桶相似，能从叩击酒桶的响声中判断酒的有无或者多少，那么，也可以从叩击人体胸腔发出的响声中判断胸内有无积

水或积水多少。于是，发明了叩诊法。

例〔1〕和例〔2〕都是类比推理。例〔1〕从甲考生和乙考生都具有考试成绩达到分数录取线、政审合格、体验合格这些相同的属性，且知甲考生已被录取，推出乙考生可能被录取的结论。例〔2〕从酒桶和人体胸腔相似，且知从叩击酒桶发出的响声中可以判断桶内是否有酒或者酒多酒少，推出从叩击人体胸腔发出的响声中也可以判断胸腔是否有积水或者积水多少。例〔1〕可视作相同类比，例〔2〕可视作相似类比。

类比推理可以用公式表示为：

A 对象具有 a、b、c、d 属性，

B 对象具有 a、b、c 属，

所以，B 对象也具有 d 属性。

类比推理与比较不同。比较是对两个对象的相同或相似之处加以对比，不引出新结论。类比推理则是以两个对象的某些相同或相似之处为根据，进一步推知它们的另外一些属性也可能相同，引出了新结论，获得了新的知识。

二、类比推理的客观基础和特征

类比推理有它的客观基础。它的客观基础就是事物的各个属性的互相联系。在客观现实中，事物对象之间本来就存在着同一性和相似性，其各个属性之间不是孤立存在的。不同事物得以形成的环境、历史、原因等条件相同或相似，就会产生相同或相似的属性。因此，人们就可以通过 A、B 两对象具有的许多相同或相似属性进行类比推理。

类比推理的结论是或然的。首先，对象之间既有相同或相似的属性，也有它们的不同属性。A、B 两对象虽然都具有 a、b、c 的相同属性，但是，如果 A 对象的 d 属性正好是两对象的不同属性，推出 B 对象也具有 d 属性就是错误的。其次，两对象之间的相同属性中，有些是本质的属性，有些却是非本质属性。这些都决定了类比推理具有或然性。如果用非本质的相同属性进行类比，就会犯"机械类比"的逻辑错误。

例如，在"东施效颦"这个典故中，东施的逻辑思维就是一个犯了"机械类比"逻辑错误的类比推理。她从西施因心痛病发作而皱眉头得到乡亲们的赞叹，推出"我皱眉头也会得到乡亲们的赞叹"的结论。结果弄巧成拙，她的"皱眉头"不仅赢得不了乡亲们的赞叹，反而把乡亲们吓得不知所措，都以为她疯了。同是"皱眉头"，但两者本质完全不同。西施的"皱眉头"是因心痛病发作所致，是一种自然"皱"；而东施的"皱眉头"却是一种故意做作的"皱"。由于两者的"皱"是非本质的，所以推出的结论就难以真实。

三、类比推理的作用

（一）类比推理是科学发明、科学发现的方法

类比推理的特殊作用是为人们提供科学假说。尽管类比推理是一种或然性推理，它的结论不必然为真，但是正因为或然性，它可以启发人们由此及彼地进行联想，从而为人们发现科学定律和发明创造提供线索，指明进一步研究的方向。自然科学中大量的发明和发现都是通过类比推理提出来的。例如，惠更斯比较声现象和光现象，发现它们有许多相同的属性：都服从于一种直线传播规律、反射规律、折射规律和干扰规律；又通过实验证明声是一种周期运动引起的现象，于是推出"光也是由这种运动引起的现象"的结论。这里运用的便是类比推理。又如，鲁班从发现茅草能拉破手指到发明锯子，詹纳从挤牛奶的女工不得天花想到用种牛痘来预防天花，瓦特从观察冲起水壶盖的蒸汽想到制造蒸汽机，等等，无一不是运用类比推理。

（二）类比推理在科学研究中具有模拟作用

类比推理运用到现代科学研究中，出现了一种模拟法。所谓模拟法，就是在实验室中模拟自然界出现的某种现象，构造出这种现象的模型，然后在模型中研究其规律。

如果设 a、b、c 为模型和原型的相同属性，d 为模型实验所显

示的属性，那么这种模型向原型过渡的推理形式可以表示为：

试验模型有 a、b、c、d 属性，

研制原型有 a、b、c 属性，

所以，研制原型也有 d 属性。

现代科学技术的发展，不仅由模型试验类推到研制原型，而且还由自然原型的研究推广到人工的模拟系统研制。20 世纪 60 年代出现的按生物器官的自然原型来建造技术原型的"仿生学"就是模拟法的运用，也可称之为"仿生法"。

如果设 a、b、c 为生物原型和仿生模型的共同属性，d 为生物原型显示的属性，那么"仿生法"的推理形式可以表示为：

自然原型具有 a、b、c、d 属性，

技术模型具有 a、b、c 属性，

所以，技术模型具有 d 属性。

例如，科学家们从警犬具有高度灵敏的嗅觉，能协助追捕逃犯、探寻凶器和赃物等属性中得到启示，研制成"电子警犬"；从青蛙的眼睛具有跟踪运动目标（飞虫）非常准确的属性中受到启发，研制出"电子蛙眼"。这些都是类比推理的运用。

（三）类比推理是一种重要的说明方法

在日常的议论过程中，人们为了解释某一事实或者原理，常常找出另一种与之相同或相似的事实或者原理进行说明，使自己的解释更形象、更具说服力。这一思维过程运用的就是类比推理。例如，毛泽东同志讲过："中国有许多事情和十月革命前的俄国相同或者近似。封建主义的压迫，这是相同的，经济和文化落后，这是近似的。两个国家都落后，中国则更落后。先进的人们为了使国家复兴，不惜艰苦奋斗，寻找革命真理，这是相同的……俄国人举行了十月革命，创立了世界上第一个社会主义国家……走俄国人的路 —— 这就是结论。"毛泽东同志在这里将中国革命与俄国十月革命进行类比，根据两国的许多相同或者近似的特点，从俄国举行十月革命创建了世界上第一个社会主义国家，说明中国革命也应当走俄国的路，建立社会主义国家。这样的类比说明就很形象具体，具有很强的说服力。

四、提高类比推理可靠性的条件

类比推理在人类实践中具有很重要的认识作用。但是，由于它的结论是或然的，因此在运用类比推理时，要注意提高它的可靠程度。

（一）前提中确认的相同属性要尽可能多

通常情况下，前提中确认的相同属性多少与其结论的可靠程度有很大的关系。因为两个对象的相同属性越多，就越意味着它们在自然领域中的地位也是较为接近的。相反，如果两个对象类比的相同属性较少，其结论的可靠程度也相对较小。例如，人们要证明某种物品是否对人体有害，或者危害的程度有多大，常常用小狗、小白兔、小白鼠之类的较高级的动物做试验，就是这个道理。因为这些较高级的小动物跟人的相同相似属性较多，如果实验证明物品对这些小动物有危害或者有危害较大的结论，就是比较可靠的。

（二）类比的属性应当是本质的

事物的本质属性是事物内在的规定性，其他属性都是由这种属性决定的。如果类比的两个对象的属性是本质的，就意味着两者更接近，其他一系列属性也更接近，推出的结论可靠程度也就高。反之，如果类比的属性不是本质的，而是偶有属性，推出的结论可靠程度就不高。例如，如果从甲、乙两个同班同学都身体健康、精力充沛、思维敏捷、勤奋好学、作风细致，已知甲取得了优异成绩，就可推知乙也会取得优异成绩。这个结论的可靠程度就较高。因为类比的是对象的本质属性。如果从甲、乙两个同学都长得又高又大，都有一头黑发，都喜欢打球和游泳，已知甲同学学习成绩好，就难类推出乙同学也是学习成绩好的结论。因为类比的属性不是对象的本质属性，而是它们的偶有属性。

第二节 假 说

假说是人类认识客观世界的重要手段，是由已知到未知的认识形式。人类通过提出假说，通过实践检验假说，不断地抛弃与事实不相符的假说，并使它逐步向科学理论转化。因此，在人类探索真理的过程中，必须设立假说，不能越过假说这个阶段。因为，假说是建立新理论、探索真理的第一步，是人类不可缺少的认识手段和认识过程。

一、什么是假说

人们在社会实践过程中会观察到无数的事物现象，有些事物现象可以运用已有的理论立即给予解释或说明。但是，也有一些事物现象是已有的理论无法解释或说明的，甚至是与已有的理论相悖的，如何去解释或说明这些事物现象，就成了人们所面临的疑难问题。为此，人们就需要提出新的理论观点作出试探性的解释或说明。而用来解释或说明这些事物现象的大胆猜测出来的理论观点，就是假说。

假说就是指人们以已有的事实材料和科学原因为依据，对未知的事物现象或规律性所作的假定性的解释。各门科学在发展的过程中也都曾提出过各种不同的假说。如，物理学关于光的本质，有微粒和波动说；化学关于燃烧的本质，有燃素说和氧化说，等等。

因此，根据研究者提出假说的目的不同，假说可以划分为工作假说和科学假说两种。工作假说是指人们观察到一些事实，遇到新的问题，为了使进一步的研究有目的、有计划地进行，人们往往根据已有的材料提出一个假说或几个假说，以这些假说来安排新的实验或新的观察。科学假说是研究者在已经积累了大量事实材料以后创立的，并且指望它会发展成为可靠的理论。

二、假说的特征

假说从本质上只是研究者关于自然奥秘的一种猜测。然而，这种猜测却存在着不同的性质：一种是毫无事实根据、甚至违背科学基本原理的胡思乱想或荒诞臆想，如迷信和宗教的观念等；一种是以客观事实和科学知识为根据，以揭示"自然之谜"为目的的猜想，即科学假说。

假说是复杂的、富有创造性的思维活动，它具有以下特征。

（一）假说是以事实材料为根据的

假说是对所研究的问题即意外事实作出的一种假定性的陈述，而这些意外事实，又只能在观察实验和社会调查中获得。这就使得假说总是在观察实验和社会调查中获得，这就使得假说总是以观察实验和社会调查所提供的一定事实材料为基础。

例如，"大陆漂移说"的开创者魏格纳曾被巴西与非洲间海岸轮廓的相似性所吸引，不仅圣罗克角附近巴西海岸的大直角突出和喀麦隆附近非洲海岸线的凹进完全吻合，而且自此以南一带，巴西海岸的每一个突出部分都和非洲海岸的每一个对应开口的海湾相吻合。反之，巴西海岸有一个海湾，非洲方面就有一个相应的突出部分。如果用罗盘仪在地球仪上测量一下，就可以看到双方的大小都是准确一致的，后来才漂移开来，就像漂浮的冰山一样逐步远离。

（二）假说必须以已有的科学知识为依据，不能违背科学的基本原理

科学的基本原理是在人们长期实践的基础上总结和概括出来的，是对客观世界的正确反映。如果一个猜测违背了科学的基本原理，那么它就是一个永远不可实现的幻想。

例如，制造"永动机"的猜想就违背了科学的基本原理。17、18世纪一些匠人企图借助球下落产生的力量推动车轮永远转动，或利用转动水车的水吸上来再去转动水车。这类设想不消耗任何能量就能永远做功的机械装置，直接违反了热力学第一定律：外界传递给一个物质系统的热量等于该系统内部能量的增量和它对外所做的功的总和。

随后，又有人设想另一类"永动机"：制造一种能吸收空气的汽车和飞机发动机，利用空气中蕴含的热量作动力，而把冰冷的空气

从排气管中排除。按照这种设想，人类便可以获得一种取之不尽的巨大能源。但这种设想与热力学的第二定律是相矛盾的。根据这一定律：热量总是从高温物体传到低温物体，而不能自发地作相反的传递。这就是说，功可以全部转化为能，但任何热机却不能全部地连续不断地把所受热量变为功。因此，这类永动机的设想是永远不能实现的。

（三）假说具有推测的性质，有待于检验

假说实际上是一种根据一定的事实材料和科学原理，对某种未知现象或未知规律的假定性的解释，而不是确实可靠的认识，需要在实践中加以检验。正如恩格斯曾说："哥白尼的太阳系学说有三百年之久一直是一种假说，这个假说尽管有百分之九十九、百分之九十九点九、百分之九十九点九九的可靠性，但毕竟是一种假说；而当勒维烈从这个太阳系学说所提供的数据，不仅推算出一定还存在一个尚未知道的行星，而且还推算出这个行星在太空中的位置的时候，当后来加勒确实发现了这个行星的时候，哥白尼学说就被证实了。"

（四）假说是人的认识接近客观真理的方式

假说作为对各种未知事实的假定解释，它是否把握了客观真理，还有待于验证。但是，从发展的眼光来看，假说的不断修改、补充和更新，就会更多地、更正确地反映客观的现实。

例如，18 世纪的燃素说认为任何能燃烧的物质，都包含有叫做"燃素"的特殊物质，燃烧就是失去燃素的现象，如木材燃烧就是燃素逸出，木材缩小而化为灰烬。当时，用这种假说去解释各种燃烧现象，澄清了一些迷信的炼金术思想，解释了化学中的一些问题。因此，燃素说在当时看来是无可争辩的，它对于当时在化学方面提出的有关燃烧的问题，都给了一致的、不相矛盾的解释。这种学说作为一个化学理论，整整有一百年之久。然而，燃素说终于不能解释自身中存在的严重矛盾。第一，从来没有人见过或能证明"燃素"的存在；第二，金属燃烧后，重量增加，那么，燃烧时逸出去的燃素势必是负的重量，但这是不可思议的。1756 年，俄国的科学家罗蒙诺索夫在实验中发现燃素说是有问题的。直到 1774 年，化学家拉瓦锡提出了燃烧的氧化学说，才否定了燃素说。

哥白尼的太阳中心说，开始时不为人们所接受，后来由于力学的发展，哥白尼的太阳中心说被肯定了。但从观测中发现，天体运行的轨道是圆的这种说法是不精确的。开普勒根据科学观察的材料，证明圆形轨道的假设与实际情况不符，行星运动的轨道是椭圆形的。这样，就修改并补充了哥白尼的假设。

从假说的上述特征可知，假说是以实践为基础的创造性思维活动，其中，除了创造者的直觉和灵感外，还综合运用各种逻辑方法。但是，作为逻辑学科来说，它只研究假说中的一般逻辑问题，如建立假说的逻辑程序和采用的推理形式等，而不研究假说理论的其他方面。

三、假说的形成

在人们的认识活动中，往往会观察到某个或某些新的现象，这个或这些新的现象是已有的理论所不能解释的，这就需要新的说明方式对此作出解释。于是，提出新的假说的任务就摆在了研究者的面前。

例如，1881 年迈克尔逊—莫雷实验表明，光速在不同的惯性参考系和不同方向上都是相同的，确定了光速不变的原理。这一新发现与牛顿经典力学是不一致的，即牛顿的经典力学不能解释这一现象。正是在这一现象的启发下，爱因斯坦提出了他的狭义相对论的假说。

假说的提出是一个复杂的创造性思维过程。不同性质的假说，其形成的具体途径差别很大。但从总的方面看，一个假说的形成大致要经历两个阶段：假说的提出阶段和对假说作出推断的阶段。

（一）假说的提出阶段

在假说的提出阶段，研究者围绕特定的问题，以为数不多的事实材料为基础，并进行理论分析，通过创造性的思维活动提出初步的假定。

假说提出的根据是两个方面：一是通过新观察实验得到的事实，二是已有的科学知识。新观察实验得到的事实提供出新的信息，为概括出新的认识提供了可能。已有的科学知识虽然不能演绎出新事实的科学解释，但它却能够为分析认识新事物提供理论指导。

在假说的提出阶段，类比推理和归纳推理在形成假说的基本思想时的作用比较突出。归纳推理的本质是把关于部分的知识扩大为关于整体的知识，类比推理是根据两个对象具有某些相同属性而推知它们在另外的属性上也可能是相同的，这两种推理的共同特点是根据已知的去设想或推测未来的，因此，它们可以使假说的创始者开拓思路，产生联想和形成方案。

例如，推测土星的第六号卫星可能存在生命的假说，就是根据类比推理作出来的。太阳系中的土星共有十颗卫星，据说其中的土卫六的大气层和地球的大气层一样厚，而且它们的成分极其相似。根据地球上的生命是由原始的大气演化而来的理论，土卫六很有可能是在太阳系中，除地球之外的又一个生命摇篮。关于动物细胞结构的假说，最初也是通过类比推理提出来的。德国动物学家施旺和植物学家施莱登发现，动物和植物都是由细胞组成的。后来，施莱登又发现在植物细胞中有细胞核。施旺根据这一发现，提出一个设想：如果在动物和植物都由细胞组成这一相似不是表面的联系，而是本质上的联系，那么，动物的细胞也会有细胞核。惠更斯关于光的波动性的假说，就是根据光的传播与水波的传播的相似点而提出的。著名的哥德巴赫猜想，就是根据不完全归纳推理提出来的一个假说。18世纪40年代，德国人哥德巴赫在信中问欧拉："一切偶数能分解为两个素数的和吗？"对于许许多多的偶数来说，答案都是肯定的，困难就在于"任一"两字。这个假说是以许多个别事实为根据而得到的，如 4=2+2、6=3+3、8=5+3、10=5+5，等等。

在提出假说的过程中，除了运用逻辑方法以外，科学想象也起着重要的作用。想象是一种特殊形式的思维活动。在实践中，人的头脑不仅能感知过去和现在的事物，而且能创造出过去未曾遇到过的事物的形象，产生出现实中尚不存在的东西的观念。想象既有一定的事实依据，又有高度的抽象性，它是直觉的延伸。人们借助于大胆的想象来猜测对象的性质、特点和机理，思想能渗透实验、观察所不能达到的深度和广度。

例如，德国化学家凯库勒描述过自己发现苯的环状结构的想象过程："事情进行得不顺利，我的心想着别的事了。我把坐椅转向炉边，进入半睡眠状态。原子在我眼前飞动：长长的队伍，变化多姿，靠近了，连续起来了，一个个扭动着，回转着，像蛇一样。看，那是什么？一条蛇咬住了自己的尾巴，在我眼前轻蔑地旋转。我如从电闪中惊醒。那晚我为这个假说的结果工作了整夜。"科学需要想象，甚至数学这样精确的科学也少不了它。罗巴切夫斯基曾把他自己创立的非欧几何称之为"想象的东西"，而原子论、物质不灭等原理最初是由哲学家通过想象提出来的，是理论思维的产物。

从假说的形成到建立科学的理论，是一个不断发展的过程。在这一过程中，假说的提出往往不止一个，而是一些。这些最初的假说产生之后，要受到初步的筛选。在筛选中，一些与现实不相符合的假说就要被淘汰，从而确定一个较为合理的假定。

在假说的提出阶段，由于假说的形成过程具有高度的创造性和复杂性，因此没有什么固定的机械逻辑程序、公式、规则。但是，人们在建立一个科学假说时要确保初始假说的合理性，需要注意以下几点：

第一，观察实验应有明确的目的，并有重点地反复进行。在观察实验过程中，力求尽可能多地排除多种偶然的、次要的因素，以便在被观察实验对象本质特征充分暴露的情况下，作出更为清楚地观察实验。如果不是这样，就很可能出现错误的假说。如由已知油田大都在"海相"地层，而中国大都是"陆相"地层，从而简单地得出"中国贫油论"的错误结论，其观察实验就是没有反映对象的本质特征。

第二，所提出的初步假说不应违背已被实践所反复证明了的科学原理。如能量守恒与转化定律已是被证实了的科学原理，如果置它于不顾，而提出什么"永动机"的假说，提出"有守恒也有不守恒，因此，必须彻底打破能量守恒定律"的谬论，其结果必然受到自然规律的惩罚。

（二）由假说作出推断的阶段

假说提出之后，就要以假说为前提，根据其基本理论观点，进行种种逻辑推理，演绎出事实结论，即找出用来说明有关的事实与假说的必然联系的判断。在这一阶段，主要应用的是演绎推理的方法。

例如，德国科学家魏格纳提出"大陆漂移说"之后，又作出如下的推断：

［1］如果两块陆地本来是连在一起的，那么它们的地质结构应当是相同的，

大西洋两岸是连在一起的（假定），

所以，大西洋两岸的地质结构是相同的。

［2］如果两块陆地本来是连在一起的，那么它们的生物种类应该是相同的，

大西洋两岸本来是连在一起的（假定），

所以，大西洋两岸的生物种类应该是相同的。

假设的形成是一个极复杂的创造性思维过程。在这个思维过程中，既要重视逻辑思维的重要作用，又要重视想象和灵感等非逻辑因素所能起到的作用。另外，应该注意到，由于假说的形成过程具有相当大的随机性，因此，也不存在固定不变的逻辑程序。这可以抽象为皮尔士—汉森模式：

　　　q（意外的新事实被观察到），

　　　如果 p，那么 q（提出 p，并且如果 p 真，则 q 被解释为当然现象），

　　　所以，p（有理由认为 p 是真的）。

这就是说，该式中的"p"表示假说的基本理论观点，"p"表示关于事实的判断。"q"可以是需要解释的已知事实，也可以是预见到的未知事实。但是，应该指出的是，仅仅依靠假说"p"，还不足以引申出关于事实的判断。因为，除假说外，还需要一定的背景知识，即其他的科学理论和知识。按上式推理的结论或者可以成立，但不等于假说最后得到证实，即作为假说基本观点的"p"真，只是运用回溯推理而推出的、有条件的证实，而不是完全被证实。但是，如果"q"假，即由假说基本观点所引申出来的推断在事实上是不存在的，那么假说就会被否定。当然，假说的证实或被推翻，往往不是简单地运用一次演绎推理就能判定的。

由假说作出推断之所以主要运用演绎推理，就是因为由初步假定引申出来的判断与初步假定之间一定要有必然的逻辑联系，而演绎推理正是一种必然性的推理形式。

（三）假说的验证

假说的形成，是通过科学研究寻找事物产生的原因与规律的第一步。要使假说成为科学的、正确的理论，还必须通过实践的检验和科学的论证来证明假说的真实性。

证明和检验一个假说的真伪，是一个非常复杂的过程，其中包括证伪和证实、逻辑证明和实践验证。实践标准的不确定性决定了证实假说的复杂性。

1. 假说的证伪和证实

1）假说的证伪

假说的证伪是比较复杂的，因为一个假说的形成不能仅仅取决于假说的基本理论观点，还需要一定的背景知识，这样就构成验证假说的蕴涵推理的前件"p"是个复合判断"p并且r"，而且形成的蕴涵判断为：

如果（p并且r），那么q

假说的证伪过程可用如下推理形式表示：

如果（p并且r），那么q

$$\frac{\text{非 q}}{\text{所以，并非（p 并且 r）}}$$

这个推理形式表示，结合一定的背景知识"r"，从假说基本观点"p"中引出关于事实的例题"q"，如果"q"与客观不相符，那么作为前提的假说的基本观点与背景的获取是虚假的。由于推出结论是"并非（p 并且 r）"，它等值于"非 p 或者非 r"，这里就存在以下可能，即可能是假说的基本观点虚假，也可能是背景知识虚假，而需要进一步地验证和考察。

例如，牛顿提出万有引力定律后，结合其他知识，计算出月球的运行情况。但对月球的观察使他大失所望，即观察结果与他的计算不符。牛顿不愿意在证实之前提出任何理论，便把他的理论原稿搁进抽屉里去了。大约过了 20 年，法国一个实地考察团对地球的圆周作出新的测量，牛顿看到他以前计算时根据的数字错误，而修改后的数字正是为了全面证实他的设想所渴求的。在这次验证后，他才发表了他的定律。

由此可见，从假说和背景知识中推出的关于事实的判断与实际观察不相符合，发生错误的不是假说的基本观点，而是错在背景知识。

但是，有时候问题确定出在假说的基本观点上，但又不是整个假说的基本观点都错，只是其中的个别论点或部分理论有问题。人们往往对假说进行局部修改、调整，推出新的假说，再次进行检验。还可能有这样的情况，由于观察、实验等技术手段不完善，所得到的事实材料不准确，甚至是错误的，这时也不能必然地证实为伪假说。

例如，门捷列夫根据元素周期律，预见到未知元素"类铝"的比重是 5.9～6.0。可是，被布瓦菩德朗用光谱分析法发现的镓的比重，最初的测定为 4.7。根据"类铝"和镓的原子量相同的情况，门捷列夫断定镓就是他所预见的新元素"类铝"。他认为，布瓦菩德朗的测定有问题。他把自己的看法写信告诉了布瓦菩德朗，重新测定的结果表明，镓的比重是 5.9。

由此可见，有时从假说推出的事实判断与观察实验的结果不相符合，问题不在假说的基本观点，而在于事实材料有错误。

还有一种情况，假说的基本观点和背景知识在实践中被证明都是错误的，它又无法解决在实践中提出的种种矛盾，并且被其他的假说所战胜，这样它就必然被淘汰。如"永动机"的假说，化学中的"燃素说"等。

总之，假说的证伪是一个复杂的历史过程，而个别的实践活动不足以证伪假说的基本观点。

2）假说的证实

假说的证实比假说的证伪更为复杂，因为在假说的证实过程中所使用的推理形式在逻辑上是或然的。假说的证实过程可以表示为如下推理形式：

如果（p 并且 r），那么 q

q

所以，p 并且 r

这个推理形式表示，从假说的基本观点"p"和背景知识"r"中，推出关于事实的结论"q"。实践表明，"q"是真实可靠的，因此，假说的基本观点"p"和背景知识"r"都是真的。但是应该注意到，这是一个充分条件蕴涵推理的肯定后件式的推理形式，它在逻辑上是一个无效的推理式，肯定后件不能必然地肯定前件。但是，由于假说是对未知事物或规律所作的假定性的解释，具有预测性质。因此，即使"q"是真的，也不能由此必然确定"p"为真，而只能说明假说"p"只得到了某种程序的确证。

为了证实一个假说，人们往往需要从假说中引导出一系列关于事实的判断。支持假说的事实越多，假说得到的确证程度越高。

例如，哈维的血液循环假说，认为人体中的血液循环是从心脏通过动脉，中间经过微小的毛细血管流入静脉，再流向心脏。在验证这一假说的过程中，他从动物血液循环情况的一次检查中，归纳出药物一旦进入动物血液，便立刻会扩散到身体的各个部位。从这一认识又演绎出了人体的血液循环并做了人的肢体检查，结果发现：

静脉受压时，肢体带血膨胀；当动脉受压时，血液就会流空。后来借助于显微镜，血液循环的假说才得到直接检验和被确认。在这里，应该注意的是，不同的事实对假说的支持程度是不同的，检验的程度也是不同的。

其一，如果从假说中推出的只是关于已知事实的判断，那么这种事实只能给予假说以一般性的支持，对假说也只能作出一般性的检验。

其二，如果假说能预见未知的新事实，而这种新事实依据已有的科学理论或其他知识是推不出来，但又与它们相容，那么，这种新事实就能给假说以较强的支持，也能对假说作出较严格的检验。

其三，如果假说作出的预见是已有的科学理论或其他知识所料想不到的，并且这种预见的出现是势必对已有的科学理论的部分内容进行修正，那么，这种预见就是大胆的、新颖的预见。如果这种大胆的、新颖的预见被证实，那么将给假说以最强的支持，因而对假说也能作出严格的检验。

2. 逻辑证明和实践检验

1）逻辑证明

逻辑证明是一种探索真理、论证真理的手段，它是正确思维的必要条件，也是建立科学的理论体系的重要途径。

首先，逻辑证明可以检验实践无法验证的或不需要由实践作直接证明的假说的正确性。一般地说，假说都要经受实践的检验，但并不等于所有的假设的定律、定理都可以从直接的实践中得到证明，当它们间接地通过逻辑证明为真时，它们就由假说变为科学定律。例如，数学中的许多判断不可能由实践直接证明，当数学家从一些公理出发，通过演绎证明后，这些判断就称为定理。如数学中的四色定理，是美国的两位数学家借助电子计算机进行二百亿个逻辑判断后加以证明的。而对哥德巴赫猜想的检验，则只能依靠严密的逻辑证明，因为要计算无限多或无限大的数目，在实践中是根本办不到的。又如许多数学公式的正确性，只能从它们在力学、物理学和其他科学中的应用来检验，实践证明了某项力学或物理学的研究成果是正确的，也就同样证明了在这些研究中所应用的数学原理和公理。

其次，逻辑证明给实践提供理论指导，使实践检验由特殊提高到普遍，从而把握实践的总和，以便于实现实践检验假说的作用。检验假说的特定实践总是具体的、特殊的，而已被证明的假说理论则总是具有一定的抽象的、普遍的形式。如果没有逻辑证明的帮助，没有从个别到一般和一般到个别的推理过程，就不能实现理论和实践的结合，也就不能以具体实践去充分证实或驳倒某个假说。在科学史上往往有这种情况，某种假说被当时的特殊实践所证实或驳倒，但这种假说却反映着更广泛、更普遍的事物，是不能以一时一地的实践所证实或驳倒的。在这种情况下，就需要运用逻辑证明作为实践检验的逻辑补充。

2）实践检验

实践是检验认识真理性的客观标准。人的思维是否具有客观的真理性，这并不是一个理论的问题，而是一个实践的问题。人应该在实践中证明自己思维的真理性，实践以"桥梁"或"纽带"的形式，能够把主观同客观联系起来、互相沟通，以满足真理本性的要求，检验出从假说基本观点结合背景知识所引导出的结论是否真实。

当假说所研究的现象能够通过实践加以检验时，如果假说与观察实际相符合时，那么假说就变为确定可靠的知识。

例如，1927年，美国科学家戴维森在精密的实验条件下，做了电子束在镍晶体表面反射时产生散射现象的实验，经计算证实了德布罗意的公式。同年，英国科学家汤姆逊用高速电子穿透金属箔，直接拍到电子的衍射图样，德布罗意的特质波假说被证实。德布罗意获1929年诺贝尔奖，戴维森和汤姆逊共同获得1937年的诺贝尔奖。

数学中的公理、逻辑学中的基本规律，以及具体科学和哲学中的带有公理性质的基本原理，都是一些特殊性质的假说，对它们无法进行逻辑论证，只能直接依赖实践的检验。人的实践经过千百万次的重复，它在人的意识中以逻辑的格式固定下来。这些格式正是

(而且只是)由于千百万次的重复，才有着先见之明的巩固性和公理的性质。逻辑证明的前提是人们从长期的社会实践中总结出来的，逻辑证明所应用的公理、定义、原理也是千百次实践所确证的，逻辑推理使用的规律、规则和方法是在反复实践中提炼出来的。欧几里得几何学定理，长期以来被人们认为是不证自明的数学公理，被当做逻辑推理的前提。但是，这些公理实际上正是通过人们的无数次实践活动总结出来并加以证明的。而且这些公理也不是一成不变的，它们随着实践的不断发展而发展。事实上，欧几里得几何学只是在一定的空间范围内才是正确的，超出它所研究的空间范围，如在广义相对论所研究的空间范围，就必须采用非欧几里得几何学来做空间描述。人们在实践过程中经过无数次的反复，客观事物中的规律性联系才在人的思维中反映出来而成公理，而后又经过无数次的反复才为实践所证实。

三、实践标准的确定性与不确定性

实践是检验认识的真理性的客观标准，实践最终一定能鉴别出认识的真理性，这是实践标准的确定性。但是，任何实践都有自己的社会和历史的局限性，因此，作为检验真理标准的具体实践，又是不确定的。

例如，爱因斯坦的广义相对论是通过三大验证而确立的。根据万有引力定律的计算，找到了海王星。这说明，牛顿的万有引力定律在天文学上是经过确证的科学知识。但是，同样根据该定律的计算，却找不到那颗引起水星近日点运动的天体，这说明牛顿的引力理论还有缺陷。爱因斯的广义相对论解决了这一科学之谜。原来，是因为牛顿的引力理论不够精确，计算上发生了误差。广义相对论不仅解释了牛顿引力理论中无法解释的被观察到的现象，而且还有两个预言：光谱线的引力外移和引力场使光线偏转。引力外移现象于 1924 年观察到了，并于 1959 年、1971 年两次得到进一步证实。第二个预言是根据广义相对论算出的，从远处的恒星所发出来的光线，如果掠过太阳表面，光线偏转的角度在 1.7 秒。在白天强烈的太阳光下当然看不见星星，晚上能看到星星，可是太阳下山了。只有在日全食的时候，月亮遮住太阳，瞬时间仿佛夜幕降临一样，这时就能看到紧挨着太阳的星球了。1919 年，英国的两次日全蚀观测证实了这个预言。

由于实践标准是确定性与不确定性的统一，决定了由假说发展起来的科学理论也是绝对和相对的统一。

关于光的本质，科学史上有惠更斯的波动说与牛顿的微粒说，它们都有各自的实践根据。但是，这些材料既不足以完全证实，也不足以完全驳倒其中的一种假说。后来，从这些实践的总体上来考察，才发现二者的统一才符合光的本质。光既是连续的又是非连续的这一假说，也只有在以往的以及新的科学实践的总和的基础上，才得到确证。

例如，"这种化学元素可以转化为另一种化学元素"的原理，在研究化学运动的范围内，曾被证明是错误的。当科学研究深入到原子核物理的范围时，它就一变而成为真理。通过原子核物理学提供的科学手段，就可以使这一种化学元素转变为另一种化学元素。

假说发展为科学理论是一个辨证的过程。实践中个别否定性的事例有可能推翻一个普遍性的判断，实践中成千上万的否定性的事例也并不见得能直接证实一个普遍性的判断。运用充分条件蕴涵推理的否定后件式来确定假说的虚假，不能作绝对化的理解，没有必要因为一件或几件经实验确定的事实就拒绝一个很有根据的假说。理论中一个假说或定律不能成立，这并不成为其拒绝一个经过千百次检验的理论的理由。科学发展史上的一系列理论并不像非辩证的思维认为的那样，或者绝对真，或者绝对假。

科学史上常见的情况就是这样的：在实践检验的过程中，假说的一部分内容被确证，而另一部分内容被否证，研究者对假说进行局部修改，再接受实践的检验，假说不断地得到修改、补充、完善；当假说得到越来越多经验事实的支持，特别是经受了事实的严格检验，并且战胜了在同一问题上的其他假说时，它就上升为科学理论；而有的假说，在实践中被证明是错误的，它又无法解决这些矛盾，并且被其他的假说所战胜，这时它就必然被淘汰。

四、假说的作用

假说是科学发展的必由之路，一切科学理论的建立，都经过了假说这一阶段，即科学研究的任务在于提示事物的本质和规律。客观事物的运动和相互联系是错综复杂的，而人的认识又有很大的局限性，因此，人的认识总是由初步的、探索性的猜测，逐步进入到对事物本质的认识。假说作为理论思维的重要形式，为经验研究提供了指导，为理论的建立提供出方案。它在科学发展中起着突破旧知识，创建新理论的重要作用。

1. 假说能将已有的事实材料有机地联系起来，是理解事实、认识规律的一种形式

科学的任务就是从已有的事实材料出发，揭示事实本质，找出客观规律。其中，理论思维至关重要。因为没有理论思维，就会连最自然的事实也联系不起来，或者就会连二者之间所存在的联系都无法了解。而假说就起着联系、综合事实材料，透过事实材料逐步地深入事实的本质，揭示材料所体现的事实的规律性的作用。如果该事实是科学家的"天空"，那么假说就是科学家的"翅膀"，凭借着事实和假说，科学家才可以飞翔起来。

2. 假说是人们认识真理的环节和阶梯

人们进行观察、实践，都不是盲目的。要想使研究的过程具有明显的目的性和计划性，避免单纯地凭直觉和偶然性去发现事实，就必须以一定的假说作为指导思想，如哥白尼的日心说、牛顿的力学理论、达尔文的进化论、门捷列夫的元素周期律、孟德尔的遗传学理论、爱因斯坦的相对论，等等，最初都是以假说的形式提出来的。即使提出的假说被以后的实践证明为错误的，但它对科学的发展仍然有一定的意义，因为它至少可以向人们提供进一步的研究方向，提供一定必要的材料。

假说不仅是自然科学的发展形式，在社会科学领域里，假说也被广泛地应用着。例如，马克思所建立的科学的唯物史观，最初提

出来时，也是一种假说。马克思在提出这个假说后，用了几十年的时间，根据大量的材料，作了详尽的研究，写出《资本论》这部巨著，揭示了资本主义社会发生、发展和灭亡的规律。又如，邓小平同志关于"一国两制"伟大构想的产生、发展和实现的经历，体现了马克思主义原则的坚定性与策略的灵活性，体现了理论的逻辑与历史的逻辑和谐地统一。

3. 假说帮助人们预见未来

人们要认识世界和改造世界，不仅要能解释已经发现的事实，而且要大胆地预见未来。根据事实的客观规律性和已经掌握的事实材料，对尚未存在的事物现象作出有根据的推测和预言，这正是假说所需做的事情。马克思主义的理论作用和科学技术的飞速发展，就为这种科学预见提供了可能，也使这种科学预见显得越来越重要。如新兴科学 —— 未来学，就是专门对未来进行科学预测的科学。比如在计划生育工作中，人们根据 20 世纪 80 年代初人口增长的速度计算，到 2800 年，每 40 平方厘米的陆地上将有 1 个人，人与人之间将背靠地挤在一起；假如再过 1500 年，地球上人口的重量将超过地球的重量。这种对未来的预见，虽然只能说是一种假说，但对于人们加强对计划生育工作的理解和支持，控制人口增长，无疑会起到一定的推动作用。

4. 在实际工作和日常生活中，假说也有很大的作用

生活和工作中的假说或假设是在具备一定的材料但材料又不足的情况下，为了某种需要和方便，及时提出的一种或几种解释。例如，公安民警在侦查案件过程中经常需要提出侦查假设，以便缩小侦查范围，确定侦查对象。人们在工作中的决策活动也离不开假设。针对特定的问题，收集有关的资料，对未来作预测，从而决定自己的行动方案。如在市场经济条件下，这个企业需要了解产品的社会需求、市场销售变化，以及同行业中其他企业的生产状况和产品竞争能力、市场份额等，以便对企业未来的活动做出决策设想。由于各企业间处于竞争状态，因此，收集到的信息往往不很全面，有的情况不十分可靠，而市场和其他企业的活动又处于变动的状态中，

所以，企业做出的最初决策设想都具有假设的性质，需要在实践活动中进行验证。工作假设与科学假说有相同之处，都是关于现象的推测性的说明方式，但是二者也有区别，即工作假设比科学假说简单、灵活，不需要一系列的推理形式。尽管如此，它与科学假说的基本特征仍然是一致的，因此，人们通常并不把它作严格的区分。

总之，假说是事实和科学理论之间的环节，也是从一个理论发展到另一个理论的桥梁，因此，在人们能动地认识世界和改造世界的过程中，假说的作用是不容忽视的。

思考与练习

一、问答题。

1. 什么是类比推理？它与演绎推理、归纳推理有何区别？

2. 类比推理在科学认识和现代科学技术中的作用如何？

3. 什么是假说？它有什么特点及作用？

4. 简述假说的形成过程。

5. 简述假说的验证过程。

6. 在假说的形成和验证过程中，是怎样运用逻辑推理的？

二、分析下列类比推理是否正确，如正确，请指出是怎样根据相同属性推出结论的？

1. 在台湾发现了全身长白毛的猴子后，有人就作出推断说，与台湾自然条件、生活环境相类似的西双版纳地区也会有这种白色的猴子。

2. 神学家比西安·亚雷在说明地球是太阳系的中心时是这样论证的：太阳是被上帝创造出来照亮地球的。这是因为人们总是移动火把去照亮房子，而不是移动房子去被火把照亮。因而只能是太阳绕地球旋转，而不是地球绕太阳旋转。

3. 我们可以把地球与火星作一比较，它们都绕太阳公转，又都绕自己的轴自转；地球上有氮、氧、氢、碳四种元素，火星上也有这四种生命存在的必须元素；地球上有大气层，火星上的大气层相当稀薄，但毕竟也有；地球上有大气压，火星上的大气压是地球的百分之一，但毕竟有大气压；地球上有水，火星上也有少量蒸汽；地球上有生命存在，包括人这样的高等动物，火星上到目前虽然排除了高等生物存在的可能，但仍然可能有低等生物存在。

4. 伯乐是相马专家，著有《相马经》，其子却不会相马。一天，伯乐的儿子看到一只蛤蟆，对伯乐说："爸爸，好马，你看，额、眼、腿跟你在《相马经》中说的一模一样，就是蹄子不大一样。"伯乐听了，简直哭笑不得。其子"按图索骥"，得出了荒唐的结论。

5. 一些学生对闭卷考试颇有怨言："外科医生在给病人做手术时可以看 X 光片，律师在为被告人辩护时可以查看辩护书，建筑师在盖房子时可以对照设计图，教师备课时可以查看各种参考书，为什么独独不允许我们学生在考试时看看教科书及其他相关材料？"

6. 某初中即将举行春季运动会，校长办公室在布告栏里张贴了一个通知：本校全体师生员工必须参加运动会的开幕式。

在布告栏前，小马发表议论说："我们学校的运动会是一个学校的运动会，如果一个学校的运动会要一个学校的全体人员参加开幕式，那么，奥林匹克运动会是全世界的运动会，就该让全世界的所有人都参加开幕式，而这是不可能的，因此，我们学校的全体人员都参加开幕式也是不必要的。"

三、练习题。

1. 哥白尼认为，地球绕太阳转动，并且绕地轴自转。托密勒派天文学家反对这种观点。他们认为，如果地球每天绕轴自转一周，那么地球表面上任何一点在很短暂的时间内都将运动很大一段距离。这时，如果有块石头从地球表面的一座塔顶上落下来，那么在下落过程中，由于地球自转的缘故，塔已经离开了原来的位置。因此，下落的石头应该落在距塔基相当远的地面上。但是，人们看到的情况并非如此，石头总是落在塔基边缘。这就是所谓"塔的证据"。伽利略指出，从运动着的地球表面的一座塔顶上落下来的石头，掉在塔基附近而不是掉在离塔基远处的事实，不能说明地球不是运动的。这正如一条匀速航行的船，从桅杆顶上落下一件重物，其总是落在桅杆脚下而不是落在船尾一样。在 17 世纪 40 年代，法国人伽桑狄进行了一次"桅顶落石"的试验，结果和伽利略预期的相同。伽利略使用了什么推理为哥白尼的"地动说"进行辩护？

2. 有一些鳞翅目昆虫的幼虫是为害柳树的害虫，但柳树也有反击害虫的自卫方法。一部分叶子遭到害虫噬咬后，整棵树叶子的化学成分就会发生变化，叶子中可供害虫消化吸收的营养成分减少，无法消化的化学物质增加，叶子变得很难吃，使害虫大倒胃口，望而生畏。科学家发现，当一棵柳树遭到害虫侵袭，叶子的化学成分发生变化，周围没有受到害虫蛀食的其他柳树叶子的化学成分也会随之发生变化，好像受害的柳树向它们发出了某种信息似的。柳树之间这种通信的距离可达 60 米。还有一些树，如糖槭树，也有这种本领。

树木采用怎样的信息进行通信联系，这种信息又是通过什么渠道传递的呢？美国科学家大卫·路德猜想：这种秘密通信可能是通过地下的树根进行的。他做了一个实验：在两棵柳树之间挖去泥土，使这两棵柳树的根系完全隔绝联系,然后让害虫侵袭其中的一棵树。结果，它们之间的联系并未中断，没有受到害虫侵袭的那棵柳树叶子的化学成分也发生了变化。事实否定了大卫·路德的猜想。

另一位科学家杰克·斯库认为，树木之间的通信可能是通过空中进行的，树木发出某种化学物质，这种物质散发开去，落在别的树上，被识别后就传递了信息。为了验证这一假说，他做了这样一个实验：在两间相邻的暖房里分别种一些糖槭树，这两间暖房的空气相互隔离，互不通风。结果，一间暖房的一棵糖槭树受到害虫蛀食时，同一暖房中的其他糖槭树叶子全发生了化学变化，而隔壁暖房里的糖槭树却没有这种变化。这就证实了树木之间的通信，是由化学物质通过空中传递来实现的。

科学家在这里研究了什么问题？提出了什么假说？他们是如何检验假说的？

第十章 逻辑思维规律

逻辑思维规律，概括了正确思维的最基本要求，是运用概念、判断、推理三种思维形式与各种逻辑方法必须遵守的起码的思维准则，以保证思维的确定性、明晰性、无矛盾性和论证性，同时也要善于运用这些思维规律以揭露逻辑错误和诡辩。

第一节 同一律

一、同一律的基本内容

同一律的基本内容可以表述为：在同一思维过程中，任何思想与其自身保持同一。

所谓思想与其自身同一，就是指一个思想反映了什么就反映了什么，某种观点如果是真的，那么它就是真的。

同一律的基本内容可以用公式表示为：

$$A = A（或 A \rightarrow A）$$

这个公式读做：A 这个思想就是 A 这个思想；或者如果 A，那么 A，即 A 蕴涵 A。

在同一律的公式中，A 可以是一个概念，也可以是一个判断，还可以是一个论题。无论是概念、判断或论题都必须与自身保持同一。同一律的基本内容，直接表达了正确思维必须具有的确定性。

（一）概念必须与其自身保持同一

当公式中的"A"代入概念时，同一律的要求就是：概念必须与其自身保持同一。为此，在使用概念时，概念的内涵、外延就必须确定；并且，在同一思维过程中始终保持这样的确定性。对于同一个概念，不能时而在这个意义下使用，时而又在别的意义下使用；时而用以指甲类对象，时而又用以指乙类对象，即对于同一个概念，在同一思维过程中，无论该概念出现了多少次，必须始终保持同样的内涵、外延，不得中途任意改变。否则，就是违反同一律，犯了"偷换概念"的逻辑错误。

如"商品"这一概念，它反映的是用来交换的劳动产品这一类对象，那么它反映的就是这样一类对象，从而它就具有确定的内涵和外延。如果这个概念既反映又不反映"用来交换的劳动产品"这一类对象，那么它就没有确定内容，人们也就无法理解它。如果运用这种没有确定内容的概念来进行判断、推理，那么我们的思维就会产生混乱。

概念是构成思维活动的最小单位，因此，保持概念与其自身的同一，是保证思维具有确定性的基础。同一思维过程中，如果使用的概念不确定，就不可能是正确的思维。例如，某饭店老板挂出告示"明天吃饭不要钱"，用以欺骗顾客，就是玩弄"偷换概念"的把戏，故意使用了"明天"这样一个内涵、外延皆不确定的概念。在老板心目中，吃饭不要钱的日子，永远是明天，"明天"是永远不会到来的。

这里必须指出的是，同一律只是要求概念与其自身保持同一，只是要求在同一思维过程中必须在同一意义下使用同一概念，并不要求概念同它所反映的对象同一。至于概念是否正确地反映了客观对象及其本质属性，概念是否与它所反映的对象一致，这不是同一律所要解决的问题。例如"美人鱼"这个概念，根据同一律的要求，它指的是什么就是什么，在同一思维过程中不能时而用它指人，时而又用它来指鱼。至于它所反映的对象，在客观世界中是否存在，同一律是不管的，并不属于同一律要求的范围。

（二）判断必须与其自身保持同一

当公式中的"A"代入判断时，同一律的要求就是：判断必须与其自身保持同一。根据这一要求，在同一思维过程中对同一事物情况的断定必须前后一致。是怎样的断定，就应该始终保持这样的断定，即使改变了判断的结构形式，也不能改变其真假值。否则，就会违反同一律，犯"偷换论题"的逻辑错误。

例如，古代有个县官，为表白他的清正廉洁，在县衙大堂上挂出一幅誓联："得一文，天诛地灭；听一情，男盗女娼。"然而，有人来送礼，他照收不误；有人来说情，他照听不误。他的幕僚悄悄提醒他："难道你忘了在大堂上挂的誓联吗？难道你不怕自己天诛地灭、男盗女娼吗？"这位县官回答说："我何曾忘记了那幅誓联？你放心吧！我所得的绝非一文，我所听的绝非一情。所以，我决不会天诛地灭、男盗女娼。"这里，这位县官故意偷换了论题。对联中的原判断为："不收受任何贿赂，不徇任何一次私情。"这是故意偷换论题，为自己所用。

同样，也必须指出，同一律只是要求判断与其自身保持同一，要求对事物情况的断定要前后一致，它并不要求判断断定的事情情况与客观事物情况保持同一。前者是关于判断的确定性问题，后者是关于判断的真实性问题。虽然二者有联系，但终究是两个不同的问题。因此，不能把判断在事实方面的真或者假，与判断是否与其自身保持了同一，是否符合同一律的要求，混为一谈。

二、同一律的适用范围

同一律的作用在于保证人们的思维具有确定性。但是，它只是要求我们在反映客观事物的时候应当确定，并不是要求把客观事物看成是确定不变的。客观事物自身，无时无刻不在发展变化，虽然同一律没有反映客观事物的这种发展变化，但它并不否认客观事物的发展变化，更不反对客观事物的这种发展变化。因此，不能把同一律的公式 A＝A，看做是客观事物自身的规律，这样就把事物本身看成是僵死不变的了。可见，把同一律要求的思想与其自身保持同一，混同于形而上学的世界观 —— 事物与其自身保持同一，进而把同一律和唯物辩证法对立起来，这纯属对同一律的曲解。

同一律不仅不要求把客观事物看做是固定不变的，而且也不要求人们的思想永远凝固不变。思想的确定性并不等于思想的凝固性。同一律要求的思想同一，只是要求在同一思维过程中，也就是在同一时间、同一关系下，对同一对象的反映，思想必须确定，必须与其自身保持同一。

如果对象不同，那么反映对象的概念、判断当然也就不同。例如，既断定"有些被告不是罪犯"，又断定"有些被告是罪犯"，这两个判断分别断定的是"被告"中的不同对象，是针对"被告"这一概念的不同外延对象而言的，因而后一判断并不影响或者改变前一判断的真假值。正因为如此，在同一思维过程中即使同时作出上述这样的两种断定，也不能视为判断没有保持同一，并不违反同一律。

即使思维对象相同，如果时间变了，对象自身发生了变化，或者我们对对象的认识发生了变化，在这种情况下，反映对象的概念，其内涵、外延也应该随之发生变化；对于该对象的断定，无疑也应该发生变化。这样的变化，因为并非思维不确定的表现，所以也不能看做是概念、判断没有与其自身保持同一，并不违反同一律。

同一律要求的同一，不仅在对象、时间相同的条件下，思想与其自身保持同一，而且还是指关系相同的情况下，思想与其自身保持同一。这里所说的关系，是指思考问题的角度。如果关系不同，是在某种特定意义下使用某个概念或判断的，并没有把它混同于另外意义下某个概论或判断的，这当然不违反同一律。例如，我们为了说明浪费这种行为的社会危害性，告诫人们杜绝浪费，在这样的意义下说"浪费是极大的犯罪"。这里使用"犯罪"这个概念，尽管不同于通常意义下说的"犯罪"，有着不同的内涵，然而，只要是在同一思维过程中没有把它混同于通常意义下的"犯罪"，就不能认为它违反同一律。这是因为思考问题的角度不同。

又如，有位厂长在全厂职工大会上说："我今年 50 岁了，不算年轻了。"大会下来，这位厂长又在厂领导班子会议上说："在座的厂级领导中，我是最年轻的。"这里，这位厂长先说自己"不算年轻了"，后面又说自己"是最年轻的"，但他并不违反同一律。因为这样两个不同的判断不是在同一关系下作出的断定。前者是就自身的年龄段而言，后者是就自己和其他厂级领导的年龄相比较而言。这两个判断并不相矛盾，所表达的思想仍然是确定的，符合同一律的要求的。

总之，同一律要求的同一，是在对象、时间、关系三同一的条件下，思想必须与其自身保持同一。如果三者中有一个方面发生了变化，概念、判断也就可以变化了。这种情形，不但不违反同一律，而且完全符合辩证法的要求，严格遵守了同一律。

三、违反同一律的典型错误

在思维或论辩过程中，违反同一律的典型错误就是偷换概念或转移论题。

（一）偷换概念

所谓偷换概念，就是把两个本来不同的概念当做相同的概念使用，并且用其中一个概念去替换已使用的另一个概念而发生的逻辑错误。

例如，下面甲、乙二人的对话：

甲问："贵国的死亡率想必不会低吧？"

乙答："同你们那里一样，每人死一次。"

这里，甲本来是问贵国在特定时间内，死亡人数与总人口数相比的比率，即"死亡率"，而乙的回答却把"死亡率"曲解为"人的死亡次数"。"死亡率"与"死亡次数"是两个不同的概念，乙把二者视为相同的概念，并用后一个概念去替换了甲使用的前一个概念。这里乙犯了"偷换概念"的逻辑错误。

偷换概念是在同一思维过程中，概念没有与其自身保持同一的典型表现。它严重地妨碍着人们的正确思维。偷换概念的发生，往往又是同对词语所表达的概念作出错误的理解相联系。我们知道，概念同词语的关系密不可分，但二者又有区别，它们是表达者与被表达者的关系。某个词语究竟表达什么概念，通常要受它所处的语言环境的制约，如果改变或不顾词语所处的语言环境，断章取义，斩头去尾，就很可能改变词语所表达的概念，自觉或不自觉地犯偷换概念的逻辑错误。

在实际思维中出现的偷换概念的逻辑错误，主要表现为下面两种情形。

1．混淆概念

混淆概念，是在实际思维中，把思想内容根本不同的两个概念视为相同概念而互相代替。例如，新中国建立初期，马寅初先生根据科学理论提出了在社会主义建设时期应适当节制人口增长的"新人口论"，这本来与西方的"马尔萨斯人口论"不是同一概念，但有些人只因为马寅初姓马，就把马寅初"新人口论"当做了"马尔萨斯人口论"进行批判，造成了很严重的后果。

有一个张班受骗的故事，现摘录如下：

张班是鲁班的师兄弟，木匠工艺相当高超。有一次，张班给一个财主修建台阁，财主和他口头约定：如果修的台阁合其心意，赏"五马驮银子"，外带"一担米、两只猪、三坛酒"。台阁修好了，财主里里外外都检查了也找不出半点毛病，该按约定条件付给张班报酬了。财主叫家丁牵来五匹马，并排站着，马背上横搁一块木板，上面放了一块比手指还小的银子。财主说："这就是我给你的工钱，'五马驮银子'。"接着，财主拿来鸡蛋壳装的米粒说："这是我赏的'一蛋米'。"财主又从一个纸匣里拉出了两只蜘蛛，说："这是'两蜘蛛'。"最后，他把手指头伸到一只酒壶里，蘸了一下，向前弹动了三下，对张班说："这是'三弹酒'！"

在这个故事里，财主欺骗张班的手段就是利用同音异字来偷换概念，把本不会发生歧义的"一担米、两只猪、三坛酒"肆意偷换成"一蛋米、两蜘蛛、三弹酒"，这是对同一律粗暴、野蛮的违反。

2．改变概念

改变概念，是在思维或论辩过程中，有意或无意地改变一个词语本来表达的思想，赋予该词语以另外的含义，即改变词语所表达的含义，并且用改变后的含义去替换它本来表达的含义。这种情形，突出地表现为把相同词语表达的不同含义，混淆为相同含义使用。

鲁迅先生在《且介亭杂文末编》里，记录了 A、B 两人的一段对话：

A：我们当你是一个可靠的人，所以几种关于革命的事情，都没有瞒了你，你怎么竟向敌人告密去了？

B：岂有此理！怎么是告密！我说出来，是因为他们问了我呀。

A：你不能推说不知道吗？

B：什么话！我一生没有说个谎，我不是这种靠不住的人！

在此，B 不仅把向敌人告密的恶行轻轻抹去，而且得出了"告密有理"的结论，B 就任意改变了"可靠"这一概念的内涵和外延。本来 A 所说的"可靠"是对革命忠诚，不向敌人泄密，而 B 却用"从来不说谎"即向敌人说实话来偷换，手段之低下，令人不齿。

又如，《韩非子》一书中有这样一则笑话：

郑县有一人裤子破了一个洞，他让妻子给他再做一条新的。妻子问他做成什么样子？他顺口回答说："照原样做一条。"他妻子把新裤子做好后，照原样子给剪了一个洞。丈夫发现后，非常生气。妻子争辩说："你叫我照原样做的嘛！"丈夫当然也不好再说什么了。

这当然只是一则笑话。丈夫说的"照原样"，是指裤子的长短、大小尺寸；而妻子却在"照原样"的内涵中增加了"一个洞"的含义。

在论辩过程中，为了适应论证和反驳的需要，这种故意改变概念，是一种常见的诡辩手法。在现实生活中，这种故意玩弄偷换概念的事例，也不会少见，尤其应该注意识别。

（二）转移论题

转移论题，写作里叫做离题、跑题或走题。其特点是，在论证过程中用证明另一个无关的判断，来代替准备证明或应当证明的判断，亦即实际证明的判断，与准备证明或应当证明的判断不是一回事。论证过程中，之所以发生转移论题的逻辑错误，通常是因为论证者对于通过论证所需要证明的是什么样的判断，在头脑中尚未确立而引起的；当然，也不排斥主观上有故意转换论题的情形。但是，无论是自觉或不自觉的转移论题，都反映了论证者在论证过程中思想的不确定性。

在实际思维中，转移论题主要表现为以下两种情形。

1．无确定论题，或论证离题

在思考或论证问题时，一会儿天上，一会儿地下，东拉西扯，节外生枝，没有确定的论题，或者远远离开了已确定的论题，这是偷换论题常见的一种表现形式。

例如，《艾子杂说》里有这样一个故事：

有个营丘人，和别人讨论问题的时候，总是喜欢死缠人，以难倒别人，自己才算聪明。这天，他向艾子提出了一个问题："大车下面和骆驼脖子上，都挂着一串铃铛，那是做什么用的？"

艾子告诉他："怕夜晚走在小路上，彼此会冲撞，挂了铃铛，听见响声，就好让开了。"

营丘人说："宝塔上也挂铃铛，是不是也怕夜晚走路，冲撞了别的宝塔呢？"

艾子说："宝塔上也挂铃铛，为的是惊吓鸟雀，免得鸟雀在宝塔上做窝，拉一宝塔粪。"

营丘人说："打猎用的鹰鹞，尾巴上也有铃铛，难道也怕鸟雀在他的尾巴上做窝和拉粪吗？"

艾子说："鹰鹞脚上是拴线的，有时飞进树林里，会被树枝绊住，飞不动，听见铃声就好找了。"

营丘人说："死人出殡时，前边有一个摇铃铛的向导，难道这个脚上也有线怕树枝绊住吗？"

艾子实在忍不住了，说："那是因为棺材里的死人，活着的时候总喜欢死缠人，摇摇铃铛，叫死人快活快活呀！"

故事里的营丘人确实是一个不懂事理而故意缠人的人，在逻辑上就是犯了转移论题的错误。他本来问的是大车下面和骆驼项上为什么要挂铃铛的问题，艾子也回答得很清楚了；可是，他又把艾子的回答故意扯到宝塔、鹰鹞挂铃铛的用途上，节外生枝，纠缠不休。像这样脱离原题、东拉西扯，显然就不是在认真讨论问题，而是在进行诡辩了。

2．在论证过程中有意无意地改变准备证明或反驳的判断

比如，本来准备证明或反驳的判断是"S 是 P"，而实际证明或反驳的判断却是"S 可能是 P"，甚至是"S 不是 P"。本来二者风马牛不相及，论证者却还把它们视为相同的判断。这种情形，就是人们常说的"论证跑题"、"答非所问"的典型错误。

如下面这段论证：

被告人陈某已构成贪污罪。因为第一，被告陈某开支较大，收支悬殊，经济来源令人怀疑；第二，被告陈某经常是一个人在门市部营业，贪污货款有较为方便的条件；第三，被告陈某经常发牢骚，嫌自己的工资太低。综上所述，被告陈某完全可能犯贪污罪。

这里，论证者本来准备证明的论题是"被告陈某已构成贪污罪。"也就是"S 是 P"。通过论证实际证明的论题，亦即最后表明的论题却是"被告陈某完全可能犯贪污罪"，即"S 可能是 P"。很明显，上述两个判断并不等值，而论证者却以对后者的证明来代替对前者的证明，因此，这一论证犯了偷换论题的逻辑错误。

所答非所问，牛头不对马嘴，也属于偷换论题的错误。例如，在《嘻谈续录》中有一篇叫"堂属问答"的笑话，就揭露了这方面的错误：

一捐班不懂官话，到任后，谒见各宪上司，头曰："贵治风土何如？"答曰："并无大风，更少尘土。"又问："春花何如？"答曰："今年棉花每斤二百八。"又问："绅粮如何？"答曰："卑职身量，能穿三尺六。" 上宪曰："百姓如何？"答曰："白杏只有两棵，红杏倒是不少。"上宪曰："我问的是黎庶！"答曰："梨树甚多，结果甚少。"上宪曰："我不是问什么梨杏，我是问你的小民。"官忙站起答曰："卑职小名叫狗儿……"

第二节 矛盾律

一、矛盾律的基本内容

矛盾律反映了正确思维必须具有的不矛盾性，它是客观事物相互间质的差异性在人们头脑中的反映。由于事物在同一时间内、同一关系下，不可能既是什么又不是什么，既具有某种属性又具有与此不相容的另一种属性，因此，思维反映客观事物的时候，不能把两种互不相容的思想看做都是真的。否则，思维就会出现逻辑矛盾。而包含逻辑矛盾的思维不可能是如实反映客观事物情况的思维，因而也就不可能是正确的思维。要做到思维正确，就必须排除思维中的逻辑矛盾，遵守矛盾律。

矛盾律的基本内容就是：在同一思维过程中，互相排斥的两种思想不可能同时为真。

矛盾律可以用公式表示为：

$$\neg\,(A \wedge \neg A) \ \text{或}\ \overline{A \wedge \overline{A}}$$

在公式中，"A"与"¬A"表示互相否定，相互排斥的两种思想。公式表明，"A"和"¬A"这两种思想不可能同时为真。若同时确定它们都真，则这样的思想必然是假的。

矛盾律的基本内容，表明了它对正确思维的要求，即在同一思维过程中，不能包含有互相排斥的两种思想，对同一对象不能既肯定又否定，否则，其中至少有一种思想是假的。

由于任何思想都是由概念、判断这些基本的思维形式构成的，因此，矛盾律的要求又可以具体表述为：

（1）当公式中的"A"代入概念时，矛盾律的要求如下：

在同一概念中不能包含有"A"与"¬A"两种思想，不能用包含有"A"与"¬A"两种思想的概念来指称同一对象。否则，这样的概念就是包含逻辑矛盾的概念，在思维领域即可判定必然不是正确反映客观对象的概念，当然也就不可能是清晰、明确的概念。例如，"过失贪污罪"、"蓝色红宝石"、"方的园"、"一个不是罪犯的罪犯"、"圆的三角形"、"价值连城的无价之宝"等都是矛盾概念。这类概念，在客观世界中不可能存在它反映的对象。历史上曾发生过这样一件趣事：有个年轻人想到大发明家爱迪生的实验室里去工作，并满怀信心地对爱迪生说："我有一个伟大的理想，那就是发明一种万能溶液，它能溶解一切物质。"爱迪生听后惊奇地说："什么？那么你想用什么器皿来放置这种万能溶液？它不是可以溶解一切物质吗？"年轻人被问得哑口无言。为什么呢？因为爱迪生指出了年轻人使用的那个概念，即"能溶解一切物质的溶液"（万能溶液）是一个包含有逻辑矛盾的概念，其外延指称的对象是不可能存在的。这就使年轻人明白了，他所谓的"伟大理想"，其实是一种幻想。

可见，包含有逻辑矛盾的概念，必然不是正确的概念，而含有矛盾概念的思维，就绝不可能是正确的思维。

（2）当公式中的"A"代入判断时，矛盾律的要求如下：

在同一思维过程中，对同一事物情况作出了某种断定，不能同时又作出与之不相容的另一种断定，即不能把互不相容、互相排斥的两种判断，同时确定为真。

具体说来，矛盾律关于判断的要求如下：

第一，对同一对象的认识，不能既有"A"这样的观点，又有"¬A"这样的观点；对同一事物情况的断定，不能既肯定，又否定。比如，既断定了"本案所有材料都是可信的"，就不能又断定"本案所有材料都是不可信的"，也不能断定"本案有些材是不可信的"，也不能断定"本案有些材不是可信的"。因为 A 与 E 之间是反对关系，A 与 O 之间是矛盾关系。既然断定了"甲是作案人"，就不能又断定"甲不是作案人"，因为两者之间构成矛盾关系。

简言之，矛盾律关于判断的要求就是：对同一事物情况不能同时作出两个具有矛盾关系或反对关系的判断。

第二，在同一思维过程中，如果出现了两个具有矛盾关系或反对关系的判断，矛盾律告诉我们二者不可能同真，其中至少有一种判断是假的。比如，面对"所有 S 是 P"与"并非所有 S 是 P"这样的两种判断，如果肯定了其中一种，就必须否定另一种；反之亦然。如果对二者都肯定，或者肯定了其中一种思想，又不否定其中另一种思想，思维就会出现逻辑矛盾。

矛盾律的基本内容告诉我们：在思维或论辩过程中，无论自己的观点在内容方面是否正确，都不能出现用自己的观点否定自己的观点这一情况，不能包含有逻辑矛盾。不矛盾性，是思维正确、观点能够成立的必要条件。

二、违反矛盾律的典型错误

违反矛盾律的典型错误，就是思想的自相矛盾，即在同一思维过程中，既有某种思想，同时又否定这种思想，或者把两种相互矛盾的思想看做都是真的。人们常说的"不能自圆其说"、"自己打自己的嘴巴"，指的就是这种自相矛盾的错误。

在思维实际中，自相矛盾主要表现为以下两种情形：

（1）用互相矛盾的概念来反映同一对象，即使用了包含有逻辑矛盾的概念。

例如：

［1］这篇稿件是所有采用的稿件中唯一没有被采用的稿件。

［2］据了解，有的党组织至今仍不敢发展那些本人表现很好，只是家庭出身不好的党员。

在例［1］中，"采用的稿件中唯一没有被采用的稿件"，这是一个包含有逻辑矛盾的概念，这句话就等于既肯定了"这篇稿件"是属于采用的稿件，又肯定了"这篇稿件"是属于没有被采用稿件。显然，这两种思想不能同真。因此，用上述这个包含有相互否定思想的概念，来指"这篇稿件"，就不能不使人迷惑，"这篇稿件"究竟是采用了的稿件还是没有被采用的稿件，令人费解。例［2］中，也是包含了矛盾概念，即"至今仍不敢发展……党员"。因为，既然是党组织"至今仍不敢发展的"，这样的人当然就还只能是非党员而不是党员；既然已经是"党员"了，那就不会是"至今仍不敢发展的"。显然易见，在同一时间内、同一关系下，任何一个人都不可能既属于"党员",又属于"非党员"。上述两例,都是用互相矛盾的概念来指称同一对象,反映同一事物,违反矛盾律。

（2）把相反的两种判断看做都是真的,出现自相矛盾。

在判断的运用上,自相矛盾有时出现在同一句话中,有时表现为前后的观点互相冲突。

例如:

新中国建立前,盘踞在山东的军阀韩复榘在一次演讲开始时说:"今天是我讲话的天气,我看人来得很茂盛,大概来了三分之五,没有到的请举手!"

后两句就"自相矛盾","大概来了三分之五"中的"三分之五",隐含"开会的人都已来到"和"没有到的请举手",相互矛盾。

再如,阿凡提的传说中有一个叫《女人的话》的小故事:

毛拉经常向人劝诫说:"女人的话可千万不能听啊!"阿凡提听了毛拉的这个话,有一天就跑去问毛拉:"毛拉先生,女人的话能听不能听?""咳,女人的话可千万听不得!"毛拉说。阿凡提又说:"那就照你的话办吧。我家里有两只羊,我女人说要送给你,我说不送。多谢你给我把这件事断决了。"说着,他转身就走。毛拉一听此话,马上跑去拉着阿凡提说:"不过,女人的话有时也可以听哩!"

这个小故事,将毛拉贪婪、虚伪、欺诈与馋嘴表现得淋漓尽致。毛拉一会儿说"女人的话都不能听",一会儿又改口说"有时女人的话可以听"。而这两个判断是具有矛盾关系的判断,不能同时加以肯定,其中必有一假。但毛拉为了馋嘴,却不惜自相矛盾,自打嘴巴。

自相矛盾的发生,通常与一个人的思维能力、认识水平有关。思维不严密的人,谈论问题时总是常常说到后面不顾前面,因而出现前后思想互相冲突;对某个问题总是缺乏认识的人,在不同的观点面前往往会觉得这种看法对,那种看法也对,以致对相反的两种观点都表示同意、赞成,从而出现自相矛盾。

三、矛盾律的适用范围

矛盾律不是在任何情况下都起作用的,它的适用是有条件的。

首先，矛盾律要求排除的矛盾，是思维或论辩过程中出现的逻辑矛盾。我们知道，逻辑矛盾不同于客观事物自身的矛盾。唯物辩证法认为，任何事物都是一个统一整体，但是，其内部又包含着两个既相互联系、相互依存，又相互排斥或相互对立的部分、方面或趋势，也就是说，任何事物内部都包含着矛盾。人们要正确认识事物，就要如实地反映并具体地分析事物自身的这种矛盾。逻辑矛盾不是这样的矛盾，它是思维反映事物时，由于思想的不确定而引起的矛盾。例如，既有某种思想，同时又否定这种思想；既断定事物具有某种性质，又断定事物不具有这种性质，等等。显然，这不是事物自身的情况，而是在反映客观事物过程中强加于事物的、人为制造的矛盾。因此，思想上出现这种矛盾，是歪曲反映客观事物的表现。

矛盾律要求排除的矛盾，只是这种逻辑矛盾。从矛盾律的基本内容可以看出：矛盾律既不否认客观事物自身存在的矛盾，也不反对反映事物自身的矛盾；它只是不允许在反映客观事物的时候，包括反映事物自身矛盾性的时候，出现思想的自相矛盾。例如，"真理既是绝对的，又是相对的"。这里反映的是真理自身的二重性，是真理本身具有的矛盾，这样的思想不能视为违反了矛盾律。但是，如果在作出上述判断的同时，又断定"真理并非既是绝对的，又是相对的"，这样就是思想的自相矛盾了。

其次，矛盾律也必须在对象、时间、关系相同的条件下才适用。如果其中有一个方面不同，就不能用矛盾律来要求。

矛盾律也只是在同一思维过程中才起作用的规律，它必须以"三同一"为适用条件，要求在同一时间内，同一关系下，对同一对象不能作出两种互不相容的断定。三者中有一个方面的条件发生了变化，那么我们的思想就不受矛盾律的约束了。

时间不同，历史条件发生了变化，从而使得对象自身也发生了变化，或者使我们的认识发生了变化，在这种情况下出现的前后两种不同的断定，尽管看起来是互相冲突的，然而并不违反矛盾律。例如，"某甲去年不是罪犯"，"某甲今年是罪犯"。对某甲在不同时间作出这两个表面上互相冲突的判断,这当然不能看成是自相矛盾。

如果关系不同,对同一对象从不同角度作出了两种互不相容的判断,也不能把这种情况看做自相矛盾。例如,"在战略上要藐视敌人,在战术上要重视敌人"。这是从不同方面来看的,并不矛盾。如果对象变了,在同一时间内,在同一关系下,即使作出两个看起来互不相容的判断,也没有违反矛盾律。例如,"有些被告是罪犯"与"有些被告不是罪犯"。前者指的是被告中的罪犯的那部分,后者指的是被告中不是罪犯的那部分。二者指的对象不同,作出这样两种判断不能看成是自相矛盾的。

最后,矛盾律既适用于具有矛盾关系的思想,也适用于具有反对关系的思想,即两种不能同时为真的思想。

根据矛盾律的基本内容,在同一思维过程中,互相排斥的两种思想不能同时为真,其中必有一假,因此,矛盾律只适用于两种具有矛盾关系或者具有反对关系的思想。如果把两个具有矛盾关系或者具有反对关系的思想都同时加以肯定,那就是违反了矛盾律的要求,犯了"自相矛盾"的逻辑错误。

第三节　排中律

一、排中律的基本内容

排中律的基本内容就是:在同一思维过程中,任何一种思想和对这种思想的否定,二者必有一真,不可能二者都假。

排中律可用公式表示为:

$$A \vee \neg A$$

公式中的"A"与"¬A",表示两种相互否定的思想。如果"A"表示任一思想,"¬A"则表示对该思想的否定。比如,若"A"为判断"所有 S 是 P",则"¬A"就为判断"并非所有 S 是 P",即"有 S 不是 P";若"A"为"这个 S 是 P",那么"¬A"为"这个 S 不是 P"。

公式表明："A"与"¬A"这样的两种思想不可能同时都假，二者之中必有一真。

排中律反映了正确思维必须具有明确性。人们在思维或论辩中要求观点明确，是非清楚，立场坚定，旗帜鲜明，否则，就会观点模糊，令人费解。在"是"与"非"之间含糊其辞，模棱两可，是也否定，非也否定，让人无所适从，这样的思想就是不明确的。

排中律的基本内容表明了它对正确思维的要求，即：同一思维过程中，只能或者是"A"这种思想，或者是"¬A"这种思想，不能既非前者也非后者，不允许对二者都否定。可具体表述为：

（1）当公式中的"A"代入概念时，排中律的公式告诉我们：任何一个概念总是或者反映了某个对象，或者没有反映这个对象。换句话说就是：在特定领域内，某个对象或者属于"A"的外延，或者属于"¬A"的外延。例如，"罪犯"这个概念，在"人"这个特定领域内，它或者反映了某甲这个对象，或者没有反映某甲这个对象；换言之，某甲或者属于"罪犯"这个概念的外延，或者属于"非罪犯"这个概念的外延。他不可既不属前者的外延，也不属后者的外延。因此，否定他属于前者，就得承认他属于后者，反之亦然。不允许既否认他属于前者，又否认他属于后者。

（2）当公式中的"A"代入判断时，排中律的公式告诉我们：任何一个判断和否定该判断的判断，二者不可能都是假的；就同一判断来说，它或者是真的，或者不是真的，不能既否认它是真的，又否认不是真的。因此，根据排中律的要求，我们否定了"A"这个判断，就得承认是肯定了"¬A"这个判断；否定了"¬A"这个判断，就得承认是肯定了"A"这个判断。例如，断定了"所有 S是 P"假，就得承认，"并非所有 S是 P"真；否定了"如果 P，那么 q"，就得承认是肯定了"P，并且非 q"。对上述这样的两个判断，不能既否定前者，又否定后者。

这里必须指出，排中律只是从逻辑思维的角度要求我们：一种思想和对于这种思想的否定，二者之间必有一真，要求必须选择一个，不允许对二者都否定。但它并不要求我们对"是"和"非"的问题必须立即表态，可以轻率抉择，更不能解决应该选择"是"还是选择"非"的问题。当我们对事物情况的认识还没有充分把握的时候，完全可以而且应该对"是"或"非"的问题作慎重思考，可以用"二不择一"的办法。因为"二不择一"不等于对二者都否定，所以"二不择一"并不违反排中律。

二、违反排中律的典型错误

违反排中律的典型错误就是观点含糊、模棱两可。

所谓模棱两可，是指对互相否定的两种思想骑墙居中，似是而非，既否定这种，又否定那种，在两种思想之间游移不定、含糊其辞，实际上是模棱两不可。关于"模棱两可"的来历，有这样一个典故：据说唐朝有个叫苏味道的人，为官多年，颇懂得做官之道。他曾对别人说："处事不欲决断明白，若有错误，必贻咎谴，但模棱以持两端可矣。"后来人们便送给他一个绰号，叫苏模棱。"模棱两可"就是由此得来的。具体表现为以下两种情形：

（1）论证中没有明确的观点，或者故弄玄虚，把观点说得似是而非，令人费解。

例如，关于基本粒子是否可以再分的问题，在科学上这本来是可以研究的问题，对此不管持什么样的观点，无疑都是允许的。可是，有篇文章在谈及这个问题的时候，却把它说得十分玄乎，使人读了之后不可捉摸。文章写道："基本粒子是又间断又连续，若断若续，非断非续，续中有断，断中有续，可能愈分愈小，也可能愈分愈大。"

说得如此玄妙，怎能使人明白作者究竟要表达什么观点。从逻辑上说，它既没有明确肯定"A"，又没有明确肯定"¬A"这样的观点，貌似全面、辩证。其实，这样论证问题等于什么都没有说，使人不明究竟，违反了排中律。

（2）对某个问题所持的态度，"是"也否定，"非"也否定，使人无所适从。

例如，有个案件在开庭审理中，公诉人以某甲犯贪污罪向法庭提起公诉，并列举了大量证据证明被告人已构成贪污罪。在法庭辩论时，辩护人就被告人不具备构成贪污罪的主体，即被告人某甲不是国家工作人员或依法从事公务活动，认为认定此案被告人构成贪污罪的证据不确实、不充分。最后，审判长发言说："刚才公诉人的指控与辩护人的辩护都不是正确的。"

这是典型的"两不可"的错误。因为公诉人以大量证据证明被告人某甲有贪污罪，公诉人的思想为"A"；而辩护人认为有的证据不能证明被告人某甲犯有贪污罪，辩护人的思想为"O"，"A"与"O"互是矛盾关系，二者不能同假，其中必有一真。然而，审判长既否定 A，又否定 O，违反排中律，犯了"两不可"的逻辑错误。

三、排中律的适用范围

排中律的适用是有条件的，其适用范围是有限制的。

（1）排中律只有在同一思维过程中才起作用的逻辑思维规律。

排中律要求人们在同一时间内，在同一关系条件下，对同一对象不能作出"既不是 A，又不是¬A"的断定；如果超出了"三同一"的范围，排中律就不适用了。

例如：

有三个老头碰在一起谈论起了打太极拳的问题。

张老头说："打太极拳能增进身体健康。"

李老头说："打太极拳不能增进身体健康。"

王老头说："你们两个的说法都不对。以前我打太极拳身体不好也不坏，现在我不打太极拳了，身体还是老样子，不好也不坏。"

这三个老头中，王老头违反了排中律，犯了"两不可"的逻辑错误。因为这是在同一时间内，在同一关系条件下，讨论同一个问题，即老年人打太极拳与增进身体健康的关系。讨论中，张老头的观点为"A"，断定"打太极拳能增进身体健康"；李老头的观点为"¬A"，断定了"打太极拳不能增进身体健康"；而王老头既否定了"A"，又否定了"¬A"，作出了"既不是 A，又不是¬A"的断定。

（2）排中律只适用于两个"不能同假"的思想，即两个具有矛盾关系或下反对关系的思想。

两个具有矛盾关系的思想不能同假,其中必有一真,不允许对二者都否定。

例如:

一位厂长在全厂青年职工大会上讲话说:"有人说,我们厂有些青年是有作为的;又有人说,我们厂所有青年都不是有作为的。我看这两种说法都不对,太绝对化了。"

这位厂长的总结发言违反了排中律,犯了"两不可"的错误。因为,前一个判断是特称肯定判断 SIP,后一个判断是全称否定判断 SEP,二者之间是矛盾关系。然而厂长却把两者都否定了,错误是明显的。

另外,两个具有下反对关系的思想也不能同假,其中必有一真;不允许对二者都否定。

例如:

一位法官说:"有些被告人是有罪的,有些被告人不是有罪的。"有位陪审员马上反驳说:"法官的两种说法不对。我认为,所有被告人都是有罪的。"

显而易见,这位陪审员同时否定了法官作出的两个具有下反对关系的判断 SIP 和 SOP,违反排中律,犯了"两不可"的逻辑错误。

(3)对于复杂问语不作出"是"或"非"的直接回答,并不违反排中律。

因为复杂问语本身隐含了某种断定,它是在这种断定的基础上发问的。所以,对这类问题不论作"是"或"非"的回答,都等于承认了隐含断定是真的。

例如这样的问句:

"你打死某甲是否出于故意?"

对此,无论回答"是"或"不是",就都意味着承认了"你打死某甲"这个判断是真的。因此,如果否定了复杂问语中隐含的判断为真,对复杂问语的回答,就可以同时否定"是"和"不是"。对于这种情况不能被看做是违反了排中律。

（4）如果判断表示的断定超越了特定领域，致使判断本身无实际意义，或者判断主项反映的对象根本不存在，那么对这样的两个相互否定的判断，也不能适用排中律。

例如：

［1］某甲是正常死亡。

［2］某甲不是正常死亡。

对于这样两个判断，只有在"某甲确实死亡了"这一特定条件下，它们才有实际意义，也才说得上是两个相互否定的判断，因而才能适用排中律。如果超越这个条件，比如，某甲根本没有死亡，或者否定了"某甲死亡"这一情况，上述两个判断就没有实际意义，对上面两个判断都予以否定，也说不上违反排中律。

仅仅从判断形式上看，虽然也是一对具有矛盾关系的性质判断，但因其主项反映的那类对象事实上是不存在的，从而使得这样的两个判断形式没有实际意义，对于这样的两个判断就不能根据排中律的要求，得出必有一真。

例如：

［1］上帝是万能的。

［2］上帝不是万能的。

上述两个判断，表面看来是一对具有矛盾关系的性质判断，但由于事实上"上帝"指称的对象根本不存在，是一个空概念。因此，对它们就不能用排中律来要求，在指出"上帝不存在"的前提下，对二者都否定，并不违反排中律。

四、排中律与同一律、矛盾律的关系

（一）排中律与同一律、矛盾律，它们相互间有着密切的联系

从这三个规律的公式可以看出："$A \rightarrow A$"与"$\overline{A \wedge -A}$"、"$A \vee \neg A$"，它们相互等值，可以相互转换；并且，其中任一公式中的"A"，无论代入的具体内容是真的或是假的，它们都是永真式。公式永真，表明它是逻辑定律，或者说是逻辑规律。因此，即使代入的具体思

维内容是假的，只要符合上述公式要求，就证明这样的思维是合乎逻辑的。相反，虽然代入的具体思维内容是真的，但却与上述公式表述的规律相违背，那就说明这样的思维不具有普遍有效性，因而也是不合逻辑的。

三者之间的联系，还表现在它们对思维的要求方面。同一律正面表述了思维必须具有的确定性，要求是什么样的思想就是什么样的思想。矛盾律则指出，如果思维过程中思想不确定，出现了互不相容的两种思想，它们不可能同时为真，因而不允许对两者都肯定，要求在二者中必须否定一个。排中律则进一步指出，如果思维过程中出现了两种互不相容，并且是相互否定的两种思想，他们不可能同时都假，因而不允许对两者都否定，要求在二者中必须选择一个，实则还是为了在思维过程中做到是什么样的思想就是什么样的思想，做到思维具有确定性。正因如此，所以说思维的确定性，是正确思维的根本特性；矛盾律和排中律，实则是从两方面来排除思维的逻辑矛盾，保证思维具有确定性，是以否定形式表述同一律用肯定形式表述的内容。

（二）排中律与矛盾律的区别

排中律和矛盾律虽然都是从不同的侧面要求排除思维中的逻辑矛盾，但二者又是区别的，主要表现以下几个方面：

1. 要求排除逻辑矛盾的侧重点不同

矛盾律是指两种互相否定的思想不可能同真，其中必有一假，不允许对二者都肯定，必须否定其中一种，是由真推假的依据；而排中律是指两种互相否定的思想不可能同假，其中必有一真，不允许对二者都否定，因而要求必须选择一个，是由假推真的依据。思维中出现的逻辑错误，究竟是违反矛盾律，还是违反排中律，就是以上述不同的要求作为衡量标准的，要正确区分。

2. 适用范围不同

矛盾律适用于两种不能同真的思想。因此，不论是一对矛盾关系的判断，还是一对反对关系的判断，它都适用。也就是说，在上述两种情况下都可以根据矛盾律指出其中必有一假；对它们同时予以肯定，都可视为违反矛盾律。

排中律适用于两种不能同假的思想。因此，这样的两种思想必须是一对具有矛盾关系的判断，或者是一对具有下反对关系的判断，它才适用。也就是说，面对一对具有矛盾关系或下反对关系的判断，才能根据排中律指出其中必有一真，对于一对具有矛盾关系或下反对关系的判断给予同时否定，才能视为违反排中律。

3．逻辑错误的表现形式不同

违反矛盾律的典型错误就是表现为"两可"，即在同一思维中同时肯定了两种不能同时为真的思想，造成自相矛盾。

违反排中律的典型错误是"两不可"，即在同一思维中，同时否定了两种不能同假的思想，造成观点含糊。

4．作用不同

矛盾律的根本作用是保证思维的不矛盾性，用于排除思维中的逻辑矛盾，能由真推假，是直接反驳的基础。

第四节　充足理由律

一、充足理由律的基本内容

充足理由律的基本内容就是：在思维过程中，任何一个真实的论断，都有它既真实又充分的理由或根据。

充足理由律反映了正确思维必须具有的论证性，它是客观事物因果联系的特性在人们头脑中的反映。因为客观世界中任何事物或现象的出现，都不是无缘无故的，都有它出现的原因。因此，任何一个论断的作出也必须有它的理由，这就决定了正确思维必须具有论证性。

充足理由律可用公式表示为：

$$B \wedge (B \rightarrow A) \rightarrow A$$

公式中的"A"，表示某种思想或某种论断；"B"表示作出某个论断的理由，是证明"A"之所以为真的依据。公式表明的意思是："A"真是因为"B"真，并且"B"真能必然地推出"A"真。

充足理由律的基本内容，表明了正确思维的要求。无论具有何种思想或作出何种论断，都不应该是简单的断定，都必须有它的理由或根据，而且理由或根据要能必然地推出所作出的论断。简言之，任何一种论断都必须有它的充足理由。

根据充足理由律的公式，所谓充足理由就是这样的理由，即如果"B"真，并且"B"真能必然在推出"A"真，那么，"B"就是"A"这个论断的充足理由。换句话说就是，充足理由也就是既真实又充分的理由。

理由是用以证明某种思想或论断为真的根据，如果理由不真实，靠它支撑的论题就失去了基础。用这样的理由当然不能证明该论断的真实性。理由不仅必须真实，而且还必须充分。理由是否充分的问题，当然不是指它的数量多或少的问题；理由数量多，不等于理由就充分。所谓理由充分，就是与论断之间具有必然的推导关系，由所依据的理由能必然地推出所要证明的论断。

由上述的分析可以看出，充足理由律要求人们必须为作出的任何一个论断提供充足理由，都必须做到"言之成理，持之有据"。否则，思维就没有论证性，论证也就不可能有说服力。

思维的论证性与思维的确定性有着密切的联系。只有思维确定，符合同一律、矛盾律、排中律的要求，才有可能在此基础上做到思维具有论证性。而思维具有论证性，使得作出的任何论断都不是随意的简单断定，反过来又助于我们做到思维具有确定性。因此，尽管充足理由律的公式，不同于前面三个规律公式的表述，但与前面三个规律一样，都从不同侧面反映了正确思维必须具有的特性，因而也都是正确思维必须遵循的基本规律。

二、违反充足理由律的典型错误

违反充足理由律的典型错误，就是思维缺乏论证性，即一个论断的理由，不成其为该论断的充足理由。具体表现为下述两种错误情形。

（一）理由虚假

所谓理由虚假，就是作为理由的论断不真实，或者真实性不明显。人们平常所指的诸如"捏造事实"、"无中生有"、"颠倒黑白"、"歪曲真相"、"捕风捉影"等，在逻辑上都属于理由虚假的错误。

毫无疑问，一个论断的理由是否真实，以及其真实性的可靠程度如何，最终要靠实践检验，要借助于事实和相关的科学知识来判定，不是人们随便可以认定的，也不是靠逻辑知识可以解决的。充足理由律只是告诉我们：靠虚假理由支撑的论断，不具有说服力；这样的思维也不可能是正确的思维。因此，在为一个论断提供理由时必须考虑理由本身能否站得住脚，要随时注意防止犯理由虚假的错误。例如，有一起凶杀案，认定为儿子杀死父亲。根据只有一个，那就是父亲尸体颈部插的匕首上，有儿子的指纹。虽然儿子再三辩解说，自己从外边回家，发现父亲被害，急忙往下取刀，后又马上想到应该保护现场，于是又将匕首放回原处，所以，刀柄上留有指纹。但办案人员不分析儿子有无杀父的动机，儿子的指纹与被害人有无必然联系，只片面强调指纹就是犯罪的铁证。直到儿子临刑前，从破获的另一起案件中才发现了真正的凶手。本案是在认定犯罪事实上犯了"理由虚假"的错误。显然，本案在充足理由上存在两个问题：一是证据不齐全，缺少儿子杀死父亲的目的、动机和犯罪过程中的其他证据；二是证据不真实，理由虚假。虽然指纹可以作为认定犯罪的有力证据，但必须真实，必须是罪犯作案留下的指纹。如果不能确定这一点，便不能用作证据。本案的指纹与作案无关，把它作为认定犯罪的证据，理由是虚假的。

（二）推不出

所谓"推不出"，就是指理由与论断之间没有必然的逻辑联系，由理由的真推不出结论的真。

"推不出"的逻辑错误，就是一个论断的理由同该论断之间没有必然的逻辑联系而发生的错误。其基本特点就是：即使理由是真的，也不能推出论断的真的。平常人们常指责的"强词夺理"、"蛮不讲理"，等等，在逻辑上均属于这类"推不出"的逻辑错误。

例如：

某地在平反冤假错案中，就发现有这样一起"盗窃案"。某县拖拉机培训班食堂被盗粮食200余斤，现金90多元，有关部门认定是该培训班学员青年农民陈某所为，案卷材料中列举了四点理由：

［1］陈某的父亲当年在抗美援朝战争中被俘过；

［2］发现食堂被盗的那天早晨，陈某起得最早；

［3］陈某平时都在家里睡，唯独食堂被盗的那天晚上，陈某是在培训班宿舍睡觉的；

［4］陈某不是培训班正式的学员。

我们认为，侦查机关所举的四条理由即使都是真实的，也不能证明陈某就盗窃了食堂的钱粮，上述四条理由与主张的论断之间没有必然的逻辑联系，由理由的真推不出结论的真。

综上所述，不难看出："理由虚假"是针对理由本身不真实而言，"推不出"是就理由和论断之间没有必然的逻辑联系而言，错误的性质是不相同的。但是在实际思维中，"理由虚假"和"推不出"这两种错误又往往是联系在一起的，不能截然分开。因此，我们在为论断提供理由和依据时，既要考虑理由本身的真实可靠程度，又要考虑理由和论断之间的逻辑联系，只有这样才能保证思维的论证性。

思考与练习

一、问答题。

1. 什么是逻辑思维的基本规律？其客观基础和作用是什么？

2. 同一律的基本内容和要求是什么？违反同一律的逻辑错误是什么？

3. 矛盾律的基本内容和要求是什么？违反矛盾律的逻辑错误

是什么？

4. 排中律的基本内容和要求是什么？违反排中律的逻辑错误是什么？

5. 排中律与矛盾律有何区别？同一律、矛盾律、排中律有何联系？

6. 什么是充足理由律？违反充足理由律要求的逻辑错误是什么？

二、下述议论是否违反逻辑的基本规律？如违反，说明理由。

1. 群众是真正的英雄，某同志是群众，因而某同志是英雄。

2. 凡是你没有失掉的，就是你有的，你没有失掉角，所以你有角。

3. 电站外高挂一块告示："严禁触摸电线！500伏高压，一触即死，违者法办。"

4. 这个山洞从来没有人敢进去过，进去的人，也从来没有出来过。

5. 大家争论世界上是先有鸡还是先有蛋的问题。甲说："先有蛋，因为鸡是蛋生的，没有蛋哪能有鸡。"乙说："先有鸡，因为蛋是鸡生的。假如先有蛋，那么蛋是怎么生下来的呢？"丙说："不能说世界上先有鸡，也不能说世界上先有蛋。"

6. 19世纪70年代英国庸俗经济学家杰芬斯（1835—1882）提出"太阳黑点论"。他把周期性经济危机说成是由于太阳周期性出现黑点所造成的。他认为，太阳黑点周期性的出现，会使气候发生变化，影响谷物收成，从而引起整个经济混乱。

7. 有个小朋友到邮局寄信，柜台里的阿姨告诉他："这封信超重了，要加贴8分邮票才能寄。"小朋友着急地说："什么？你嫌它太重，加贴邮票不是更重了吗？"

8. 一对新婚夫妇吵架，最后妻子再也忍不住了，大哭起来。"我跟你一刀两断，收拾东西回我娘家去。""好啊，亲爱的，"丈夫说："路费在这。"妻子数了数，问："回来的路费呢？"

9. 英国著名数学家和逻辑学家罗素指出过这样的有趣问题：某

村子里有个理发师，他规定，我给而且只给所有那些不自己刮胡子的人刮胡子。请问，这个理发师给不给自己刮胡子呢？

10. 妈妈："这小伙很帅，人品好，收入也高，你偏不同意，你到底要找一个什么样的对象？"

女儿："我要找一个有共同语言的。"

妈妈："他又不是外国人，怎么会没有共同语言？"

11. 某单位有个职工经常违反劳动纪律，单位领导讨论对他的处理问题。领导甲主张正面教育，领导乙主张给予处分。甲乙两人争执不下，征求领导丙的意见。丙说："动不动就给人处分，这不好吧！"甲问："你同意不给处分？"丙又说："我也不同意不给他处分，对这种违反纪律的人不处分是不行的。"

12. 大学毕业生都是有知识的人，而我邻居刘大爷家的那个老大，连自己家里养的猪得了瘟疫都看不出来，关于猪瘟的知识一点也没有，所以，我简直不敢相信他就是大学毕业生。

13. 认为有的经济规律可以违背的说法，当然是错误的。可是，认为所有的经济规律都不能违背的说法，也未免太绝对了。

14. 甲："你这人是怎么搞的，医生给你写的病假证明是休息一天，你却改了三天。为什么要弄虚作假呢？"乙："谁弄虚作假啦？你可以去问问医生，看我得感冒是真的还是假的。"

第十一章　论证与反驳

论证是用已知为真的判断，通过推理确定另一判断的真实性的思维过程。任何论证都是由论题、论据和论证方式三个要素组成。论证和推理既有联系又有区别，推理是论证的工具，论证是推理的应用。反驳是论证的一种特殊形式，它是用一个或一些真实判断确定另一判断虚假或它的论证不能成立的思维过程。反驳可分为反驳论题、反驳论据和反驳论证方式三种，其中反驳论题是主要的。

第一节　论证的概述

人们生活在世界上，总免不了要对客观事物情况做出这样或那样的断定；人们相互之间也免不了要交流思想，要别人发表自己对某个问题的观点、看法。但是，我们做出的某个判断或表明的某种观点，是否真实可信呢？为此，就需要通过一定的方式确定某个判断的真实性、正确性。比如，通过某种物品的存在或留存在物品上的某种痕迹，以确定对于某一事件或某种行为是否发生的判断的真实性；通过同事物实际情况的对比，以确定反映该事物情况判断的真实性；如此等等。这样的确定过程，就叫做对判断真实性的证明。不过，这时所说的证明，严格说来是"证实"的意思，称为实物证明、经验证明或感官证明。本章要讲述的是在思维领域中进行的，并且是通过口头或书面语言论述形式进行的证明，因此称逻辑证明或说理性证明，通常称为论证。

一、论证的组成

论证是为了确定某个判断的真实性而展开的思维活动，它必然要涉及证明什么、用什么证明、怎样证明三个基本的问题。因此，任何一个论证都包含了这样三个部分，即论题、论据和论证方式。这些是构成一个论证的三要素。

（一）论　题

论题又叫做论点，是通过论证要给予证明的对象，回答"证明什么"的问题。换言之，论题就是需要确定其真实性的某个判断，它是论证者要证明的观点，也是展开论证的出发点。

论题不等于文章的标题。这不仅仅是因为一篇文章往往不止一个论题。还因为论题是通过论证需要确定其真实性的观点、看法、主张，所以它只能是判断，而判断一般都是由陈述句表述的。文章标题的语言形式却是多种多样的。它可以是一个词语或词组，可以是一个不隐含任何断定的疑问句、感叹句、祈使句，还可以是一句诗，当然也可以是一个表达判断的陈述。可见，文章的标题与论证的论题并非一回事。

论题可以分为重述性论题和探索性论题两大类：

（1）重述性论题，是指那些经过社会实践和科学实验已被证明为真实的判断，论题自身的真实性已被证明。论证的目的在于提示或说明论题的真实性，使人容易理解和接受，是传播真理的重要手段。

（2）探索性论题，是指那些真实性有待于探索和证明的判断。论证的目的在于探求，为论题寻找理论的或事实的根据，以确定其论题的真实性和可行性。例如，关于新的思想观点、工程计划或工作方案的可行性论证，以及关于某种假说的论证，其论题差不多都属于这种探索真理的性质。

由于论证是为了确立论题的真实性而展开的，因此在设立论题的时候应当注意两点：第一，设立的论题应当至少具有真实的可能性；如果论题明显虚假，却偏要论证它真实，那就难免陷入诡辩。

第二，它必须是真实性不明显的判断。如果论题是人们共知的或者真实性已不被怀疑的判断，就没有必要去花费功夫对它作论证了。不过，一个判断是否需要作为论题加以论证，要视对象而定。在一些场合下为真实性明显的判断，在另一个场合下则可能为真实性不明显的判断。比如，科学上的许多基本原理，在本门学科专家的眼里是常识性的东西，而对于一般人来说，很多又是不可理解的。因此，设立论题要看对象，要看场合，要有针对性、有必要性。

（二）论　据

论据就是用以确定论题真实性的那些判断，是论题之所以为真的理由或根据。论据与论题的区别是相对的而不是绝对的，只有根据判断与判断之间证明与被证明的关系来确定，孤立地就一个判断自身而言，无法说它是论题还是论据。

在一个论证中，如果论题的某个论据的真实性不明显，那就还得把它作为论题加以证明。因此，同一个判断相对于被它证明的判断来说是论据，而相对于证明它的判断来说又是论题。正是这种层层证明的关系，构成了一个完整的论证系统，使得论证常常表现出比较复杂的层次结构。

在论证中，作为出发点而不必再给以证明的论据，称为基本论据或原始论据，这是最具有说服力的论据。

一般说来，基本论据包括：

（1）关于事实性的判断。这类判断的真实性不是通过论证可以确定的，它只能通过相关的事实来证明。比如"被害人背部被砍了三刀"、"本案现场附近没有血迹"，等等，都是凭感官可以直接断定其真实性的判断，这类判断显然没有必要也不可能对它进行逻辑证明。它们的真实性只能对照相关事实或关于事实的调查材料来证实确定，而不能靠论证予以证明。

（2）公理或科学原理。这类判断的真实性已经过实践检验，或者其真实性显而易见，因而也可以作为基本论据使用。

（3）法律规范判断依法作出的司法解释。由于这些判断体现的是立法者的意志，并且具有强制性，因此，确属法律规定，不论其内容是否妥当，在立法机关宣布废除以前它都是有效的，对它的真实性或者有效性不容置疑，当然也就不必加以论证。法律规范判断，是确定某种行为是否合法、是否犯罪的基本论据。

（三）论证方式

论证方式，是指论据与论题之间的联系方式，包含以下两个方面：

1. 采用何种推理形式，使论据同论题发生联系

论证方式的核心问题就是推理形式。论证之所以能够通过一些判断的真实性来确定另一个判断的真实性，就是依赖于两部分判断之间构成的推理关系来实现的，离开了推理就谈不上论证。一个简单的论证就可以看做是一个推理，论据就是这个推理的前提，论题则是这个推理的结论。

推理有演绎推理、归纳推理和类比推理。按说论据与论题联结而构成的推理形式，相应地也就有这样几种。但是，由于论证的目的是要确定论题的真实性，使人承认论据就必须承认论题，因此，论据与论题联结而成的推理也就只能是必然性的推理，亦即只有各种演绎推理和完全归纳推理；不完全归纳推理和类比推理，不能成为严格的独立论证方式，只能用以作为论证的辅助手段。

2. 采用何种方法，使得论据的真实性能够证明论题的真实性

证明论题真实性的方法，可以是直接的，也可以是间接的。前者是论据直接与论题发生联系，论据真可以直接推出论题真；后者是用论据确定另一个判断虚假，进而确定论题的真实性，其论据不直接同论题发生联系，而是与论题之外的其他判断发生联系。

逻辑学对于论证的研究，主要就是对论证方式的研究，目的在于为我们提供一些基本的论证方法，指出论证有效必须符合的逻辑要求，以便在论证中自觉遵守和运用，提高论辩能力。

二、论证的特征

所谓论证，就是引用一个或一些真实性明显的判断确定某个判断真实性的思维过程。

例如，有篇文章在谈到牛顿是否因汞中毒而死的问题时，写道：牛顿是汞中毒而死的吗？否。

汞中毒的临床表现为四肢无力、全身疼痛、手指颤抖、口腔发炎、牙齿脱落。但是，《科学的美国人》1981年第15期报告：牛顿在成年后至死的漫长岁月中，只脱落了一颗牙齿，而且他死前写的各种书稿、信件中，均无颤抖的痕迹，即根本没有汞中毒的反应。可见，牛顿并非汞中毒而死。

这段话，就是确定"牛顿并非汞中毒而死"这一判断的真实性而做出的一个论证。

再如：

毛泽东在《论持久战》一文中说："抗日战争为什么是持久战？最后胜利为什么是中国的呢？根据在什么地方呢？中日战争不是任何别的战争，乃是半殖民地半封建的中国和帝国主义日本之间在二十世纪三十年代进行的一个决死战争。全部问题的根据就在这里。"接着，毛泽东分析了敌强我弱、敌小国我大国、敌退步我进步、敌寡助我多助四个相互矛盾的因素。由于这四个相互矛盾因素的存在和发展，得出结论：中国抗日战争是持久战和最后必然胜利。

毛泽东以"中日战争是二十世纪三十年代进行的一个决死战争"、"中日双方四个相互矛盾因素的存在和发展"作为论据，充分证明了"中国抗日战争是持久战和最后必然胜利"的正确性。这是英明的和十分令人信服的论断，实践也完全证实了他的正确性。

从上面的两例可以看出，论证具有如下两个特征：

（1）它是引用已知为真（包括事实证明为真）或者已被确认为真的一些判断，来确定另一个判断的真实性的证明方式。

前面第一个例子，就是通过医学上已经证明了的有关汞中毒临床表现和关于牛顿临死前情况的判断的真实性，来确定"牛顿并非汞中毒而死"这一判断的真实性的；前面第二个例子，则是通过"中日双方四个相互矛盾因素的存在和发展"作为论据，来确定"中国抗日战争是持久战和最后必然胜利"这个判断的真实性。

（2）论证之所以能够通过一些判断的真实性，来确定另一判断的真实性，完全是依赖于前后两部分判断之间的推理关系来实现的。

前面第一个例子，前后两部分判断之间实际上就构成了这样一个三段论推理：

> 汞中毒而死的人都有某种临床表现；
>
> 牛顿没有这样的临床表现；
>
> 所以，牛顿不是汞中毒而死的人。

正因为前后两部分判断之间具有推理关系，所以才能够由一些判断的真，推出另一个真，达到确定某个判断真实性的目的。由此可见，论证和推理有着密切的关系。

三、论证与推理

论证和推理有着密切的关系，但论证与推理并不等同，二者之间有联系，也有区别。

（一）论证与推理的联系

任何论证都要借助于推理来实现，没有严密的推理，论证就无法进行。论证和推理作为两种较为复杂的思维形式，就其组成部分来看，有着明显的对应关系，即推理的前提相当于证明的论据，推理的结论相当于证明的论题，推理形式相当于证明的论式。各个组成部分之间的对应关系，示意如下（图 11.1）：

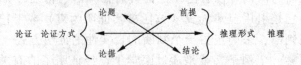

图 11.1 推理与论证各部之间的对应关系

（二）论证与推理的区别

1. 思维活动的方向不同

推理是从已知前提出发，推导出某个结论，主要作用在于由已知推出未知；论证则是先确定论题，然后为论题的真实性寻找理由或根据。因而从运用的意向性来说，推理带有某种自然的性质，论证则是有预定目的的思维。

2. 任务和对作为根据的判断要求不同

推理的任务是由已知的判断推导出另一个新判断，并不要求它的前提必须为真，从而也不保证结论的真实性。论证的任务是由已知为真的判断去确定论题的真实性，所以，它必须保证论据为真，从而也才能保证论题为真。

3. 作为根据的判断与推出判断之间的联系性质不同

由于推理的作用主要在于探求真理，获得对客观事物的认识，因而它作为判断与推出的判断之间（即前提与结论之间）的联系性质，可以是必然性的，也可以是偶然性的。论证的作用则主要在于提示、表述真理，目的是要通过论证以确定论题的真实性，使人承认论据就必须承认论题。因此，论据与论题之间的联系必须是必然性的，一般都是必然性推理；或然性推理不能起到独立证明论题的作用，只能起到辅助证明的作用。

4. 结构的复杂程度不同

论证必然包含推理，而且往往是多种推理的复杂组合和综合运用。推理只是论证的手段，它不包含论证。

第二节　论证的方法

关于论证的分类，其实就是关于论证方式的分类，就是如何用论据确定论题真实性的方法。论证的方法是多种多样的，从逻辑的角度出发，可以将论证的方法分为演绎论证、归纳论证和类比论证，也可以将论证的方法分为直接论证和间接论证。

一、演绎论证、归纳论证和类比论证

根据论据与论题之间构成的推理关系,论证可以分为演绎论证、归纳论证和类比论证。

(一)演绎论证

演绎论证就是通过演绎推理由论据推导出论题的论证方法。它的论据与论题联结而构成的推理形式,属各种演绎推理的形式。其特点就是引用一般性的原理、原则,并通过演绎推理推导出论题真实性的论证。论据中通常有一个较论题断定范围更为广泛的一般性的判断,而论题则是较为特殊的判断。

例如:

凡公开审理的案件都不是关系国家机密的案件,因为凡是涉及国家机密的案件都不是公开审理的案件。

其推理形式为性质判断变形推理换位法。

又如下面这一论证:

财政支出与财政收入必须大致平衡。如果财政支出过分地超过财政收入,就会出现钱多物少的局面,消费品就会供应紧张,形成通货膨胀;如果财政支出过分地小于财政收入,就会形成积压。这既不利于群众生活的改善,也不利于生产的发展。

在上面的这一论证中,论题为"财产支出与财政收入必须大致平衡"。而证明这个论题的论据实为这样两部分判断:一是"财政支出过分地大于财政收入,或者财政支出过分地小于财政收入,或者财政支出与财政收入大致平衡"这样一个选言判断(代之以符号"p或q或r");二是"p不可取,并且q不可取"("非p,并且非q")。其论据与论题之间联结而构成的推理形式,就是这样一个选言的否定肯定式,即:

或者 p,或者 q,或者 r

非 p 且非 q

所以，r（即论题）

上述两个论证都是通过演绎推理由论据推导出论题的，因此都属演绎论证。可见，一个演绎论证，其实就是一个演绎推理。当然，这只是就论据与论题之间构成的推理关系来说。如果演绎论证的论据又被当做论题加以证明，这个论题与其论据之间还有推理关系，但这已属另一层次的推理关系了。

演绎推理是一种必然性的推理，运用演绎推理进行证明，其证明力较强。但是，要使证明可靠，除了演绎推理的形式要正确和有效之外，更重要的还是推理的前提要正确。否则，演绎推理的证明力再强，也不能保证论题的可靠性。如上述论证中，虽然所运用的推理是正确的，但论题是否站得住脚，关键还要看其前提是否正确。

（二）归纳论证

归纳论证就是引用一系列事例性的或较为特殊性的判断，并通过归纳推理推导出论题真实性的论证。其特点在于：论据通常为一系列反映具体事例的判断，论题则是一个比较一般的、具有概括性的判断，论据与论题之间构成归纳推理的关系。

归纳论证的典型形式，叫分情形证明法。这种方法的特点就是：首先对论题断定的对象进行划分，或者全部列举出论题包含的有关情况，然后对它们逐一证明。

例如，在化学领域，我们要证明"凡碱类都能和酸作用生成盐和水"这一论题，可以先将论题断定的对象"碱类"划分为可溶性碱与不溶性碱两类。然后对可溶性碱中的氢氧化铜、氢氧化铁等，分别证明它们能和酸作用生成盐和水。这样借助归纳推理，就能使论题得证。

此外，在前面关于三段论规则的证明中，对"两个特称判断作前提推不出必然性结论"的证明，运用的也是分情形证明法。证明时，首先全部列举出两个特殊判断作前提都可能有的各种情况，即两个前提均为特殊肯定判断，两个前提均为特称否定判断，以及两个前提中一为特殊肯定判断，一为特称否定判断。然后，分别证明在这些情况下都得不出必然性结论，于是，通过归纳推理便可推导出论题。

由于论证是要根据论据的真，来确定论题的真，因此，严格意义下的归纳论证，只能采用完全归纳推理的形式。不完全归纳推理，包括探求因果联系的各种逻辑方法。因其在前提真时，结论未必真，用作论证方式，难以使人承认论据就必须承认论题，所以不能作为独立的论证方式，只能作为论证的辅助手段，与演绎论证结合运用，增强论证的说服力。

（三）类比论证

类比论证就是证明过程中运用类比推理，由论据推出论题的方法。

例如：

据后晋《疑狱集》记载：宋何承天为行军参军时，鄢陵县吏孙满射鸟误中直帅。虽不伤，处弃市。承天议曰："狱贵情断，疑则从轻。昔有惊汉文帝乘舆马者，张释之以犯跸罪罚金。何者？明其无心于惊马也，故不以乘舆之重加以异制。今满意在射鸟，非有心于中人也。按律过误伤人三岁刑，况不伤乎？"

这段文字说明，孙满射鸟失误，箭落到了当时护卫皇帝的大将身上，虽然没有造成什么伤害，却被判处死刑。何承天运用类比推理对这个判决表示异议。他认为西汉时一个人惊了汉文帝的马，张释之只不过以违犯御驾经过时行人必须回避的规定的罪名，判处这个人罚金。因为这个人不是故意在惊吓御马，所以从轻发落。现在孙满的用意在射鸟，而不是故意射人。按刑律规定，果实伤人才判处三年徒刑，而孙满并没有造成伤害的结果，反而判处死刑，当然既不合理，又不合法。

在这段论证中，何承天成功地运用类比推理，有理有据，令人信服，这就是类比论证的作用。

演绎论证、归纳论证和类比论证都是有效的论证方法。演绎论证重在讲道理，归纳论证重在摆事实，而类比论证则重在旁征博引。

证明时，如果将三种论证方法有机结合使用，就会收到很好的证明效果。

二、直接论证和间接论证

根据证明过程中是用论据直接证明论题，还是用论据间接证明论题，论证的方法分为直接论证和间接论证。

（一）直接论证

直接论证就是在证明过程中，用论据直接证明论题，从正面确定论题真实性的方法。前面所举到过的论证方法，可以说都是直接论证，其特点在于：论据与论题直接发生联系，由论据真可直接推导出论题真，不经过中间环节。

例如：

科学技术现代化是我国社会主义现代化的关键。这是因为：第一，只有科学技术现代化，才能造就我国社会主义现代化所需要的大批的各级各类的专门技术人才，才能造就亿万个掌握现代科学技术的劳动者。第二，只有科学技术现代化，才能用现代科学技术不断装备我国国民经济各部门。第三，只有科学技术现代化，才能用现代科学技术装备我国国防。

（二）间接论证

所谓间接论证就是引用论据确定与论题相排斥的判断虚假，进而确定论题的真实性。它的特点在于：论据不是与论题直接发生联系，而是与同论题相排斥的判断直接发生联系；它不是由论据真直接推导出论题真，而是由论据推出同论题相排斥的判断假，进而推出论题真。

间接论证必须设反论题。与论题相排斥的判断叫反论题。

论题与反论题之间的关系有两种形式：一种是判断"p"与"非p"之间构成矛盾关系；另一种是判断"p"和与之相排斥的判断q、r、s等分别构成反对关系，q、r、s等实则为"非p"的各种情形，它们组合而成为反论题。

既然反论题有上述两种形式，而且间接论证又是通过确定反论题假进而确定论题真的，因此，间接论证也就有下述两种方法。

1. 反证法，又叫假言证法

所谓反证法，是指在证明过程中通过证明与原论题相矛盾的判断为假，从而确定原论题为真的间接论证方法，这是间接论证中较常见的一种论证方法。它的证明过程是：先设立一个与论题构成矛盾关系的判断作为反论题，然后由反论题引申出必然性的推断，形成一个充分条件假言判断；再用论据证明由反论题引出的推断虚假或者荒谬，进而确定反论题虚假；最后根据排中律即可推出论题真，使论题得证。

求证：p 真

设：非 p 真

证明：如果非 p 真，那么 q 真；并且 q 假，所以，非 p 假

根据排中律：所以 p 真

在实际运用反证法时，确定反论题虚假的方法很多。可以由反论题引出两个相互否定的判断，即由反论题推导出逻辑矛盾来实现的，由反论题可以推出逻辑矛盾，说明"反论题"不能成立。也可以由反论题推导出与科学原理相悖的，或者明显荒谬的推断，通过否定这一推断，进而否定了反论题。

由反论题引出推断并用论据否定推断，可以采用一个简单的充分条件假言直言推理的否定后件式，也可以采用充分条件假言连锁推理的否定式，即：

如果非 p 真，那么 q 真

如果 q 真，那么 r 真

如果 r 真，那么 s 真

并且，s 假（s 可导致逻辑矛盾，或与科学原理相悖，或与事实不符合）

所以，非 P 假

例如：

我国必须控制人口增长。如果我国不控制人口增长，让其按照

现有水平继续增长下去，到 20 世纪末，我国人口就将达到 12.8 亿；100 年后，就将超过 25 亿。显然，这样的人口增长速度同我国经济的增长、资源的潜力，都是极不协调的。

（1）论题 P："我国必须控制人口增长"。

（2）设非 P 真："不控制我国人口增长"。

（3）证明：如果非 P，则 q。

如果"不控制我国人口增长"，那么"20 世纪末，我国人口将达到 12.8 亿；100 年后，我国人口将超过 25 亿"。

并且，非 q："这样的人口增长速度，同我国的经济增长和资源潜力，都极不协调"。

所以，并非"非 p"。"并非'不控制我国人口增长'"。

根据排中律：

所以，p 真，即"必须控制我国人口增长"。

这是采用一个简单的充分条件假言直言推理否定后件式，用论据否定后件，进而否定作为前件的反论题"非 p"。

另外，还可以采用充分条件假言连锁推理的否定式。例如，前面基于三段论第一格的第一条规则"小前提必须是肯定判断"的证明，就属于这种形式，即先设立反论题"小前提是否定判断"，然后再一步步地引出推断，并且最后引申出"两个前提都是否定判断"这样的推断来，这一推断又直接同三段论的第四条规则相悖，从而证明反论题不能成立。

除此以外，也可以采用由反论题分别引出若干推断，而这些推断又都不能成立，进而否定反论题的方法。其表现形式为：

如果非 p 真，那么 q 真，并且 q 假

如果非 p 真，那么 r 真，并且 r 假

如果非 p 真，那么 s 真，并且 s 假

所以，非 p 假

运用这种形式时，若由论题引出的推断 q、r、s 等显然荒谬或明显地不能被接受，对推断的否定可以省略。运用这种形式否定反论题，尽管在逻辑上并不增加否定力，但表达效果却有明显差异。

例如，下面关于"我们必须加强法制"这一论题的证明：

我们必须加强法制。如果我们不加强法制，就不能保障社会主义建设顺利进行；如果不加强法制，就不能维护社会的安定秩序；如果不加强法制，就不能有效地打击犯罪；如果不加强法制，就不能保护人民的合法权益。

上述论证，由于从同一反论题分别引申出了若干明显不能被接受的推断，比从一个反论题只引申某一个推断更具有说服力。

最后必须指出，运用反证法，在逻辑上必须满足两个要求：

（1）设立的反论题必须是论题的矛盾判断。否则，即使证明了反论题假，也不能运用排中律推出论题真。

（2）反论题同引申出的推断之间，前者必须是后者的充分条件。否则，即使证明了推断不能成立，也不能推出反论题不能成立。

2. 淘汰法，又叫选言证法

淘汰法的证明过程是：先确立包括论题在内的关于某个问题的所有可能情况，并将论题作为一个选言肢，与反映其余情况的判断并列而形成一个选言判断；然后用论据证明除论题之外的其余那些选言肢虚假或者荒谬，再通过否定肯定式选言推理推出论题真，使论题得证。

淘汰法的证明过程可以用公式表述为：

求证：p 真

已知：或者 p，或者 q，或者 r

证明：q 假，并且 r 假（即非 q，非 r）

所以，p 真

例如：

毛泽东同志在《人的正确思想是从哪里来的》一文中，在论证"人的正确思想只能从社会实践中来"这一论题时，就使用了淘汰法。他说："人的正确思想是从哪里来的？是从天上掉下的吗？不是。是自己头脑中固有的吗？也不是。人的正确思想只能从社会实践中来，只能从社会的生产斗争、阶段斗争和科学实验这三项实践中来。"

把这一段论述整理出来，其论证的逻辑形式为：

论题：p，"人的正确思想只能从社会实践中来"。

论证：或 p，或 q，或 r。

即："人的正确思想或者从社会实践中来，或者从天上掉下来，或者是自己头脑中固有的"。

并且非 q，非 r：即"人的正确思想不是从天上掉下来的，也不是自己头脑中固有的。"

所以，p："人的正确思想只能从社会实践中来"。

上面的论证过程，可以写成逻辑蕴涵式：

$$[(p \vee q \vee r) \wedge (\overline{q} \wedge \overline{r})] \rightarrow p$$

又如，下面是对"社会主义必须实行按劳分配制度"这个论题的证明，采用的就是选言证法。

社会主义社会必须实行按劳分配。因为在消灭了剥削制度的条件下，采用的分配形式只能或者是按劳分配，或者是按需分配，或者是平均主义。由于在社会主义社会条件下，人们的思想觉悟还没达到相当高的程度，劳动还没有成为人们的第一需要；同时，社会生产力的发展程度，决定了产品还谈不上极大丰富。这样，在社会主义社会条件下，精神方面和物质方面的条件还不具备，因而不可能实行按需分配。那么平均主义的分配方法，包括实行供给制，又是否可行呢？也不行。无论从理论上或事实上，都已证明采取这种方法不仅害处很大，而且也行不通。因此，社会主义社会只能实行按劳分配。

淘汰法与反证法有相同之处，都是论据不与论题直接发生联系，而是同与判断相排斥的反论题发生联系。不同的是，反证法的反论题是与论题构成矛盾关系的判断"非 p"，而淘汰法则是具体地列出了"非 p"的各种情形。比如，要证明"a 大于 b"这一论题，用反证法时，设立的反论题为"a 不大于 b"；而用淘汰法时，则将"a 不大于 b"具体化为"a 小于 b"和"a 等于 b"。可见，不管使用反证法还是使用淘汰法，都要通过证明反论题虚假，进而确定论题为真。

必须强调的是，运用淘汰法时，在逻辑上必须满足两条要求：

（1）设立的与论题并列的其余选言肢必须穷尽各种可能性，不能有所遗漏。否则，即使淘汰了其余选言肢，也不能必然地推出论题真。

（2）对论题之外的其余选言肢的否定必须理由充足，否则，不能证明其余选言脚假，达不到证明论题真的目的。

直接论证与间接论证虽然有所不同，但在实际思维中，经常结合运用。对同一论题既运用直接论证从正面确定论题的真实性，又运用间接论证从反面确定论题的真实性，这样使得论证更具有说服力。

第三节 论证的规则

要使论证具有论证性，具有说服力，必须遵守有关论证的规则。

论证的规则，是人们从长期的思维实践中总结、概括出来的关于正确进行论证的基本原则。遵守论证的规则是正确进行论证说理的必要条件。由于论证是由论题、论据和论证方式三个要素组成的，因此，论证规则也正是从这三个方面提出具体要求。

一、关于论题的规则

论题是论证的对象，是通过论证要确定其真实性的判断，要有效地进行论证必须遵循两条规则。

（一）论题必须清楚确切

所谓论题清楚确切，即论题表述的观点要明确，含义清楚，没有歧义。主张什么或反对什么，不能含糊其辞、模棱两可，似乎说的是这个意思，似乎又不是个意思。由于论题表现为判断，判断是由概念构成的，因此，论题要清楚确切，不仅首先要有明确的论题，而且论题包含的要领要明确，判断形式要恰当。

违反这条规则的逻辑错误就是：

（1）无确定论题的错误。表现为论证没有确定的论题，或离开了确立的论题。谈论的问题东拉西扯，节外生枝，"下笔千言，离题万里"。它是论证者思想不确定的突出反映。

例如：

某市法庭在公开审理黄某贪污案时，被告黄某（某市百货采购供应站门市部营业员）的辩护律师，就在法庭上作了长达一个多小时的"辩护"发言：他从黄某小时如何勤奋好学，热爱集体，讲到她怎样参加工作；又从黄某参加工作后由一个勤杂工变成营业员，讲到黄某对本单位的贪污盗窃活动，如何由"看不惯"，进而"跟着干"。在——陈述了该单位的盗窃贪污现象之后，又从这个单位的管理混乱，单位领导官僚主义严重，经济效益极差，企业长期亏损等方面讲起。最后还详细讲述了司法机关去被告人黄某家查抄没收赃款赃物时，该单位的领导和群众如何不理解等。

律师发言可谓口若悬河，听众听得津津有味。可是论证者论证了什么样的问题，为被告作了什么样的辩护，谁都不明白。这就是"无确定论题"的典型表现。

（2）论题不清的错误。表现为论证者在确立论题时思想不清晰、概念不明确、观点不确定而产生的错误。当然，有些论证者是为了掩饰错误观点，故意含糊其辞而造成的。

例如：

在法庭辩论中，常有辩护律师提出"对被告人应从宽处理"。以这样的判断作论题，也是"论题不清"的典型表现。我国《刑法》中属"从宽"的处理规定，只有从轻处罚、减轻处罚和免除处罚等规定，并无笼统的"从宽处理"的规定。

尽管从轻、减轻和免除处罚，都属"从宽"的范围，然而在具体案件的处理中，辩护律师究竟要求的是哪一种"从宽"，无疑应表述得清楚、确切才对，笼统地要求"从宽处理"，论题就显得含混不清了。

又如：

俄国的托洛茨基在被迫回答关于他过去为什么投靠孟什维克，反对布尔什维克党这一问题时，故意含糊其辞地说："我加入布尔什维克党这件事本身……已经证明，我已经把过去所有那些使我和布尔什维克主义分开的东西放在党的门口了。"

人们要求托洛茨基明确回答的，是他过去为什么投靠孟什维克，反对布尔什维克的问题，他却闪烁其词，故意不作明确回答，用诡辩的手法掩饰错误，为他后来再次反对布尔什维克党埋下了隐患。

（二）在同一论证中，论题必须保持同一

这条规则要求人们在同一论证过程中，严格遵守同一律，保持论题前后一致，始终围绕已经确立的论题展开论证，不得离开论题的本义而转移论题，不得跑题。

违反这条规则的错误是"偷换论题"。

"偷换论题"也叫"转移论题"，其典型表现就是把已经确立的论题偷换成另一个与之近似的、甚至毫不相干的论题。论据实际证明的论题不是已确立的论题，或者论题断定的范围被扩大了，或者论题断定的范围被缩小了。

例如下面这段论证：

为什么说真理有阶级性呢？第一，在阶级社会中每个人都有阶级性，无产阶级的阶级地位决定了它能认识客观规律，掌握真理，而资产阶级不可能完全做到；第二，在社会科学领域中的许多真理，也不是为所有的社会成员服务的；第三，在社会科学领域，超阶级的、敌对阶级都能接受的真理，也是不存在的。可见，认识、利用、接受真理都是有阶级性的。

这一论证，本来确立的论题是"真理是具有阶级性的"。可是论证过程中，却把它变换成了"认识、利用、接受真理是有阶级性的"，其论题断定的范围被扩大了。

一般来说，在一个结构比较简单的论证中，不难做到论题保持同一。但是，当论证的结构有较多的层次，对论据又作层层论证的时候，论证过程就会变长。在这种情况下若不注意扣题，就很容易犯"偷换论题"的逻辑错误。

论题必须保持同一，这是同一律的要求在论证中的具体体现。

二、关于论据的规则

论据是确定论题为真的理由和依据，如果论据本身不真实或真实性尚令人怀疑，论题就失去了它的支柱。建立在这种论据基础上的论证，当然不可能具有说服力。

一般说来，论据可以是公理和科学原理，可以是法律、法规，可以是经过认定的事实性的判断。所以，一个正确有效的论证，其论据必须符合下述逻辑要求，遵守下述关于论据的规则。

（一）论据必须真实可靠

论据必须真实，而且真实性还必须明显可靠。因为论题的真实性是靠论据的真实性予以证明的，如果论据本身不真实，或者其真实性尚有待确定，这样就达不到用以确定论题真实性的目的。

违反这条规则的逻辑错误有两种：

（1）"虚假论据"，亦称"基本错误"，即以虚假判断作论据的逻辑错误，就是用科学上已经证明为假或歪曲反映客观事实的判断作论据而造成的错误。

例如：

法国生物学家居维叶主张物种起源的"灾变论"。按照居维叶的说法，人类居住的地球曾周期性地多次发生灾变，每次灾变之后，生物全部灭绝。然后，造物主又造出一些生物来。地球上现有的生物，就是在五六千年前的一次灾变后由上帝创造出来的。

支撑"灾变论"的一个主要证据就是"地球上现有的生物是由造物主造出来的"。这个论据直接违背达尔文的物种起源论，显然是虚假的，不能成立的。

又如：

有篇文章说："只有逆境才能出人才。因为从古到今，世界上没有哪一位杰出的科学家没有一段坎坷的经历。"

　　这里的论据，即"从古到今，世界上没有哪一位杰出的科学家没有一段坎坷的经历"，就是一个虚假的、不符合事实的判断。例如达尔文，这位19世纪自然科学的泰斗，他的科学生涯就是一帆风顺的；在80多位获得诺贝尔物理奖的科学家中，成为教授时的平均年龄还不到35岁，其中绝大多数都是在顺境中作出天才发现的，如洛伦兹、费米、李政道等，更是"少年得志"。可见，上述论证犯了"虚假论据"的逻辑错误。

　　平常人们指责的"颠倒黑白"、"捏造事实"、"无中生有"等论证错误均属"虚假论据"。

　　（2）"预期理由"，即以真实性尚待证明的判断作论据而发生的逻辑错误。这种错误的显著特点就是主观臆断，"想当然"。

　　例如：

　　某地检察院在关于"被告梁某某已构成贪污罪"的指控中，是这样论证的："被告梁某某利用职务之便，采用偷拿销货款等手段，贪污公司销货款共8 000多元。因为根据多人证言和本院的调查查明，被告的工资并不高，加上其爱人的工资和其他正当的收入，每月不过800多元，然而被告的生活却过得相当宽裕，仅近年来购置的物品和估算的生活费用，支出金额就超出了收入金额8 000多元，本人也感到说不清楚。可见，这8 000多元必是贪污所得。"

　　根据论证可以看出，确定被告梁某某已构成贪污罪的一个重要论据，就是"被告贪污了销货款8 000多元"。然而，这一论据本身只是根据被告梁某某的收入和估算的支出推算的数额。既然支出仅仅是一种"估算"，因而推算所得的数额，其真实性也就不可靠。虽然它可能是真的，但也有可能是假的，如果确有贪污，实际金额完全可能多于此数，也可能少于此数。这一论证，在逻辑上犯了"预期理由"的错误。

　　再如，昆居《十五贯》中的无锡知县过于执自命聪明，实则昏庸糊涂，一向靠"想当然"办案，错判尤葫芦被杀一案，就是犯了"预期理由"的错误。

　　屠户尤葫芦夜晚被杀，并被抢走十五贯铜钱。恰巧，尤葫芦遭抢被杀的当晚，其养女苏戍娟离家出走，正好与路过此地的书生熊友兰途中相遇，结伴同行。案件发生后，也从熊友兰身上搜出十五贯铜钱。村人将苏、熊二人作为抢劫杀人的嫌犯扭送官府。无锡知县过于执一不听被告申辩，二不到发案现场勘验，主观武断地认定苏、熊二人通奸谋杀，盗窃钱财双双潜逃，判了死刑，打入大牢，秋后问斩。对于苏戍娟的年轻貌美，被当做通奸谋杀的证据。他说："你看她艳如桃李，岂能无人勾引？年正青春，怎会冷若冰霜？她与奸夫情投意合，自然要生比翼双飞之意；父亲阻拦，因之杀其父，抢其财。这案子就是不问，也明白了十之八九。"

后来，苏州知府况钟在监斩时发现此案证据不足，经复审，才真正查明抢劫杀人的罪犯是娄阿鼠，平反了苏、熊冤案。

我们经过认真分析，看出过于执所说的一段话，表面似乎言之成理，持之有据，实际上只不过是"想当然"的"预期理由"罢了。其主要错误在于：

（1）先入为主，"想当然"办案，把主观想象当成了客观现实；

（2）以偏概全，把个别情况当成了一般规律；

（3）把多种可能归结为一种可能，把或然性当成了必然性。

在实际思维中，凡是以猜测、估计或道听途说得来的判断作论据，在逻辑上都犯了预期理由的错误。司法工作中对案件事实的认定过程中，用肉眼观察的结论代替技术鉴定作证据，或者用未经查证核实的证词作证据，以之证明论题，也属这种"预期理由"的错误。

（二）论据的真实性不得依靠论题来证明

在一个论证中，论题的真实性是以论据的真实性合乎逻辑地推出的。如果论据的真实性反过来又依靠论题的真实性来证明，那就是互为论据，从而失去了论据的重要意义，等于什么也没有论证。

违反这条规则所犯的逻辑错误叫做"循环论证"。

所谓"循环论证"，就是论题和论据互为依据，互相证明。论题靠论据推出，论据又靠论题推出，造成恶性循环，结果什么也没有证明。

如果以"A"表示论题，以"B"表示论据，以"←"表示后者对前者的证明关系，"循环论证"就是"A←B←A"的即用"B"证明"A"，又用"A"证明"B"，实则等于用论题来证明它自身。不言而喻，这样的论证当然是无效的。

例如：

有人撰文论证"历史上的宋江是投降派"。在这一论题的论证中，除了犯"预期理由"的错误之外，还犯了"循环论证"的错误。作者证明"历史上的宋江是投降派"这一论题的一个重要证据就是"宋江打过方腊"。可是这个证据是否真实可靠呢？连论证者本人也不敢肯定。作者在引用了一系列历史资料后得出的结论，也只能是"宋江打方腊是完全可能的"，"方腊很可能是宋江打垮的"，"童贯很可能是利用宋江去打方腊"，"宋江打方腊完全是意料之中的事，也完全有时间去打"，如此等等。可见，所谓"宋江打方腊"这一论据纯属作者的猜测，其真实性并未得到证明。

这是典型的"预期理由"的错误。

另外，在对"历史上的宋江是投降派"这一论题的论证中，还犯了"循环论证"的错误。文章开头说"宋江是不是打过方腊，这是个评价宋江的关键问题。如果打过方腊，投降就肯定了"。后面却又说"为什么说打过方腊呢？宋江既然投降，成了叛徒，不可能不听命于官府，当然就要参加打方腊"。作者先用"宋江打过方腊"来证明"宋江是投降了的"，然后，又用"宋江是投降了的"来证明"宋江打过方腊"。这一论证中论据的真实性，就是靠论题来证明的，这是典型的"循环论证"的错误。

三、关于论证方式的规则

所谓论证方式的规则，就是关于论据与论题之间联系性质的要求。

关于论证方式的规则只有一条，就是论题的真实性是从论据的真实性中必然推出来的，论据与论题之间有内在的逻辑联系，由论据必然地推导出论题，否则，即使论据真实，也不能合乎逻辑地推出论证的论题。

违反这条规则，就会犯"推不出"的逻辑错误。这种错误，其论据与论题之间的关系又有两种情形：

（1）论据与论题毫无逻辑联系，论据的真实性与论题的真实性无关，这种情形，也就是人们常说的"牛头不对马嘴"的论证方式。

例如：

某县法院审理了一起伤害案，对被告作出了"免予刑事处罚"的判决。判决书陈述的理由，即证明上述判决结论正确性的论据是：

［1］被告人已赔偿了被害人的医药费、营养费1 540元。

［2］被告人已被行政拘留了19天。

［3］被告人打伤了被害人之后，并无新的犯罪活动。

这样几个论据即使都是真实的，也不能推出"对被告人免予刑事处罚"的论题。因为我国刑法没有这样的规定。上述论据与论题之间没有任何逻辑联系，二者毫不相关，由论据真推不出论题真。

（2）论据与论题虽有一定联系，但联系不充分，由论据的真实性不能必然地推出论题的真实性.

因论据与论题联系不充分而犯"推不出"的错误，又可分为下面几种情形：

第一种，推理不合逻辑，即由论据推出论题的推理形式，违反了相关的推理规则的要求，推理无效致使论据无效。

例如：

某甲是本案罪犯。因为"在发案时间内某甲到过发案现场"。

只有在发案时间内到过发案现场的人，才是本案罪犯。

这个论证，论据与论题之间构成的推理关系，违反了必要条件假言直言推理的规则，因而论据真不能必然地推出论题真，犯了"推不出"的错误。

再如电影《红蝙蝠公寓》中有这样一个情节：

梁丽琴急急忙忙地找到王探长，报告说她找到了杀害贾经理的凶手邓培甫。她亲眼看见邓培甫慌张地烧毁白围巾和搓洗雨衣下的血迹。王探长问："证据呢？"梁丽琴说："被他烧毁了。"梁丽琴停了一会儿又说："凶手是吸鼻通的，邓培甫也是吸鼻通的。"

"这又能说明什么呢？"王探长反问道。

这里梁丽琴的论据和论题之间虽然有内在联系，但不充分。首先她只根据邓培甫慌张地烧毁白围巾和搓洗雨衣上的血迹，就断定邓培甫是杀害贾经理的凶手，论据不充分，由论据推不出论题；其次，她又根据凶手是吸鼻通的，从而断定邓培甫是凶手，这又违反了三段论推理的规则，也不能由论据必然地推出论题。可见，梁小姐先后两个论证，都违反了论证方式的规则，犯了"推不出"的错误。

第二种，"草率证明"，又叫"以偏概全"。就是轻率运用不完全归纳推理进行论证的错误。其特点在于：论据仅仅是一些个别事例，既不典型，又未对其进行科学分析，就以此证明一个全称性判断。

例如：

美国人韦伯在《月球的影响》一书中说，月球的引潮力对人类情绪产生影响，"月亮影响人类的情绪"。证明这一论题的论据就是："1970 年 9 月，当海潮高涨时，佛罗里达州的迈阿密市的凶杀案比平时增多，住院的精神病人数也增加了。"

这里，论证者既未考察更多的事例，又未认真分析二者之间是否存在因果联系，仅仅引用这一事例来证明"月亮影响人类的情绪"，逻辑上就犯了"草率证明"的错误。事实上，我国有专家计算表明，即使对一位体重 100 公斤的人来说，来自月球的引潮力也不超过一只蚂蚁所能使出的力气的十分之一，这点引潮力分摊到全身各条血管，实在微乎其微。可见，所谓"月亮影响人类的情绪"的说法，本身也不可靠。

第三种，"以相对为绝对"。这种错误的特点是，把在一定条件下才是正确的判断，视为在任何条件下都是正确的判断，并用以作为论据来证明论题。

例如：

有人说："知识分子不是建设社会的依靠力量。因为我们党对知识分子的方针是团结教育、改造的方针。"

这一论证中的论据,即我们党对知识分子的方针,是在解放初期针对旧社会来的知识分子而言。现在情况变了,即使是从旧社会来的知识分子,也在社会主义条件下生活、工作了几十年,再用这个方针来证明"知识分子不是建设社会主义的依靠力量",逻辑上犯了"以相对为绝对"的错误,就其论据与论题的关系而言,无疑也是一种"推不出"的错误。

第四种,"以人为据"。以人为据是指在确定论题真实性的时候,不是从论据自身的真实性出发,符合逻辑地推出论题,而是以关于某人品质的评价为依据,或者引用某些权威人士的言论来代替对论题的论证而发生的逻辑错误。尤其是在司法工作中经常出现的以人代法、以权代法、以言代法等,就是"以人为据"这种逻辑错误在司法工作中的表现形式。

例如:

1916 年实验科学的创始人伽利略发表了《关于两个世界本系的对话集》,伽利略在这本书中宣传了哥白尼的"太阳中心说"。罗马教会逮捕了伽利略,并且不许他在法庭上申辩。理由是他背叛了亚里士多德·托勒密的"地球中心说"。

这在逻辑上就是犯了"以人为据"的错误。

以上介绍了论证的规则。任何一个证明过程,都必须同时遵守上述规则,违反了其中的任何一条规则,证明都回丧失说服力和逻辑性。

第四节 反驳及其方法

一、反驳的特征

反驳是根据一个或一些判断的真实性,通过推理确定另以判断虚假或者某个论证不能成立的思维过程。

例如，有人说，"语言是生产工具"，这个说法是错误的。

因为"如果语言是生产工具，那么它就能生产物质财富，这样，成天夸夸其谈的人，就可以成为百万富翁了"。

这就是一个反驳。用两个充分条件假言判断，证明"语言是生产工具"这个说法是错误的、不能成立的。

由上可见，反驳也是一种论述性证明，只不过它不是为了确定某个判断真实，而是为了确定某个判断虚假或真实性不可靠而展开的。因此，反驳是论证的一种特殊形式。

从确立观点的角度看，论证是为了"立"，反驳则是为了"破"。俗话说"不破不立"，"破"对方的观点是为了"立"自己的观点；要"立"自己的观点，又免不了要"破"与之相反的观点。因此，在实际思维中，论证与反驳常常结合运用。

二、反驳的对象

反驳是针对某个论证展开的。由于一个论证就包含了论题、论据和论证方式三个方面，只要驳倒了其中任何一个部分，都可以使对方的论证不能成立，就达到了反驳的目的。

（一）反驳论题

反驳论题，就是用真实性明显的判断来确定对方的论题虚假，或者指出对方的论题本身不能成立。

在一个具体的反驳中，被反驳的论题，常常作为一个孤立的判断出现，因此，反驳论题就常常表现为对某个判断的否定。

论题是论证的主体，确定了对方论题的虚假或指出对方的论题本身不能成立，不仅可以推翻对方的论证，而且可以否定对方的观点。

例如：

东汉著名唯物主义哲学家王充在他的《论衡》中，对"孔子能神而先知"这一论题进行了反驳。他说"孔子能神而先知乃虚妄之言也"。有一次孔子的学生颜渊烧饭，灰尘落进饭锅里，置之不理饭就脏了，丢到地上则有"弃饭"之嫌，于是颜渊把粘上灰土的饭吃掉了，孔子见到却以为颜渊是偷饭吃。可见孔子不能先知。一个叫阳虎的人拜访孔子不遇，孔子不想见阳虎，但又怕来而不往失于礼，于是趁阳虎不在家时去回访，偏偏在路上碰到了阳虎。可见孔子不能先知。孔子曾在匡地遭到匡人的围困，他没有料到匡人之围而绕道避开。

可见"孔子不能先知……"

作者用反驳的论证方式为矛盾关系直接推理。用"孔子有些时候不能神而先知"为真，来确定"孔子能神而先知"这个全称判断是假的，即 $SOP \rightarrow \overline{SAP}$。所以，"孔子能神而先知"是假的。

（二）反驳论据

反驳论据，就是确定对方论据是虚假的或者未得到证明，从而达到反驳对方论题的目的。

论据是支持论题的理由和依据，推翻论据就反驳了论题。这是一种"釜底抽薪"的反驳方式。

例如，某报曾载文称：

厄瓜多尔的贝尔卡邦巴是世界长寿区，因为这里的大多数人都能活到 120～130 岁。

对此，有人载文作这样的反驳：

所谓"贝尔卡邦巴是世界长寿区"的说法不可信。因为这里的大多数人并不像文中所说的那样都能活到 120～130 岁。1974 年两位美国学者的调查报告显示，该地区居民有两个风俗：一个是年过 60 岁的人，总是理所当然地把实际年龄提高。如自称活了 129 岁的门迪达，在他 60 岁时，便虚称 70 岁；五年后又称 80 岁；1943 年满 60 岁的门迪达，到 1973 年就自称活了 126 岁。这样的例子几乎在该地所有的老年人身上都存在。其二，在该地区，凡是儿童或青年人死亡时，他们的名字都要留给刚出生的婴儿。这个婴儿一生下地，便有了所顶替的那个死亡者的年龄。可见，认为这里的大多数人都能活到 120～130 岁的说法是不真实的。所谓"贝尔卡邦巴是世界长寿区"的说法，当然也是不可信的。

这个反驳就是直接针对对方的论据，揭露对方论据的虚假性，达到反驳论题的目的。

（三）反驳论证方式

反驳论证方式就是指出对方的论据和论题之间没有必然的逻辑联系，由对方提供的论据不能必然地推出对方要证明的论题，达到反驳对方论题的目的。

反驳论证方式，实际上就是指出对方论证中的推理不合逻辑，具体揭露对方推理中存在的逻辑错误。

例如，有这样一个案件：

李某（女）与陈某通奸，被李的公爹刘某发觉后，陈某唯恐奸情败露，用手掐死了李某的公爹刘某。事后，李某协助陈某伪造现场，放走了杀人凶犯陈某。

破案后，检察院认为李某的行为不构成包庇罪。因为对于李某伪造现场，法无明文规定。有人载文反驳说："如果按照检察院运用这一原则的逻辑推理，犯杀人罪的应有凶器。陈某掐死李某公爹的行为在刑法中并没有明文规定治罪的条文，难道陈某也可以不构成杀人罪了吗？"

这种反驳就是用另一推理指出原推理形式有逻辑错误的反驳。原推理形式为一个演绎三段论，其中两个中项不是同一概念，犯了四概念错误，论证无效。

原推理形式为：

> 凡是法无明文规定的都不治罪，
> 伪造现场是法无明文规定的，
> 所以，伪造现场是不治罪的。

这个三段论，大前提中的"法无明文规定的"是指独立的罪名，如杀人罪、抢劫罪、盗窃罪等；小前提中的"法无明文规定的"，是指具体犯罪的行为方式，如"协助伪造犯罪现场"是包庇罪的一种方式，用手掐死也是杀人罪的一种方式……如此等等。这些犯罪行为的具体方式在刑法条文中不可能一一规定出来。如果把刑法条文对独立罪名的规定同对犯罪行为某些具体方式的规定混淆起来、等同起来，必然导致推理中违反同一律，结论不可靠，论证无效。

三、反驳的方法

按照不同的标准，可以把反驳的方法分为不同的种类。

（一）演绎反驳和归纳反驳

根据在反驳中所采用的推理形式不同，反驳可分为演绎反驳和归纳反驳两种。

1. 演绎反驳

演绎反驳就是运用演绎推理形式来确定另一判断的虚假性的反驳。

例如，反驳"有的经济规律是以人的意志为转移的"这一观点，就可以用演绎反驳的方法。其反驳过程如下：

任何客观规律都不是以人的意志为转移的，经济规律是客观规律。因此，经济规律不是以人的意志为转移的。

可见，认为有的经济规律是以人的意志为转移的观点是站不住脚的。

这就是演绎反驳。被反驳的论题是"有的经济规律是以人的意志为转移的"、用以反驳的论据"任何客观规律都不是以人的意志为转移的"，经济规律是客观规律。反驳方式是先运用了演绎推理的一般原理，再运用性质判断对当关系推理，确定被反驳论题的虚假性。

2. 归纳反驳

归纳反驳是运用归纳推理形式确定另一判断的虚假性的反驳。

例如：

一位英国记者曾向周恩来总理提出"一个国家向外扩张是由于人口过多"的谬论。周总理当即反驳说："我们不同意这种看法。英国的人口在第一次世界大战前是四千五百万，不算太多，但是，英国在一个很长的时期内曾经是'日不落'的殖民帝国。美国的面积略小于中国，而美国的人口还不及中国的三分之一，但是美国的军事基地遍布全球，美国的海外驻军达一百五十万人。中国的人口虽多，但是没有一兵一卒驻在外国的领土上，更没有在外国建立一个军事基地。可见一个国家是否向外扩张，并不决定于它的人口多少，而决定于它的社会制度。

这就是归纳反驳。被反驳的论题是"一个国家向外扩张是由于人口过多"，用以反驳的论据是"英国的人口在第一次世界大战前是四千五百万，不算太多，但是……并不决定于它的人口多少，而决定于它的社会制度"，反驳的方式是运用简单枚举归纳推理形式。

前面曾讲过，当论证某一论题时，运用简单枚举归纳推理、科学归纳推理等形式，即使论据是真实的，论题的真实性也是或然的。而归纳反驳则不同，只要用以反驳的论据是真实的，又遵守了反驳的规则，就能确定被反驳的论题虚假。因为它是枚举个别事例去反驳全称判断，只要有一个反例是真实的，被反驳的全称判断论题就是虚假的。

(二) 直接反驳、间接反驳和归谬法

根据反驳中所运用的方法不同，反驳可分为直接反驳、间接反驳和归谬法。

1. 直接反驳

直接反驳，是引用真实性明显的判断直接确定某个论题虚假，或者揭示对方的论题不能成立的反驳方法。

例如，有篇科普文章对所谓"黄鼠狼是鸡的天敌"这种说法，就是采用直接反驳的方法进行反驳的：

黄鼠狼真是鸡的天敌吗？有人做过这样的实验，在关黄鼠狼的笼子里，第一晚放进三只活鸡和一条带鱼，黄鼠狼只吃带鱼；第二晚放进鸡、鸽子和老鼠，黄鼠狼只吃老鼠；第三晚放进鸡和鸽子，黄鼠狼把鸽子咬死了……；第五晚在笼中单单放进活鸡，黄鼠狼没有别的食物，只好吃鸡。为了进一步证实黄鼠狼的食性，有人从不同的省区捉来黄鼠狼进行解剖，发现其胃里的主粮是鼠、蛇、鸟雀

蛋、昆虫等。可见，认为"黄鼠狼是鸡的天敌"，这种评价是很不公平的。

在这一反驳中，就是引用可靠的事实材料作论据，直接确定对方的论题虚假，表明该论题与事实情况不符，不能成立。

2. 间接反驳

间接反驳，就是通过论证另一个对方论题与之相矛盾或相反对的论题的真实性，然后根据矛盾律，从而间接确定对方论题的虚假性的反驳方法。

间接反驳称为独立证明反驳法，也叫另立相反论题反驳法。

例如，在汉代，当时人们普遍认为"人死为鬼"。王充根据唯物主义观点，在《论死篇》中反驳这一虚假论题说：

人死血脉竭，竭而精气灭，灭而形体朽，朽而成灰，何以为鬼？即"人死后血脉枯竭，血脉枯竭后精气就消失了，精气消失后身体就会腐烂，身体腐烂后就会变成灰尘，用什么变成鬼？证明了"人死不为鬼"。

这里"人死为鬼"p 和"人死不为鬼"非 p，是两个互相矛盾的判断。根据矛盾律：p 为真，p 与非 p 不能同时为真。王充证明了"人死不为鬼"非 p 为真，就可以确定"人死为鬼"p 是虚假的，达到了反驳对方论题的目的，这就是独立证明反驳法。

间接反驳的逻辑形式是：

被反驳论题：p

反驳：

① 设非 p 或 q（p 与 q 是反对关系）

② 论证：非 p 真（或 q 真）

③ 所以，p 假（根据不矛盾律）

例如，北宋司马光在《谏水纪事》一书中，记载了北宋名臣钱若水平反冤狱的一个小故事：

有一个富人家的小丫环逃走了。丫环的父母向州衙告状称小丫环被富人家杀害了。知府派一个录事参军审理此案。因录事参军曾向富人家借钱而遭拒绝，存心报复，就将富人家的父子二人定为同谋杀害小丫环的凶手，称小丫环的尸体被父子二人扔到河里，无法找到。父子二人经受不住严刑拷打，被逼招供画押判了死刑。州官复审此案时，父子二人也未翻供。州官认为此案已查实，终审定案。唯独钱若水对此案有怀疑，就把这件案子暂时压下来了。录事羞辱他，知府催逼他，他仍迟迟不作处理。十几天过去了，钱若水对州官说：我之所以对此案不作处理，是秘密派人四处寻找那个失踪的小丫环，生要见人，死要见尸。现在小丫环被找到了，还活着，我已叫她父母领回去了。这起杀人案罪名不成立，富户的父子二人也该被释放了。一场冤案，得以昭雪。

这里，应该把间接反驳与反证法区别开来。首先，二者的目的不同。间接反驳是要确定某一判断的虚假性，而反证法是要确定某一判断的真实性。其次，二者的理论根据不同。间接反驳是通过确定与被反驳论题相矛盾或相反对的判断真，根据矛盾律，确定被反驳论题的虚假性；而反证法则是通过确定反论题假，根据排中律，进而确定原论题真。

3. 归谬法

归谬法的反驳过程是先假定被反驳的论题为真，然后由此引出推断；而推断又明显荒谬，或者与事实或科学原理相矛盾，证明引出的推断不能成立。这样，就可以通过充分条件假言直言推理否定后件式，推出反驳的论题虚假。

归谬法的特点是"欲擒故纵"，采用"以退为进"、引入荒谬的方法，让对方论题的虚假性更加明显地暴露出来。

归谬法反驳有三种形式：

第一种，从被反驳论题中引出虚假判断，从而确定被反驳论题为假。

例如：

有人说"原始人的石斧就是资本"。

这种说法是不正确的。

如果"原始人的石斧就是资本"，那么"原始社会就有资本家了"。可是"原始社会里没有资本家"，所以，"原始人的石斧不是资本"。

第二种，从被反驳的论题中作出与其自身相矛盾的判断。

例如：

古希腊学者克拉底鲁宣称："我们对任何事物所作的肯定或否定都是假的。"亚里士多德对此反驳说："克拉底鲁的话等于说：'一切判断都是假的'，而如果一切判断都是假的，那么，这个'一切判断都是假的'的判断是假的。"

由被反驳的论题"我们对任何事物所作的肯定或否定都是假的"出发，引申出了与其自身相矛盾的判断，否定了被反驳的论题。

第三种，从被反驳的论题中引出两个互相矛盾的判断。

例如：

20世界30年代初，梁实秋提出一个观点："文学当描写永久不变的人性，否则便不长久。"梁实秋的论据是："英国莎士比亚和别的一两个人所写的是永久不变的人性，所以至今流传，其余的不这样，便都消灭了。"

对此，鲁迅先生撰文反驳说："这真是所谓'你不说我倒明白，你越说我越糊涂了。'英国有许多先前的文章不流传，我想，这是总会有的，但竟没有想到它们的消灭，乃因为不写永久不变的人性，现在既然知道了这一层，却更不解它们既已消灭，现在的教授何从看见，却居然断定它们所写的不是永久不变的人性了。"

这里，鲁迅先生用的是归谬反驳法。鲁迅先生从梁实秋的论题中引申出了两个相互矛盾的判断。

采用归谬法反驳，显得简洁有力，实践中被广泛利用。但值得注意的是，反驳对方论题时应当注意防止犯"偷换论题"的错误。无论在政治论争或学术论辩中，有意无意地变换对方论题进行反驳，都是徒劳无益的，反而会使自己陷入被动地位。

思考与练习

一、问答题。

1. 什么是论证？论证由哪些要素组成？

2. 什么是演绎论证？什么是归纳论证？

3. 什么是直接论证？什么是间接论证？二者有何区别？

4. 什么是反证法？什么是选言证法？二者的论证步骤和结构如何？

5. 论证的规则有哪些？违反这些规则所犯的逻辑错误是什么？

6. 什么是反驳？反驳与论证的关系如何？

7. 反驳的种类有哪些？

二、分析下列论证的结构，指出其论题、论据和论证方式。

1. 搞四个现代化，需要勤奋好学、老老实实的好作风。不管做什么事情，都要有一个老老实实的态度。不懂就是不懂，不能装懂。在四个现代化过程中，会出现许多我们不懂的东西。不懂怎么办？承认就是了，承认不懂，才能从不懂变懂；承认不会，才能从不会变会。装，只能使自己永远是外行，永远不懂，永远无知。当然，转化是有条件的。这条件，就是靠干和学。勤勤恳恳地学，老老实实地学，努力使自己从门外汉变成有知识、懂技术、会管理的内行。如果不是这样，而是靠装混日子，长此下去，实践就会将你的军，群众就会将的你的军，马脚就会越露越多，终将在新的征途上落伍。这个危害可就大了。

2. 为什么要搞外开放，而不能闭关自守呢？道理很简单。我们的产品统统在国内销？什么都要自己制造？还不是要从外面买进来一批，自己的卖出去一批。没有对外开放，翻两番困难。现在任何国家要发达起来，闭关自守都不可能。我们吃过闭关自守的苦头，我们的老祖宗吃过这个苦头。恐怕明成祖时候，郑和下西洋还算是开放的。明成祖死后，明朝逐渐衰落，以后清朝康乾时代，不能说是开放的，如果从明朝中叶算起，到鸦片战争，有300多年的闭关自守。如果从康熙算起，也有近200年的闭关自守。把中国搞得贫穷落后，愚昧无知。我们建国以后，第一个五年计划也是对外开放的，只不过是对苏联东欧开放。以后关起门来，没有什么发展。

3. 已知：ΔABC 中，∠B＞∠C，如右
图：

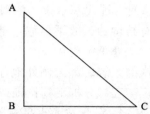

求证：AC＞AB

证明：如果 AC 不大于 AB，就只有两
种情况：

AC＝AB 或 AC＜AB

如果 AC＝AB，根据等腰三角形性质定理将有∠B＝∠C 的结
论；如果 AC＜AB，则根据在一个三角形中大边对大角的性质，将
有∠B＜∠C 的结论。这两个结论都与已知条件∠B＞∠C 相矛盾，
所以，AC 不大于 AB 是不可能的。由此可知：AC＞AB

4. 对待历史文化遗产应采取批判继承的态度。对待历史文化遗
产的态度，要么是全盘继承，要么是虚无主义，要么是批判继承。
全盘继承，不分精华和糟粕，不能推陈出新，不利于文化的发展，
这种态度是不可取的。虚无主义，割断了历史，违背了文化发展的
规律，同样不利于文化的发展。只有批判继承，去其糟粕，取其精
华，才能促进文化的繁荣。

5. 人类所认识的客观事物，从宇观天体到微观粒子，都具有一
定的结构。

太阳系的九大行星和小行星，为什么都在自己固定的轨道上运
动，每时每刻，每个星体都各处于一定的位置上？这是因为由它们
所组成的太阳系的整体是一个有序结构。而在银河系中，太阳系又
是这个大系统中的一个要素。银河系是一个约有 1 500 亿颗恒星和
大量星云所组成的恒星系，各层次之间同样不是杂乱无章的，而是
有其一定结构的。银河系中心区的球形部分称为银核，周围有旋臂，
是一个由恒星组成的扁平圆盘，所有恒星都按照自己的轨道和速度
运动着。

不仅宇观天体存在一定的结构，而且微观物质也有其内部结构。
原子也是一个系统，它包含着复杂的内部结构，是系统的无限层次
中的一级结构。原子中又存在着质子、电子、中子，这些并称为基
本粒子。在宇宙射线和高能原子实验中发现的各种基本粒子达 300

多种。现代基本粒子的研究又表明基本粒子确实不"基本"，同样是有结构的，故不再称"基本粒子"，而只称"粒子"。

处于宇观天体与粒子中间的地球、生物以至分子等这些不同层次的系统，都无例外地存在着一定的结构。

三、分析下列论证或反驳中的逻辑错误。

1. 科学技术也是有阶级性的。因为，科学技术被资产阶级所利用，为资产阶级服务。为资产阶级服务还能没有阶级性？

2. 听了韩素音的报告，才知道，她原来是个医生。看来知名的作家开始都是学医的。你看契诃夫原来是个医生，柯南道尔、鲁迅、郭沫若都学过医。

3. 今天厂长说了，如果你超额完成生产任务就受奖，如果你完不成生产任务就受罚，所以我们今后不是受奖就是受罚了。

4. 在法律面前人人平等。无论是谁，只要触犯了法律就应受法律制裁。如果不是这样，某些人就会借手中的权力胡作非为。有的干部带头搞不正之风，损公肥私，使不正之风愈演愈烈。要纠正这种不正之风，首先应搞好党风；特别是党内各级领导干部更应以身作则，为政要廉洁，办事要公道。党内作风正派了就会带动整个社会风气的好转。当然，党外的同志也应自觉纠正和抵制不正之风，那种你搞我也搞的态度是不对的。

5. 鲁迅先生在《论辩的魂灵》一文中揭露了反动派的诡辩手法，指出："按照反动派的说法，卖国贼是说谎的，所以你是卖国贼。我骂卖国贼，所以我是爱国者。爱国者的话是最有价值的，所以我的话是不错的，我的话既然不错，你就是卖国贼无疑了！"

6. 甲："同志，刚才你讲话中有一个观点是错误的。"乙："什么，我的观点是错误的？本人重点大学毕业，已经发表了好几篇学术论文，怎么会说错话？一个犯过错误、受过处分的人，有什么资格批评别人？"

7. 脑子用多了也会受到损害，因为辩证唯物主义认为人脑也是物质的。机器用久了都会磨损，人脑也不例外。

8. 甲、乙两人都非常喜欢辩论。有一天，他们在路上相遇，不知为什么马上辩论起"爸爸和儿子哪一个更聪明"的问题。他们的论证如下：

甲：我可以证明儿子一定比爸爸聪明，因为创立"相对论"的是爱因斯坦，而不是爱因斯坦的爸爸。

乙：恰恰相反，这个例子只能证明爸爸比儿子聪明，因为创立"相对论"的是爱因斯坦，而不是爱因斯坦的儿子。

四、分析下列反驳的结构，指出其中被反驳的论题和反驳的方法。

1. 形而上学认为，"绝对静止是物质的本质属性"。这种观点是不正确的。辩证唯物主义认为，运动才是物质的根本属性。物质是运动的物质，绝对静止、脱离运动的物质是没有的。从日、月、星系的宏观世界，到分子、原子、微观粒子的微观世界，从没有生命的无机界到有生命的有机界，一直到人类社会，都处在永恒的变化之中，世界上没有绝对不动、凝固不变的东西。

2. 有人说形式逻辑也有阶级性，这种观点是不对的。如果形式逻辑有阶级性，那么历史上和现实中就应当有农民阶级的形式逻辑与地主阶级的形式逻辑之分，有无产阶级的形式逻辑与资产阶级的形式逻辑之别，然而事实并非如此，形式逻辑对任何阶级都是一视同仁的。

3. 短文章就没有分量？那不见得，文章不在长短，要看内容如何。内容有分量，尽管文章短小也是有分量的；如果内容没有分量，尽管文章写得像万里长城那样长，还是没有分量。所以，不能用量压人，要讲求质。黄金只有一点点，但还是有分量的；牛粪虽然一大堆，分量却不见得有多重。

说短文章没有分量是不切实际的。中国古代就有许多短文章，如《论语》、《道德经》等。《论语》中有不少好的东西，就是《道德经》在那个历史时代也有它突出的地方。"三个臭皮匠，凑成个诸葛亮"，这样的话就很好。它十几个字抵得过一大篇文章。类似的例子有的是。

4. 某被告的辩护人说："被告在犯罪前工作积极，曾荣立三等功，希望法庭在量刑时考虑这一点，对被告从轻处罚或免于处罚。"

公诉人答辩说："赏罚分明，是我党的一贯政策。功归功，过归过，一个人立功只能说明他的过去，不能说明他的现在，更不能过去立功抵销现在之过……如果过去立过功，今天就可以胡作非为，且可以从轻或免于处罚，怎么能够体现社会主义国家法律的严肃性呢？"

5. 有人慨叹曰：中国人失掉自信力了。

我们有并不失掉自信力的中国人在。

我们从古以来，就有埋头苦干的人，有拼命硬干的人，有为民请命的人，有舍身求法的人，……虽是等于为帝王将相作家谱的所谓"正史"，也往往掩不住他们的光耀，这就是中国的脊梁。

这一类的人们，就是现在也何尝少呢？他们有确信、不自欺；他们在前仆后继地战斗，不过一面总在被摧残、被抹杀，消灭于黑暗中，不能为大家所知道罢了。说中国人失掉自信力，用以指一部分人则可，倘若加于全体，那简直是诬蔑。

参考文献

[1]　楚明锟. 逻辑学. 开封：河南大学出版社，2003.

[2]　赵绍成. 逻辑学. 成都：西南交通大学出版社，2005.

[3]　张大松，蒋新苗. 法律逻辑学教程. 北京：高等教育出版社，
2003.

[4]　雍琦. 法律逻辑基础. 成都：四川人民出版社，1991.

[5]　孟德佩，仲满义，张成敏. 普通逻辑学教程. 北京：警官教育
出版社，1998.

[6]　林胜强. 法律逻辑与方法引论. 成都：电子科技大学出版社，
1996.

[7]　陈于后. 法律逻辑学. 成都：电子科技大学出版社，2002.

[8]　王继同，黄华新. 新逻辑学. 杭州：浙江大学出版社，1996.

[9]　姜全吉. 逻辑学. 北京：高等教育出版社，1994.

[10]　吴家国. 普通逻辑学原理. 北京：高等教育出版社，2003.

[11]　刘鸿钧. 逻辑学基础. 上海：华东理工大学出版社，1996.

[12]　李小克. 普通逻辑学教程. 北京：首都经济贸易大学出版社，
2005.

[13]　雍琦. 法律逻辑学. 北京：法律出版社，2005.

[14]　王路. 逻辑的观念. 北京：商务印书馆，2001.

[15]　吴家麟. 法律逻辑学. 北京：群众出版社，1994.

[16]　雍琦. 实用司法逻辑学. 北京：法律出版社，2002.

[17]　姜全吉，迟维东. 逻辑学. 北京：高等教育出版社，2004.

[18]　何向东. 逻辑学教程. 北京：高等教育出版社，2006.

[19]　迟维东. 逻辑方法与创新思维. 北京：中央编译出版社，2005.

[20]　王莘. 逻辑思维训练. 北京：北京大学出版社，2006.

[21]　杨佩昌. 逻辑其实很好玩. 北京：新世界出版社，2012.